孫正義に学ぶ知恵

チーム全体で勝利する「リーダー」という生き方

Eiji Oshita
大下英治

東洋出版

まえがき

ソフトバンクの孫正義社長が、またまた世界をおどろかす挙に出た。

今年七月一九日、ソフトバンクグループが、世界的な半導体設計会社の英ＡＲＭ（アーム）ホールディングスを約二四〇億ポンド（約三兆三〇〇〇億円）で買収すると発表した。日本企業が海外企業を買う額としては過去最大である。

ＡＲＭはあらゆるモノをインターネットにつなぐ「ＩｏＴ」の分野に強みがある。ソフトバンクは中核となる事業の領域をこれまでの携帯電話からＩｏＴに広げることにより、グループのさらなる成長を目指す。

ソフトバンクはこれまでも買収で事業領域を拡大してきた。二〇〇六年に携帯電話大手英ボーダフォンの日本法人を、一三年に米携帯電話大手スプリント・ネクステルを買収し、現在は日米での携帯電話サービスが主力事業だ。

かつてホリエモンこと堀江貴文が言ったことがある。

「ＩＴの経営者たちは、うまくいって金が貯まると、会社を売るか、守りに入り、大きな勝負をしなくなる。成功をおさめながら、いつまでもリスク覚悟で大勝負に出つづけている孫さんはたいしたものだ」

わたしは、孫さんとはじめて会って三〇年になる。孫さんが二九歳のときの一九八五年の暮れであった。わたしの仕事場に出入りしている在日韓国人の小さな広告代理店の若い経営者が頼んできた。

「わたしの友人で在日の星ともいうべき経営者がいる。ぜひその人を書いてほしい」

その経営者が、孫正義であった。わたしは、さっそく孫正義に会いに出かけた。

東京・市ヶ谷のワンフロアーの手狭な貸しビルオフィスであった。第一印象からして強烈であった。小柄な肉体とは対照的に、ほとばしる情熱と志の高さ。その言葉の速射砲の中に、ある種の男のセクシーささえ感じた。孫の言語感覚がセクシーなのである。孫の愛嬌のある広い光る額を見ていると、そこに巨大なマイクロプロセッサが埋め込まれているのではないか、という錯覚すら覚えた。

わたしは、孫のそれまでの戦いを「小説宝石」の一九八六年二月号で描いた。

それから、孫は、あれよあれよという間にどんどん伸びていった。いや、化け続けていった。その化け続ける姿を描き続けた。

化けるたびに社屋も大きくなっていった。

社屋が箱崎の時代、孫が海外に出かけるとき、箱崎から成田国際空港までの車のなかは、わたしにとってありがたい取材の時間であった。

成田国際空港に着くと、孫は、自動車のトランクからゴルフバッグを取り出し、肩に担ぎ、秘書も連れずバッグを引きずり、カウンターで手続きを済ます。それから出発までの三〇分間、ＶＩＰ室でまた取材ができた。

海外から帰ると、成田国際空港で待っていて、箱崎本社までの車のなかで取材をした。

孫は、一九九五年一二月初旬、ビル・ゲイツから小包を受け取った。ビル・ゲイツの初の著作『ビル・ゲイツ未来を語る』であった。九五年に四〇歳を迎えたビル・ゲイツが、ソフトウェアの仕事をはじめてからの過去二〇年間の経験を書き記した書籍である。

ビル・ゲイツがわざわざ孫に送ってくれたのである。表紙を開くと、直筆のサインとともにメッセージが添えられていた。

「You are as much risk-taker as I am」

つまり〝おまえさんはおれと同じくらい勝負師だな〟ということなのである。孫にとって、ビル・ゲイツのその言葉は最高の褒め言葉であり、なによりうれしい言葉であった。リスクテイカー、勝負師という言葉は、たんにお金を持っているとか頭がいいということとは違う。孫にとってお金持ちとか頭がいいと褒められても、それは当たり前すぎてうれしくはなかったろう。

ビル・ゲイツは、三六歳の若さでアメリカの長者番付の一位の座を得、二〇世紀最大のサクセスストーリーをつくりあげた。その勝負師が孫を〝おれと同じくらい勝負師だ〟と認めているのだ。孫はなによりうれしかったという。

孫の戦いは、まさに波乱万丈の勝負の連続であった。

まずは、国籍の壁もあったろう。しかし、それにめげるどころか、逆に反発心を強くしていった。

孫が高校生にしてアメリカに渡ったのも、日本で国籍の壁に悩むより、広いアメリカで勝負してみようとの意気込みであったろう。

アメリカで自信を得た孫は、帰国するや、日本名の「安本正義」を捨て、本名の「孫正義」で勝負に出る。親戚が反対したが、意志を貫く。

「国籍の違いで離れていくような人は、むしろ自分が後で恥ずかしい思いをするんだ。ぼくから言わせれば、そういう人たちのほうがかわいそうな人ですよ。物事の本質を見られない人間だからね」

孫は、子供のころから、父親の三憲が経営するレストランにアイデアを出すたびに「おまえは天才だ」と褒められて育った。

そのアイデアに磨きをかけたのが大学時代であった。一日にひとつ発明することを自分に課したのである。一日にひとつ発明することは、天才発明家エジソンでも不可能なことであった。孫はあえてその不可能に挑戦した。

(二つや三つの発明品を考え出して商品化するのは、あまりにも当たり外れが大きすぎる。それよりも、数かぎりないアイデアのなかから選び抜き、絞りこんだものを商品化していくんだ)

発明する時間になると、目覚まし時計を五分後に鳴るようにセットした。時計が鳴ると発明の時間は終わるが、わずかこの五分間、孫はそのよろこびにひたっていた。

孫は、自分の姿を見るものをすべて石にしてしまったギリシャ神話のメデューサよろしく、見るものすべてを発明と結びつけた。

しかし、二ヵ月後、突然、アイデアが出て来なくなった。

そんなある日、孫はふと思いたった。

(そうだ。いままでは偶然に発明していたにすぎない。偶然を頼っていてはコンスタントにしかも大量に発明することはできない。発明するプロセスを発明するんだ!)

そもそも発明とはどうして起こるのか。孫はじっくりと考え直した。

よく考えると、パターンは三つしかない。

ひとつは問題解決方法だ。よく必要は発明の母なりという。寒いとか靴が固くて足が痛いという不都合な問題が起きたとき、人はより快適にするための方法を考え出す。つまり、問題を見つけただけで半分発明できたのと同じなのである。

二つめはいわゆる水平思考だ。逆転の発想である。へそ曲がりの発想といってもいい。これまであったものを、たとえば四角いものなら丸くする、赤いものなら白くする、大きいものなら小さくするというように、なんでも逆にしてみる。上から下にいくものであれば、下から上にあげてみる。

三つめは組み合わせ方式である。カセットとラジオを組み合わせるとラジカセ。オルゴールと時計を組み合わせると目覚まし時計。いままであるものに違ったものを組み合わせると、いままでなかったものになる。

それまで発明発明と力んでいたが、その原理をたどっていくと意外にも思っていた以上にアイデアが出る。それをうまく応用していけば、かならずやいい発明ができる。孫は確信に似た思いを抱いた。

そしてさらに三つをもっと絞りこんだ。

(もっともシステムとしてできるのはどれだろうか)

もっとも大量に発明ができるのは、組み合わせ方式のように思えた。

孫は英語の単語を暗記するカードを買いこんだ。そして、自分の眼につくものをとにかくカードに書きこんでいった。

りんご、キャベツ、椅子、メモリーチップ、電話……。

カードの数は、何百枚にもなった。

発明の時間になると、その何百枚のなかから三枚を抜き出した。

りんご、時計、クリーム。

出てきた脈絡のない三枚のカードに書いてあるものを強引に結びつけて、新たなものを考え出した。そういうことをしているうちに、三枚のカードに書かれたものを見ていると、ほんの五秒ほどでとんでもないものを思いついたりする。

そのうち、どんどん刺激されていくらでもアイデアが出るようになった。五分間でまったくなにも思い浮かばないということはなくなった。

およそ一〇回に一回は、商品化できるのではないかと思えるものすら浮かぶようになった。孫は、ついに発明のプロセスを発明したのである。

孫は、その発明を商品にするため大学の教授とプロジェクトチームをつくり、ついに自動翻訳機の開発に成功する。それを日本でシャープに売り込み、一億円を手にする。

孫のその後の事業における独創性は彼の発明家としての資質による。

孫は、帰国してすぐには動かなかった。

(やるからには、その世界で絶対に日本一になってみせる! 問題はどの土俵を選ぶかだ。一度選んだら、これから何十年も戦わねばならないのだ。その土俵選びのためなら、一年かけても二年かけてもいい)

孫は、自分のスタートにもっともこだわっていた。

(メダカの子どもで生まれるか鯛の子どもで生まれるか。それとも鯨の子どもで生まれるか。同じ子どもでも、なんの子どもで生まれるかで、成長したときの大きさはたいてい決まってしまう。確率論からいえばそうなる。もしも、規模が小さく、てっとり早い業種からはじめれば、一〇年先、二〇年先はかならず頭打ちになる。そのたびに業種を変えていかなければならない。ぼくは、そんなことはしたくな

い。大きく育つ可能性を抱いた業種を自分の知恵と才覚で大きくしたい。日本一にしたい。いや、してみせるんだ）

孫は、土俵を選ぶための条件をまずノートに書き出してみた。

「儲かる」
「ビジネスにやりがいがある」
「構造的に業界が伸びていく」
「資本がそれほどなくていい」
「若くてもできる」
「将来の企業グループの中核になる」
「自分自身やりがいを感じる」
「ユニークである」
「日本一になりうる」
「人を幸せにできる」
「世界中に拡大できる」
「進化を味方にできる」

その数は二五項目にもおよんだ。

孫は、ひとつひとつの要因に指数をつけた。

たとえば「新しさ」の指数は二〇点満点。「世の中の役に立つ」は五〇点満点。「小さい資本でできる」が三〇点満点というようにしながら、眼をつけたバイオテクノロジーや光通信、ハードウェアの販売といった四〇もの新しい事業の切り口をもった事業プランに点数をつけていった。総合点がもっとも大きいものに一生をささげるつもりだった。

日本一を狙う孫の志の高さといえよう。

それからの孫は、化けに化けていくが、何度も危機を迎える。

相撲に例えるなら、土俵で追い詰められ、俵に踵がかかり、もう土俵を割るであろうと思われた。ところが、どっこい、いつの間にか押し返し、土俵の真ん中にもどっている。

修羅場をくぐりながら、より巨《おお》きくなっていった。

わたしは、政界物をたくさん書いてきて、現在田中角栄ブームが起きているが、時に夢想することがある。

〈何も過去の人物を求めることはない。孫さんが日本の総理になれば、日本も大きく変わるだろう……〉

われわれは、このようなリスクテイカーの活きた知恵から大いに学ぼうではないか。

孫正義に学ぶ知恵

チーム全体で勝利する「リーダー」という生き方

目次

第一章

何事も一番でなくてはならない

孫正義の出自

第二章

山の上から全体を見渡せ

一生を捧げる仕事の選択

第三章

彼を知り、己を知れば、百戦殆うからず

M&Aでの世界戦略

第四章

命がけで情報を集めよ

インターネット革命の始まり

第五章

全体で考え個々にまかせよ

事業を拡大し、成長し続けるカルチャー

第一章

何事も一番でなくてはならない

——孫正義の出自

天才という自己暗示

父親の安本三憲は、額のひときわ広い、賢そうな眼をした正義を見ながら思っていた。

（この子は、なみの子じゃない。孫一族の星だ）

正義は、物心ついたときから事あるごとに三憲に褒められた。

「おまえは天才だ。やればなんでもできる。そこらの子どもとは違う。大きくなったら、かならず日本で一番の男になるんだぞ」

□

正義が小学校二年生になったとき、担任の先生がグラフを書いた模造紙を壁一面に貼った。グラフの一番下には、クラスの子どもたち一人ひとりの名前がひらがなで書いてある。

先生は言った。

「自分のノートに一ページ、なんでもいいです、勉強してきたらご褒美としてその模造紙にスタンプを押してあげます。みんながんばってください」

正義は一〇日ほどたった休み時間、壁に貼ってある模造紙の前にたたずんだ。

（うーん、これはまずい……）

まわりの子どもたちの名前の上に、桜を象《かたど》った赤いスタンプが一つ二つと増えていた。スタンプをもらっていないのは正義のほかにわずか数名しかいない。まじめな子はすでに二〇以上もらっている。ほかの子にくらべると、頭一つも二つも抜けている。正義は、唇をきつく結んだ。

(おれも、桜のスタンプが欲しい)

日本一になることを父親の三憲から洗脳されつづけた正義である。眼の前の現実に負けてなるものかと競争意識が激しく刺激された。

その日から、学校から帰っても外には遊びに出なくなった。それまで座ったことなどほとんどない勉強机にかじりつき、かたっぱしから漢字の練習や算数の問題をかたづけていった。

寝る間も惜しんだ。すさまじいばかりの集中力をみせた。

日に日にスタンプも多くなった。一番スタンプの多い子どもと競う間もなく一気に追い抜いた。壁に貼った模造紙のグラフは、正義の独壇場となった。

それでもなお、正義は飽きたらなかった。まるで勉強中毒のように机に向かった。一日にノート二、三冊分もこなしてしまうことすらめずらしくなかった。

もしもこれが、今日は算数、明日は国語という押しつけの宿題だとしたら、これほどまで狂わんばかりに机に向かわなかったに違いない。正義は押しつけられると、むしろやる気をなくす。

「なんで、しなくてはならないんだ」

どちらかというとへそ曲がりだった。

先生がしたいようにさせてくれることで、正義のやる気は倍増したのである。

しかもさらにスタンプをたくさんもらえる。正義にとっては、勉強というよりはスポーツやゲームと同じような感覚になっていた。

　はじめのうちは、スタンプ欲しさにノートにどんなことでもがむしゃらに書きこんでいた。しかしそのうち、同じことをやっているだけではつまらなくなった。正義は、自分で教科書に載っていないような新たなテーマを見つけ出した。それは次から次へと湧き水のように噴き出してきた。

　教室の壁に貼った模造紙は、正義のあまりの勢いに足りなくなり、先生が新たに模造紙を貼り足した。しかし、正義の勢いは模造紙二枚というグラフでも足りなかった。天井を突き抜けんばかりだった。

　日本一になれと父親から刷り込まれた正義の喜びこそ、のちの孫正義を決定づけたといえよう。

□

　正義たちのグループの間では「世界一周」というゲームが流行っていた。二つのチームに分かれる。片方のチームは地面に描かれたひまわりの絵の花びらにあたる部分を伝って決まった方向に走り回る。もう一方のチームは真ん中の芯にあたる部分に入って、走る敵のチームのメンバーを捕まえる。走るチームがひとりでも花びらを一周してゴールするか、それとも芯にいるグループがそれを阻止して敵方をすべて捕まえるかを競い合う。

　正義は、チーム分けのときからこのゲームを仕切った。じゃん拳で決めるのか、それともはじめに両方のリーダーを決めてリーダーが交互にメンバーをとっていくかを選び、その後正義は、かならずどちらかのチームを率いるリーダーになった。

　正義は、自分のチームのメンバーを見て、そのチームの戦力がもっとも引き出せる方法をつねに考えた。チーム全体の勝利のためにメンバーを動かした。戦略的思考をめぐらせていた。

たとえば、走る側のとき、注意を引きつけるのがうまい者に敵方の注意を引きつけさせておいて、俊敏な者に走らせる。

しかし、ときには自分勝手にルールを無視してはしゃぐ子もいる。そんなときにはその子を怒鳴りつけた。

「真面目にせんね！」

その子は、不服そうに文句を言う。

「遊んどるのに真面目にやれ言うんは、どういうことね」

正義は、遊びでもなんでもやみくもに騒いでいるだけでは楽しいとは思えなかった。互いに不利にならないようなルールのなかで懸命に競い合う。そのことによろこびを感じた。

さらに、どんな遊びでもこれまでの形にとらわれず、もっとおもしろくするためにルールを次々に変えていった。

□

正義が小学四年生のある日、雨あがりの西の空を見上げた。

「おい……あれを見ろよ！」

七色のあざやかな虹が、数キロ先に見える山の向こうからまさに橋のようにかかっている。正義は、眼を輝かせた。

「あの虹は、どこからはじまっているんだろう」

ひとりが言った。

「わからんな」

「よし、じゃあ行ってみようか」

正義の遊び仲間で塾や習い事に通うような子はいない。

時間に縛られない正義らは、喜び勇んでぞろぞろと西に向かって歩きはじめた。

腹が減ってはいけないと、途中にあったパン工場でパンの耳を油で揚げたラスクを買った。ひと袋一〇円ほどだった。正義は、ラスクの入った紙袋を手にしながら胸を躍らせた。見慣れぬ景色が広がる。まったく知らない人たちが暮らしている、町とはいえないほどの集落を通りすぎる。たとえ数キロとはいえ、小学校四年生の正義にとってはまさに探検だった。

しかし、いくら歩いても歩いても虹に近づいたとは思えない。

「おかしいな……」

それどころか、虹はしだいに薄れていく。

そのうち、太陽も西の空に落ちてきた。

とうとう虹も、赤く焼けた西の空に消えて見えなくなってしまった。

「ちぇっ！」

正義は、舌打ちした。

家にたどり着いたときには、すでにあたりは真っ暗になっていた。

その日をきっかけに、正義は仲間と連れ立って探検に出かけるようになった。

あるときには山に登り、頂上からまわりを見渡した。いつもは自分たちが見上げていた家や森の木々、鉄塔までが手のひらにおさまるほど小さく見える。

「すげえな……」

仲間とラスクを噛じりながら、あまりのすばらしさに立ちつくした。

正義は、次に虹が出たときには異様に闘志を燃やした。

(今度こそ、虹をつかまえてやる!)

仲間を引き連れ、虹に向かって歩きに歩いた。

しかし、虹のはてに行き着くことはさすがに一度もなかった。

正義のこのあくなき探究心は、すでに幼くして芽生えていたわけである。

□

ビジネスの帝王正義は、父親の三憲に幼いときから「お前は天才だ」と言われつづけ、天才という意味もわからないうちから思いはじめた。

(なるほど、お父さんが嘘を言うはずがないから、ぼくは天才なのか)

父親の洗脳教育は正義に大きな影響を与えた。幼いときから天才という自己暗示にかかってしまったのである。

三憲は、正義がだれも考えつかなかったアイデアを考え出したり、おもしろいこと、ユニークなことを考え出したりしたときにこそ褒めた。

「やっぱり、おまえは天才だ」

パチンコ屋やレストランを経営していた三憲は小学校五年生の正義に、新しくレストランをつくるときのネーミングを聞いた。

「どういう名前にしたら、お客さんがたくさん入ると思う?」

それだけでなく、

「値段は、どのくらいにしたらいいと思う?」

そういうことまで真剣な顔で相談した。

正義がアイデアを出すと、

「ほぉ、それはいい。さすがおまえは天才だ。よし、そのとおりにやってみよう」

三憲は、ジェスチャーでなくほんとうに感心していた。

店のチラシも、正義に描かせた絵を使った。

正義は、子どもながら自分のアイデアのうちでどういうものが受け、どういうものは受けないのか見当がつくようになっていった。

三憲は、商売の幅を広げていったものの、目先の儲けはあまり考えていなかった。むしろ多くのお客に来てもらうにはどうするか、お客の気持ちになってさまざまな工夫をしていた。

あるとき、正義に言った。

「今度、デパートの近くに『山小屋』という名のレストランをつくろうと思うんだ」

「山小屋?」

「街中に、丸太やなにやらで山小屋風のレストランをつくるんだ。そうすれば、みんなの心がなごむだろう」

三憲は正義に言ったとおり、デパートの近くに丸太で山小屋風の建物をつくった。柱の木も表面を焼いて、いかにも囲炉裏か暖炉のある小屋のように仕立てた。

正義も三憲を手伝った。三憲とトラックに乗って川の上流に行き、石ころや岩を拾ってまわった。岩は、いかにも山の頂上にいるような雰囲気を出すために小屋のまわりにバランスよく置いた。石ころは、セメントを塗りこんだ壁や床に敷き詰めた。

三憲は準備を進めるかたわら正義に聞いた。

「値段は、どうしようか」

「こういう形でコーヒーの無料券を配ろうと思うんだが、どうか」

正義は、自分の知恵をふり絞って答えを出した。

三憲は、正義が答えるたびに感心した。

「おお、それはいい。やっぱりおまえは天才だ」

実際は三憲が考えていたことだが、手柄は正義のものにした。それが三憲なりの教育だった。三憲は正義の意見を一部分でも取り入れたところは正義に伝えた。

「ここは、おまえが言ったアイデアで決めたからな」

正義は、そのたびにうれしくてならなかった。より積極的にアイデアを出すようになった。そのようにして、物心ついたときからどういうお金の仕組みで事業は成り立っているのかを身をもって知ることができた。

正義が公務員の息子であったら、のちの孫正義はなかったであろう。正義は、父三憲から自然にビジネスの帝王学を学んでいたといえよう。

□

正義は小学校六年になったとき、みずから率先して生徒会長に立候補した。ふつうなら、いくらやってみたいとひそかに思っていても、気恥ずかしくて立候補できないものだ。しかし、正義には気恥ずかしさなどさらさらなかった。

（おれは将来かならずや何千人、何万人もの部下を引き連れるに違いない。小学校にいる一〇〇〇人の生徒をまとめることができなくてどうするんだ）

むしろ、正義は生徒会長としてほかの生徒たちをまとめていくことは、自分にとって必要不可欠なこととすら考えていた。

はじめのうちは、さすがに肝の太い正義も、一〇〇〇人近い生徒たちの前で話すとあがってしまった。しかしそのうち、場数を踏むたびに慣れていった。

小学校六年生にして、将来かならずや何千人何万人を使うという思い込みのすごさと実行力のすさまじさ。

□

一九七〇年四月、正義は中学校に入学した。中学校には野球部はなかった。仕方なくサッカー部に入部することにした。正義はチームプレーが好きだった。しかも、そのようなところにはもっとも活発な連中が集まってくる。

正義は、何事にも熱中する性格であった。

（サッカーのためには、なにより足腰を鍛えなくてはいかん！）

さっそく父親に頼み、鉄下駄を買ってもらった。

学校から帰ると重い鉄下駄を履き、アスファルトの上を一所懸命走った。カッチャカッチャカッチャ……と響きはいいが、中学一年生にはきつい。それでも歯をくいしばり、自分に言い聞かせながら走った。

(これくらいのことでへこたれては、日本一にはなれんぞ……)

さらに考えた。

(学校に通うときも足を訓練できるような工夫は、ないだろうか)

正義にはひらめくものがあった。彼は学校から帰るとき、厚さ一センチ五ミリくらいの鉄板を拾ってきた。その鉄板に兄の靴を載せ、チョークで靴型を二足分とった。

そして近くにある車の整備工場に持ちこみ、工員に頼んだ。

「このチョークの型に、鉄板を切ってもらえませんか」

工員はこころよくガスバーナーで切断してくれたが、切り終わると正義に聞いた。

「なんばすっと?」

正義は、にやりとした。

「秘密、秘密……」

正義は次の日、学校に行くとき兄の靴のなかにその鉄板の靴型を入れた。

(この鉄板の入った靴を履いて毎日学校に通うと、大変な足腰の鍛練になる)

鉄板を靴のなかに敷くから、自分の靴では足が入らない。そのためあえて兄の靴を選んだのである。

正義は靴紐を結び、意気揚々として一歩を踏み出した。ところが歩こうにも歩けない。

(どうしたんだろ……)

靴を脱いでしばらく考え、ようやく理解できた。

(なるほど……靴というものは、なかで足の踵の部分と爪先の部分の中間が曲がるから歩けるんだ。鉄板を入れると、真っ直ぐのままだから歩けないわけだ)

またもとの鉄下駄にもどし、鍛練の甲斐あって、正義は中学一年生にしてレギュラーの座を確保した。一年生ではわずかに二人であった。ポジションは自陣の先頭右側、攻撃するライトウィングであった。

何事も取り組んだら徹底する姿は尋常ではない。

□

正義は、中学時代から対立するグループをまとめて仲直りさせる能力を持っていた。

正義が仲間十数名と騒いでいると、仲間のひとりが険しい目つきで向こうのほうに視線を放った。

「おい、あれを見ろよ」

正義は、仲間が投げた視線のほうに眼をやった。よその中学校の生徒が十数名、正義たちのほうに歩いてくる。

そこは、正義たちの中学校の学区内だった。正義らは自分たちの縄張りを荒らされたような気分だった。

正義らのグループは、よその中学のグループに立ちはだかるように横に列になって相手のグループを睨んだ。

相手方も、数メートルの距離をおいて横に列になった。互いに睨み合った。

正義らのうちのひとりが、叫んだ。

「おまえら、おれらの学区に入ってくるんじゃねえぞ！」

「てめえらこそ、どっかに行っちまえ！」

「ふざけんな」

正義は、互いに罵りながら牽制し合うのをじっと黙って見つめていた。

そのときだった。ビュン！　何かが正義の顔をかすめた。相手方のグループのひとりが石を投げつけたのである。

血の気の多い正義の仲間が、叫んだ。

「きさん、なんばしょっとか！」

地面に転がっている石を拾いあげ、相手グループに向かって投げつけた。

相手も気色ばんだ。

「やっとか！」

相手がいまにも突っこんできそうな気配に、正義のグループの仲間たちは着ていた学生服の上着を脱ぎ捨てようとした。

正義は叫んだ。

「待て！」

みなを制した。

立ち向かってこようとする相手に呼びかけた。

「おまえたちの大将は、だれや。話ばつけようや」

相手の大将らしい男が、ヌッと出てきた。

正義は、その男に近づいていった。

「そもそも石を投げるなんて卑怯や。それに、殴り合いはようない。もっと正々堂々勝負ば、つけようや」

相手の大将は、不審そうに顔をゆがめた。

「どぎゃんこつか?」

正義はニヤリとした。

「サッカーでケリばつけようや」

サッカーは、正義たちの中学校だけでなく周辺の学校でも流行っていた。おそらく相手もサッカーには自信を持っていたに違いない。

「よかたい」

正義たちのグループと相手のグループは、殴り合いの喧嘩のかわりに、決めたルールにしたがいサッカーで決着をつけることになった。

しかし、サッカーでは決着はつかなかった。

試合が終わったあと、正義は肩で息をしながら相手の大将に笑いかけた。

「おまえたち、なかなかうまかやんか」

相手の大将も、ニヤリとした。

「おまえたちもの」

コンプレックスが成長のバネに

明るく前向きな正義だが、心の底では差別される悲しみ、怒りを深く感じていた。

孫正義は、一九五七年八月一一日、佐賀県鳥栖市に生まれた。祖父は、故郷である韓国南東部の大邱《テグ》から一八歳のときに九州に渡り、筑豊炭鉱で炭鉱労働者をやっていた。のちに小作農として佐賀県鳥栖市に住みついた。

孫家は、高麗将軍の孫幹を先祖に持つ、韓国では代々武門の誉れ高い家柄であった。韓国には、孫家の者しか入ることのできない、土で盛ったいわゆる古墳のような大きな廟があるという。祖父はその一九代目にあたる。祖父は、祖先から受け継いだ武門の家としての誇りをつねに抱いていた。金や目先の欲にとらわれることは汚らわしいことと忌み嫌っていた。

養豚業を営む祖母はリヤカーを引いて、豚の餌にするために近所の残飯をもらってきた。祖母にくっついて歩いていた正義は、まだ残飯を積んでいないリヤカーに乗せてもらうことがあった。リヤカーには残飯の滓《かす》が残っているのであろう、いつも足元がヌルヌルとして滑りそうだったという。

正義は幼稚園のとき、衝撃的な事件にあう。その日、幼稚園からいつものように帰ってきた。一〇メートル先に、年上の男の子が立っていた。その男の子は正義を見つけると、道端に転がっている拳ほどの大きさの石ころを拾いあげた。

「朝鮮人！」

正義は、よける間もなかった。石ころは、正義の頭にぶち当たった。血が噴き出た。あまりの痛みに、その場にうずくまった。

（どうして……）

子どもながらに、言いようのない衝撃を受けた。

おじいちゃんやおばあちゃんが韓国から渡ってきたというのは知っていた。しかし、家では日本語しかしゃべらない。どこの家とも変わりなく暮らしている。なのにどうして石ころを投げつけられなければならないのか。正義には、まったくわからなかった。

しかし、まわりの人たちとは違う。そのコンプレックスが正義に深く刻みつけられた。幼稚園に通う子ども心に、自分に言い聞かせた。

（韓国から渡ってきた家の子どもであることは、口にしてはいけないことだ）

正義は、まわりの親しい友だちにも、このことだけはなにがあっても口にしなかった。

小学校三年生にあがったころはこう思っていた。

（将来は、小学校の先生になりたい）

しかし、難関があった。正義が通っている公立の先生は公務員である。先生になるには日本国籍がなくてはなれないとわかった。

正義は、父親の三憲に食ってかかった。

「父さん、お願いだから日本人の籍にしてください。じゃないと、ぼくは先生になれないんだ！」

三憲は、さすがに困った表情を浮かべた。

しかし、正義はトイレに行く父親を追いかけてまで執拗に迫った。三憲はやや苛立たしげな口調で言った。

「おまえの気持ちもわかるけど、小学校の先生になんぞなってもつまらんぞ。そのうち帰化せんでもなれるようになるかもしれん」

正義が帰化を迫ったのは、あくまでも先生になりたいがためだった。

しかし、国籍が違うとどうして先生になれないのか。矛盾している。国籍により、なぜ人生を左右されなくてはいけないのか。国籍という厚い壁のようなものを感じた。

正義が小学校六年生のときに担任の先生と交わしていた日誌の裏には、こう記されている。

『涙は人間の感情をあらわす大切なものだ。

しかし、なかには残忍な涙もあるんだよ。「黒人差別のいかりの涙」

世界中の人々は、いまもそして未来も泣きつづけるだろう』

しかし、正義は差別を受けても、萎縮してうずくまりはしなかった。むしろ攻撃的ですらあった。

正義は、このコンプレックスを成長のバネにしていく。

子供らしからぬ抜群の交渉力

正義の人を説得する能力は抜群だが、それは中学二年生のころから身につけていた。

中学二年生になったときのことである。ひとつの問題が持ちあがった。まわりの者たちが昼休みになるたびにパンを噛じりながら不満をこぼした。

「どうして、こんなまずいパンばかり食わせるんだ」

「そうだ。しかも種類も少ないし」

「それに、こんなまずいパンばかり売っているくせに態度がえらそうなんだ」

正義の中学校では給食は出なかった。昼にはそれぞれが弁当を持っていくことになっていた。家の事情で弁当を持って来られない者は、学校に売りにくるパン屋のパンを買っていた。

正義は、不満を持っている者たちの話に耳を貸さなかった。たしかに彼らの言っていることはよくわかった。この業者のパンはたしかにうまくはなかった。正義がよく帰りに寄って食べる駄菓子屋のほうが安くておいしいパンが揃っている。

しかし、正義は陰で不満ばかりたらたらというのは好きではなかった。数日後、いつも不満ばかり漏らしている者たちに言った。

「おまえら、なんで陰口ばかり叩いているんだ。そんなことしてたってなにも変わらないぜ。業者を替えてほしいなら、替えてほしいと先生にはっきり言ったほうがいい。おれがいま言ってきてやる」

正義は立ち上がり、すぐさま校長室に向かった。同じ訴えるなら、担任の先生ではなく最高の権限を持つ校長先生に訴えるべきだと思ったからだ。

正義は、校長にぺこりと頭を下げると切り出した。

「校長先生は、学校に来ているパン屋のパンを食べたことがありますか」

「いや、ないけれども、それがどうかしたのかい」

「あそこのパンはまずいし、種類が少ない。値段も高い。そのうえ、態度が悪い。なんであの業者に決まったのか、説明してください」

「そうだねえ……」

校長先生は、さすがに口ごもった。パン業者が正義たちの中学に入ってきたのは、校長先生が就任するよりも前のことである。いきさつを知らなかったに違いない。

正義は、たたみかけた。

「あやふやな理由で決められているとすれば、ぼくの正義が許しません。もし明確な説明がつかないのであれば、替えてください。これはぼくひとりではなく、みんなの声なんです」

校長先生は、たかが中学二年生の正義にやりこめられていた。撫然として顔面蒼白だった。

正義は、主張することだけ主張して校長室を出た。

数日後、正義が別の用件で担任に呼ばれたときのことだった。先生は言った。

「校長は、さすがにきみが校長室で直談判したときには怒っていたらしいけど、あとになって『あいつは、なかなかおもしろいやっちゃ』と言っていたぞ」

校長先生も正義のしたことを認めていたのである。

それからしばらくたって業者は替わった。生徒たちはこれまでよりもおいしいパンを食べられることになった。

事業家として日本一になる決意

正義は、中学二年生のころから織田信長、豊臣秀吉、徳川家康などの戦国武将の本を読むようになった。三人の武将のなかでは、伝統主義の破壊と合理主義を貫いた織田信長が一番好きであった。

信長は、領主たちが自分の領内を通る通行人たちから通行税を取り上げるためにつくった関所を撤廃した。荒廃した地方市場を復興させるために、商工業者の組合である座の特権を廃止し、多くの商人が市場で商売ができるようにした楽市楽座制、田畑の面積を測量して生産高を決めることで領内の経済力を確保しようとした検地を行なった。キリスト教の布教も許可した。

中学三年生になったとき、さらにひとつの作品と出会った。歴史小説家である司馬遼太郎が、幕末の志士、坂本龍馬の生きざまを活き活きと描ききった『竜馬がゆく』である。正義は、文庫で八巻にもおよぶ長編小説を一気に読みきった。

坂本龍馬は、文久二年、土佐藩を脱藩して幕府軍艦奉行勝海舟の門に入り、のち神戸海軍操練所塾頭となる。土佐召還の藩命を拒み、慶応元年、長崎に海運と貿易をめざす亀山社中を組織する。一方、薩長同盟の成立を仲介、脱藩の罪を許されて社中を海援隊と改称。「船中八策」を草して朝廷中心の公議政体論的国家構想をかため、大政奉還を画策して成功。慶応三年、京都で中岡慎太郎と会合中に暗殺された。

正義は、明るくさわやかで自由に生き抜く龍馬に惚れこんだ。

ちょうど高校進学をひかえ、自分の人生を真正面から考え出していた。

(血湧き肉躍るようなことがしたい!)

自分のまわりにいる親戚のおじさんやおばさんたちは、さまざまな仕事をして大きな家に住み、外車を乗り回すくらいの生活はしている。自分はその人たちにけっして劣ってはいない。このままいってもきっとそれくらいの生活はできるに違いない。しかし、ただ、飯を食って死期を迎えるという人生だけは送りたくはなかった。

（龍馬のように、とことん志どおりにやり抜いて、燃えつきたと自分で思えるほど燃焼しきって死にたい！）

幼いときから、小学校の先生、画家、事業家、政治家のどれかになろうと考えていた。その四つに共通するのは、いずれにも創造性が求められるということである。

小学校の先生も、自分の教え方や匙かげんひとつで生徒たちのやる気を引き出すこともなくすこともできる。人格を創造する仕事だと思った。政治家もまた、新しい国の形をつくり出す。

中学校に入ったころには、すでに小学校の先生は国籍の問題で無理とわかっていた。政治家か事業家のどちらかに絞った。そして、中学三年生になり、事業家として日本一になることを決意した。

（坂本龍馬のいた幕末のころなら、政治にもダイナミックな変化があった。いまは、政治の世界も成熟し、腹芸の世界に入っている。創造性がない。ぼくの血も燃えそうにない）

父親である三憲の影響も、大きかった。

三憲は、正義が成長するとともに商売の幅を広くしていった。レストランよりもパチンコ屋に力を入れ出し、十数軒もの店を持つまでになっていた。

快感中毒

中学三年生の夏休みに入ると、サッカーのクラブ活動も終わった。正義が生徒会長をしていた生徒会の仕事も終わった。あとは勉強だけが残されていた。

何事も取り組むからには完全燃焼しないと気がすまない正義は、サッカーに熱中するあまり、中学に入ってもほとんど勉強はしなかった。そのため、夏休み前の成績はクラスで五番目程度であった。正義は夏休みの一ヵ月間本気で猛勉強した。二学期が終わると、正義は楽々とクラスで一番の成績になった。

正義は語る。

「わたしは、自分がこうしたいと思うことにはとことん純粋に努力する。その性格を父親が『おまえはすばらしい』と褒める。母親も祖母も褒めてくれた。努力してがんばって歯をくいしばってやっていく。それで達成したときにはすさまじい快感をおぼえた。幼いときからそんな小さな快感を何回かつづけていると、もうそれがひとつの快感中毒症のようになってくる。

マラソン選手のなかでも、苦しみながら走ってゴールに入ったときの快感が忘れられないという選手もいる。走る中毒症みたいなものだ。それと同じように、わたしにも快感中毒症みたいなところがあった。その快感を得るために努力するのはまったくいとわなかった」

努力が実ることによる快感中毒、これが孫の成功の秘訣といえよう。

□

一九七三年二月、みごと競争率一一倍の難関を突破し、久留米大学附設高校の合格をもぎとった。

第一学期の成績は、三〇〇人中三〇番前後であった。この高校では、例年六〇番までに入っていれば東大に合格することができた。正義は、このころ考えていた。

（東大経済学部を出て、事業をやろう。事業で日本一になるんだ！）

正義は、一年生の夏休みに雑誌で見つけた英語研修ツアーに参加した。

（日本で一番になるためには、まず世界でナンバーワンであるアメリカを見ておかなくてはならない）

アメリカは日本の手本となっていた。そのアメリカがどんな国かを一目でも見ておかなければ、日本一になることさえもままならない。

正義は、サンフランシスコ空港に降り立つと思わずわが眼を疑った。

（おい、これはなんだ！）

日本の空港にくらべると天井が高い、廊下も広い。サンフランシスコの街中には見上げるようなビルが建ちならび、道路も自動車もなにもかもスケールがまったく違う。

ショッピングセンターに行けば、見渡すかぎりの駐車場。スーパーマーケットの買い物カートもでかく、レジコーナーには何十ものキャッシュレジスターがならんでいる。

地下鉄に、はじめて乗った。まるで未来都市を見ているような気分だった。日本の首都・東京すら見たことがなかった正義は、カルチャーショックという言葉ではすまされないほどの衝撃を受けた。

ツアーで仲間になった学生たちは、観光地であるグランドキャニオンやヨセミテ国立公園の大自然を見ておどろいていた。正義はそれよりも、アメリカ人たちの生活の基盤となっている環境そのもののほうに眼が向いていた。そこに住んでいる人たちは、まさに自由を謳歌しているように見える。信号待ちの間にカップルが熱いキスを交わし合っている。正義は、さすがに眼のやり場に困ってしまった。

英語研修の舞台は、カリフォルニア大学のバークレー校であった。夏期休暇で空いたドミトリーに宿泊して英語を学んだ。

なにより、バークレー校のキャンパスにいる学生たちの伸びやかさに眼を瞠った。

ドラム缶を半分にちょん切ったものを、房のついた棒で楽器がわりにガンガン叩いている男がいる。

蜘蛛のように壁に張りついて何時間ももの想いにふけっている男もいる。

ムーンマンと称してスーパーマンのようなマントを着て、

「ええ、月の土地はいらんかねえー、一エーカー一ドルで、あなたは夢ある月の地主になれるよオ！」

まるで大道香具師《やし》のように口上を述べ、月の土地の証書を売っている学生もいる。

一時代を築いたヒッピーのにおいが、そこにはまだ漂っていたのだ。

ガイドが説明した。

「ここはハチャメチャに見えるけど、ノーベル賞を受賞している学者が一番多いキャンパスなんです」

その数は九人にもおよぶという。その当時、日本でノーベル賞を受賞していたのは、物理学者の朝永振一郎、湯川秀樹、小説家の川端康成の三人しかいなかった。日本の歴代の受賞者数をはるかに超える数の受賞者がこのキャンパスから出ている。正義は、その九人がどのような理由で受賞したかは知らない。しかし、ノーベル賞を受賞したというだけで素直にすごいと思えた。

(ぼくも、ここで勉強してみたい)

漠然とした思いが湧いた。

正義は、すっかりアメリカに惚れこんだ。

(アメリカのでかさはすばらしい！　マンションにしろ大学にしろ、日本とは桁違いにでかい。すべてがダイナミックで、クリエイティブだ！)

一ヵ月の滞在で、ほんの小さな点にしかすぎなかったアメリカで勉強したいという思いは、みるみるうちにふくれあがった。

（アメリカという国を、もっともっと深く知りたい！）

その思いはだれにも打ち壊すことができない鉄の塊のように、大きく頑強になっていた。

□

正義がアメリカへの英語研修ツアーから帰って間もなくのことであった。

「安本というおもしろいやつがいるんだ。ぜひ会ってみろよ」

岩屋毅は、鹿児島ラ・サール高校の仲間の言葉に、ストローで飲んでいたアイスコーヒーに向けていた顔をふとあげた。

「安本？　いったい何者だい」

ラ・サール高校一年の夏休みも終わりに近づいていた。岩屋はその仲間とともに博多まで遊びに来ていた。

仲間の話によれば、その安本正義はいつも「日本一の事業家になる」と豪語しているという。

岩屋は、その安本と同じようにまわりからひと味違ったやつだと見られていた。そんな岩屋に安本正義という風変わりな男を会わせたらどんなことになるだろうか。仲間たちはひそかに楽しみにしていたらしい。

岩屋は、闘志を燃やした。

（そんな大法螺吹きは鼻をへし折ってやる）

そいつが日本一の事業家になると言うのなら、こっちは「総理大臣になる」とでも言ってやる。岩屋はのちに地元の大分県から衆議院選に立候補して当選し、二〇一六年七期目である。

岩屋ははじめて、安本正義に会った。見るからに賢く負けん気の強い面構えをしていた。そのうえ、岩屋のまわりにいる者にはない雰囲気を漂わせている。

はじめのうちは、岩屋らが行ったことがないアメリカという国の話に花が咲いた。安本は澄んだ眼をきらきらと光らせていた。

が、話はアメリカから将来の話になった。そのとたん、安本の顔つきが一変した。まわりに放っていた眼の光が一点を貫くように絞りこまれた。しかも鋭い。

安本は、口にした。

「ぼくは日本一の事業家になる」

不思議なことに、安本には実際にそうなるに違いないという錯覚に陥らせるほどの真実味と説得力があった。

正義は、さらにおどろくべきことを口にした。

「学校を辞めて、アメリカに留学する」

大学時代とか、大学を中退してアメリカに留学する人たちの話は聞いたことはあった。しかし、高校に入ったばかりの者が留学するなど聞いたことがない。

「大丈夫か……」

岩屋は、さすがに心配した。

正義は微笑んだ。

「なに大丈夫さ」

岩屋はその後、正義を紹介してくれた仲間からほんとうにアメリカに渡ったと聞かされた。

（とんだやつがいたもんだ……）

そんな印象を強く残した。

思い込んだら命がけ。行動力の早さは、生涯を通じてのものであった。

□

正義は、帰国して二学期がはじまるなり、岩屋にも宣言したとおり、いきなり退学届を出した。

先生も家族も、猛反対した。

「日本でこのまま勉強すれば東大へ入れる。突拍子もないことは、やめておけ！」

担任の先生、友達、だれもが引き止めた。

なかにはこう言う者もいた。

「おまえは馬鹿じゃないか。大学へ行ったあとでも、アメリカへ渡るのは遅くはないじゃないか。せめて高校を卒業してからにしたらどうだ」

が、どんなに親身になって止めようとしても、正義を説得できる者はいなかった。正義は、むしろそんな説得に焦れてしまっていた。

（そんなことを言っていたら、遅れてしまう！）

同級生たちのほとんどは、高校に入学したときから何事も三年後の大学受験を中心に考えていた。もっと先を見ている者ですら大学を出たあとの就職のことまでのせいぜい一〇年の期間でしか、物事を考えていない。たしかにこの時期においては、そのことがど真ん中にあってもおかしくない。

正義は思っていた。

（まわりと同じ歩調で同じ教科書を読み、同じ肩書を持っても意味がない。それでは平均点以上に抜きん出ることはできない。ましてや日本一になることなどできない）

自分が生きていく六〇年、七〇年という人生においては、受験や就職はほんの一部分でしかない。それよりも自分がどんな仕事をしていくのか、そのことのほうが人生にとってもっと大きな意義を持つ。

さらに、東京大学に行ったとしても東京大学は毎年膨大な学生を世に輩出している。社会に出れば何十万人といるに違いない。何十万人もいるうちのひとりになっても仕方がない。そんな次元で自分を満足させていいのか。抜きん出るにはほんとうの意味での実力をつけていかなければならない。

いまの環境にいれば、おそらく何事も順調に、この日本のなかでなんの不自由もなく過ごしていくことができるだろう。そんなことでは自分自身を満足させることはできない。自分をまったく別の環境に放りこみ、その環境と交ざり合うことで自分に一気に化学反応を起こしてみたい。

それはいましかできない。まわりが言うように、高校を出たあととか大学を出たあとでは遅すぎる。そのころには、受験や就職といった問題で縛りつけられて、どんなに高い志を抱いていても身動きできなくなる。たとえふりほどいたとしても、気づかない間にいろんな意味での常識が体にしみついて、新たな環境に距離をおいてしまう。そうなれば化学反応を起こせないに違いない。頭の軟らかい、まわりの物事を受け入れられるいまこそ行かなければならない。高校一年生のいまでさえ遅いと感じている。決断は早ければ早いにこしたことはない。

まわりからは、正義のその素早い行動力は狂気の沙汰にしか見えなかったのかもしれない。

しかし入院していた三憲は、ある日見舞いに来た正義に言った。

「おまえのことだ。反対すると、家出してでもアメリカへ渡るだろう。四人兄弟でも、三人しか生まれなかったとあきらめる。がんばれよ……」

息子の正義は、一度口にしたことはいくらまわりが止めようとも聞かないことを、三憲は知っていた。

すさまじいまでの問題解決力

正義は、一九七四年二月、いよいよアメリカに渡ることになった。父親や母親は空港まで見送りに来てくれた。

正義は飛行機のなかで、しだいに離れていく地上を見下ろしながら自分に言い聞かせていた。

(大きな義をとるためには、ときとして人を泣かすことがあっても仕方がない。人生のなかでここぞというときは、大義をとらなければならないことがある)

保守的な土佐藩を見切り、脱藩した坂本龍馬の心境に自分を重ね合わせていた。

孫は、カリフォルニア州オークランドにあるホーリー・ネームズ・カレッジの英語学校(ＥＳＬ)にまず入り、徹底的に英語を勉強した。

日本からも、孫のような学生が何人か来ていた。彼らは日本人同士でグループをつくっていた。孫はそのグループには入らなかった。もし日本人と話す場合でも、相手が日本語を使っていようが自分は英語で話しつづけた。日本語をいっさい使わなかった。徹底的に英語漬けにしなければ身につけることはできないと考えていた。

七ヵ月後の九月、サンフランシスコ郊外の四年制セラモンテ・ハイスクールの二年生に編入した。セラモンテ・ハイスクールの一年生は、日本でいう中学三年生にあたる。日本の中学を卒業している孫は、日本でいう高校一年生のレベルと認められ、二年生として受け入れられた。

はじめの一週間は様子がわからないのでおとなしくしていた。が、教科書にひととおり眼を通すと、内容はすっかりわかってしまった。授業の内容を聞いていても少しもおもしろくない。

孫は、校長室に駆けこんだ。

「すぐに三年生にしてもらえませんでしょうか」

校長先生は、青い眼を剥ききょとんとした。

「でも、きみは日本の高校一年生を終えていないじゃないか」

「いえ大丈夫です」

心配げに見つめる校長先生を、孫はあの手この手で説得にかかった。

校長は、日本からやってきた小柄な生徒の全身からほとばしる霊気のようなエネルギーに圧倒された。

孫は、一夜明けた翌日からいきなり三年生になった。

それから四日間、三年生の教科書を読みあさり、ほとんど理解してしまった。

孫は、また校長と談判した。

「三年生の教科書もレベルが低すぎます。四年生にしてください」

校長先生は、いままで見たこともない生徒の出現にとまどった表情を浮かべた。

「ほんとうに、大丈夫か」

「大丈夫かどうかはわからないが、ぼくにとってむずかしいのは科目の中身ではない。時間をかけて読めば理解できます。問題は英語です。しかも、文法ができないわけではないのです。英語の単語の数を知らないことが問題なのです。いずれ単語はおぼえます。レベルの低い中身のものをやることは意味がないと思います。それくらいは追いつきますから」

「じゃあやってみるか」

孫の一歩も引かぬ迫力に、校長先生は四年生に上げることも許した。

孫はそれから一週間後、また校長に申し入れた。

「大学へ、入れてください」

校長も、さすがに渋った。

「きみ、まだ一七歳じゃないか。大学へは一八歳以上でないと無理だよ」

「外国人だから特別に認めてください」

「でもね、大学に行くには内申書というものをこっちから出さなければならないんだ」

「じゃあ、それを出してください」

「なにを言っているんだい。きみはわが校の試験を一度も受けていないじゃないか。そんな生徒にどうして内申書が書ける。いったいなにを書けと言うんだい」

孫は、人なつっこい笑顔を浮かべた。

「いい生徒だと書いてくれればいいんです」

「そんなことを書いたら、毎年うちの学校から大学へ行くのに、うちの内申書の権威が落ちるじゃないか。そういうことは書けない」

これまで孫の主張を受け入れて飛び級を許してくれた校長先生も、そこだけはゆずらなかった。孫も一度言い出したら引かない。

校長先生は頭を抱えこみ、しばらく考えてから口にした。

「ひとつだけ方法がある。高校卒業の資格をとれる検定試験がある。六教科すべて通れば大学に入る資格を手にできる。もし、一教科でも不合格点だったら、もう一年待つことになる。合格すれば高校は卒業したと見なされる。あとは、大学次第だ」

孫は高校卒業検定試験に挑戦することにした。その準備を進めた。

検定試験は、一日二科目ずつ三日間行なわれる。六教科すべてに合格しなければならなかった。孫はがむしゃらに勉強した。

孫の目的に向かっての行動力はすさまじい。

□

高校卒業検定試験の当日、孫は、配られた問題用紙を見てめまいがしそうになった。

（これは、落ちたな……）

問題用紙は五〇ページ、厚さにして一センチ近くある。こんなに大量の試験ははじめてだった。日本で英語の試験といえば、多くてもせいぜい問題用紙が五、六枚程度でしかなかった。その一〇倍ほどの量を同じ時間で答えろというのである。日本語ならばそれだけの量をこなす自信はある。しかし、単語力のない英語ではどうにもならない。が、一度落ちれば来年の検定試験まで待たなければならない。そんな悠長なことはしたくはなかった。

「試験官！」

孫は、とっさに手をあげた。持ち前の強引さで、さっそく試験官との交渉に入った。

「ぼくは外国人です。英語を読んで内容をつかむのに時間がかかってしまう。しかも、わからない単語がある。単語がわからないから質問の意味もわからない。単語さえわかれば内容は理解できるかもしれない。単語の意味がわかるように辞書を使わせてほしい。それから、辞書をひく時間がかかってしまうので、時間をある程度延長してほしい」

試験官は、唇を真一文字にして首を振った。

「それは駄目だ。辞書を使うという前例もないし、時間を延ばすという前例もない」

が、孫は引かなかった。

「ちょっと待ってください。高校を卒業したぼくの友だちの多くは、アメリカでは日本の高校を終えたということでもう一回高校を受けろとは言われないで大学に入学している。日本の高校を卒業したら、日本の高校の内容を理解しているということで大学に行ける。英語をどれだけ理解しているということではなく、内容を理解しているかどうかで単位を認めるかどうかを判断すると、国際間で決まっているからでしょう。

だから、これは国際間の考え方の基本的な部分だ。ぼくは日本で高校を終わっていないから検定試験は受ける。でも、日本で受けるのと同じように見なしてくれ。内容を理解するのを確認するための試験なんだから、英語力で劣っているぼくに辞書を使わせてくれてもいいじゃないか。それでも駄目だというのなら、なんで駄目なのかぼくの納得するように説明してください」

孫は気迫でごり押しに押した。猛虎のように獲物に食らいついたら死んでも離さない勢いだ。

「それは……」

試験官は、さすがにしどろもどろになった。納得のいくような説明はまったくできない。孫は、あまりにも頭の固い試験官に苛立ちの声をあげた。

「州の教育委員会にいますぐ電話してくれ。あなたの説明じゃあ、まったく納得いかない。もともとあなたはルールを決めた人ではない。州の教育委員会でこのルールはつくられた。あなたはそのルールが正しく運用されているかどうかを監視するのが役割だ。だったら、あなたと議論しても仕方がない。州の教育委員長のところに電話してくれ！」

孫のあまりの意気込みに、試験官はしぶしぶ職員室に向かっていった。

試験会場では、何十人もの人が懸命に試験と格闘している。孫は自分の席で試験には手をつけず、試験官のもどってくるのを待っていた。

一〇分あまりたったろうか。試験官がもどってきた。孫は駆け寄った。

「どうでした」

試験官は胸を張り、力強く首を振った。

「やはりノーだ」

教育委員長の後ろ楯を得ただけに、そういえばおとなしく引き下がるだろうと自信満々という顔つきだった。

孫は、ふたたび食らいついた。

「ちょっと待ってもらいたい」

試験官は眼を見開いた。日本から来た自分の胸ほどしかない小柄な男が、今度はなにを言い出すか恐れにも似た表情に変わった。

孫は、試験官の腹のあたりを人差し指でさすようにしながらまくしたてた。

「どうやって説明したんです。ぼくが言っているように説明したんですか」

「したさ……」

彼の自信はいとも簡単に打ち砕かれ、ぶつぶつとなにか言いはじめた。

孫は、刺し通さんばかりに試験官の腹に人差し指を突き立てた。

「ぼくほどの情熱をもって説明したんですか！」

「……」

「それは、したことにはならない。もう一回行こう、ぼくが説明する」

みずから職員室に乗りこんだ。

そして、教育委員長に直接電話で、辞書を使わせてほしいこと、時間を延長してほしいこと、という二つの要求を突きつけた。許してくれなければ何時間でも粘りつづける勢いでまくしたてた。

教育委員長は、孫があまりにも執拗であったためついに折れた。おそらく、孫の英語力から考えてもどうせ落ちると思ったに違いなかった。

孫は、にやりとした。

延長時間については、ある程度というだけで何時間といった制限はなかった。孫の思う壺だった。

孫は、そばにいた試験官に受話器を突き出した。

「オーケーが出た。あなたも確認しておいてくれ」

試験がはじまってからかなりの時間がたっていた。孫ははじめて試験にとりかかった。わからない単語はかなりあった。それをひとつひとつ引いているわけにはいかない。ある程度まで引くと、あとはほとんどみずからの勘に頼るしかなかった。

午後三時。その日の最後の科目の終了時間がやってきた。ほかの試験を受けた人たちはだれもが席を立った。

だれもいなくなると、孫と試験官だけが残った広々とした試験会場は静けさにつつまれた。

どれほどたったろうか。ただひたすらに試験問題と格闘していた孫の横顔に、窓から夕陽が射しこんできた。孫は机の上に置いてあった腕時計を見た。午後五時をすぎている。

試験官が立ち上がった。なにげなく窓から外をながめるふりをしながら、ちらりちらりと孫に視線を送ってきた。

（まだか。まだか。もういいだろう）

そうつぶやきかけているようだった。

孫にはその視線がうるさかった。大きく息を吸いこんで、一気にまくしたてた。

「なにをしているんですか。あなたは教師じゃないですか。学生のぼくがこんなに懸命に取り組んでいるのに、教師のあなたがうろうろそわそわして時計ばっかり見ていると、気が散って仕方ない。黙ってそこに座っていてください。ぼくが終わるまで、あなたは帰ってはいけないんです！」

試験官は、口をへの字に曲げてふたたび椅子に座りこんだ。

孫が初日の試験を終えたのは午後一一時をすぎていた。ほかの受験生の二倍以上の時間を費した。

食事は昼に食べたサンドイッチ程度だった。飲み物も口にせず、ぶっ通しでひたすら試験用紙に向かっていた。喉が渇き、唇もかさかさに乾いていた。

試験官は答案用紙を受け取りながら、皮肉っぽく言った。

いた。

「ご苦労さん……」

試験官もそこまで孫に振り回されるとは思ってもいなかったらしい。へとへとに疲れ切っていた。

が、試験官は翌日からは覚悟を決めたらしい。何冊か小説を持ちこみ、孫が終わるまで読みふけっていた。

孫は、二日目も午後一一時まで、三日目は日付が変わってしまう午前零時まで試験と格闘した。

それから二週間後、孫が泊まっていた宿舎に一通の手紙が舞いこんだ。州の教育委員会からの通知だった。孫はさっそく封を切った。

英語で合格したと書かれているではないか。思わず飛びあがった。

(やった、一発合格だッ!)

うれしかった。興奮のあまり部屋のなかを飛びまわった。

もう一度通知を見た。また違った思いがふつふつと沸きあがってきた。

(よくも受かったもんだ……)

設問はなんとか理解できた。しかし、答えは勘に近いものもかなりあった。

たとえば、アメリカで歴史の試験といえばおのずとアメリカ史である。日本では世界史の一部で教わる程度のものである。設問ひとつひとつが、孫の知っているアメリカ史の知識とはその理解の深さがまったく違っていた。ほとんど念力と想像力で問題を解決したといってもおかしくはなかった。

発明のプロセスを「発明」する

孫は高校卒業検定試験に合格したため、ハイスクールを三週間で退学。一九七五年九月に米国ホーリー・ネームズ・カレッジに入学。二年生を終わると、一九七七年にカリフォルニア大学経済学部、つまりバークレー校三年生に編入した。

かつて高校一年生のときに英語研修ツアーで訪ねた憧れのキャンパスにいよいよ足を踏み入れたのである。念願のキャンパスに足を踏み入れた以上、次のステップに踏み出さなければならなかった。

（卒業したら、日本に帰って会社を興す。そのための準備にかからなくてはならない）

大学を卒業して企業に就職するつもりはさらさらなかった。すぐに会社を興すためには卒業してから準備を進めるのでは遅い。学生のうちに軍資金をつくり、会社を動かしていくためのノウハウを身をもって知っておかなければならない。

一瞬、ハンバーガーショップでアルバイトすることもチラリと頭をよぎった。アルバイトしながら店や会社の末端から経営を見るのも悪くはない。

が、孫は五分もしないうちにその考えを打ち消した。

（アルバイトをするのはたしかに経験にはなる。しかし、時間効率が悪すぎる。自分の時間の投資にくらべて得るものは少ないのではないか）

□

孫は、あくまでも〝勉強の鬼〟になるという信念を貫いてきた。自分自身で納得するまで勉強するにはアルバイトをしている暇はなかった。一日五分で最大の効率を上げなければならない。頭をフル回転させるしかない。

孫は手を打った。

（そうだ、発明だ。発明で稼ごう！）

松下電器の創始者である松下幸之助は、ひとつの電源から二つの電球をともすことのできる二股ソケットや、それまでのランプよりも明るく長持ちする砲弾型電池式ランプを発明したのをきっかけに、松下王国を築きあげた。同じ人間である松下幸之助にできて自分にできないわけがない。

孫はそれまで、具体的な発明のようなことはほとんどしたことがない。小学校のときの夏休みに図画工作で出た課題で考えたくらいである。むずかしいには違いないが、不可能ではない。チャレンジしてみる価値はある。

しかも、発明品を商品化していくためには、試作機をつくり特許を出願し、どこかの会社に売りこみ、そして契約をかわす。そこまで、いくつもの段階をのぼり詰めなければならないが、数年後、会社を興すときの十分な経験となる。

□

孫は、発明するために、さっそく特許に関する本を買いこんだ。いくら発明したとしても商売にするためには特許をとらなければならない。噛じりつくように本を読みあさった。

一方、一日にひとつ発明することをおのれに課した。一日にひとつの発明というのは天才発明家エジソンでも不可能なことであった。孫はあえてその不可能に挑戦した。

(二つや三つの発明品を考え出して商品化するのは、あまりにも当たり外れが大きすぎる。それよりも、数かぎりないアイデアのなかから選び抜き、絞りこんだものを商品化していくんだ)

発明する時間になると、目覚まし時計を五分後に鳴るようにセットした。時計が鳴ると発明の時間は終わるが、わずかこの五分間、孫はそのよろこびにひたっていた。

自分の姿を見るものをすべて石にしてしまったギリシャ神話のメデューサよろしく、見るものすべてを発明と結びつけた。

猛勉強のために睡眠不足となりがちだった。次のクラスがはじまるのを教室の外で待っていて、気がついたら廊下で寝ていたことがあった。そのときの苦い体験からもアイデアを思いついた。

(声の出る腕時計はどうだろう。「おい、起きないと大変だぞ!」とか「四時だぞ、約束の電話をしなくては!」とか……)

さっそく、発明ノートに書きこんだ。

(スピーチシンセサイザーで、マイクロコンピュータをつけてつくればいい。ただし、少しぶ厚くなる。コストも高くつく)

自動車の運転席の前に設置した画面に地図が映る。ボタンを押して行く先を指定すると現在地に赤いランプが点くという発明も考えた。いまでいうナビゲーションシステムである。

万年筆とボールペンのそれぞれの特性を組み合わせ、わざわざボールペンの尻についてるボタンを押さなくても芯の色を変えられる三色ボールペンのアイデアも考えた。

それらを、わずか五分で考えついた。

商品化できるかできないかはわからなかった。が、アイデアは湧いて出るようにいくらでも孫の頭から浮かびあがってきた。商品化できるものを発明する日も近い。そんな錯覚すらおぼえるほどだった。

勉強が本業と信念を貫いていた孫である。寝ているとき以外はいつでもどこでも勉強をしている。

二ヵ月ほどしたある日、孫はいつものように机の上に発明ノートを用意した。

(ようし、今日もおもしろい発明品を考え出してやるぞ！)

目覚まし時計のスイッチを、オンに入れた。

ところが、なにも浮かんではこない。

一秒一秒制限時間に近づいていく時計の針音だけが、やけに大きく耳に響いた。

広い額に、汗がにじんだ。

ついに椅子から立ち上がった。どこかに発明のヒントがあるはずだ。部屋のなかを歩きまわった。

時間が迫ってくるにつれ、焦り、せわしなく動きまわった。が、頭のなかは霧がかかったように真っ白のままである。

五分がたったことを告げる目覚まし音がけたたましく鳴り響いた。まったくアイデアが浮かんでこないのははじめてのことだった。言いしれぬ敗北感に胸がざわついた。しかし、孫は思い直した。

(いや、今日はたまたまそうなったにすぎない。明日になれば、また思いつくさ)

すぐに勉強にとりかかった。

翌日、孫は昨日の敗北感を振り払うように気合をこめて目覚まし時計のスイッチを入れた。が、この日もまたひとつのアイデアも浮かばないまま無情にも目覚まし音を聞いてしまった。

孫はうなだれながら、けたたましく鳴りつづける目覚まし音を切った。

そんなことが三日も四日もつづいた。

（おれも、ついに枯れてしまったか）

発明するといっても、しょせんはひとりの人間のやることである。いくつも出していくとどうしてもパターンが決まってしまい、いままでと同じようなものしか考えつかなくなっていた。アイデアがおもしろいように浮かんできたときには長く感じた五分間が、いまは一瞬のように駆け抜けていく。

何日か考え抜いたすえに、やっとひとつ考えつく。そんな日がつづいた。

一年に三六五ものアイデアを出すという目標は、二ヵ月にして果たせる見こみがなくなった。さすがに気持ちが暗くなった。

ただでさえ、ほとんど教科書や参考書に噛じりついているために、一日に四時間から五時間ほどしか眠っていない。スランプと極度の睡眠不足で、さすがに神経が擦り切れてしまっていた。寝る前に、ベッドに入りながら教科書を読んでいると、突如として発明の時間に考えていたことが頭のなかに割りこんでくる。

眼では教科書の文字を追いながらも発明がうずまく。それも整然とはしていない。これまで考えついたアイデアと、途中まで考えていたアイデアが絡みあい、なにがなんだかわからない塊となってあらわれてくるのである。

いったい自分は起きているのか眠っているのか、教科書を読んでいるのか発明をしているのか、自分で自分がなにをしているのかおぼつかなくなってきた。

□

発明に行き詰まったある日、孫はふと思いたった。

(そうだ。いままでは偶然に発明していたにすぎない。偶然を頼っていてはコンスタントにしかも大量に発明することはできない。発明するプロセスを発明するんだ!)

そもそも発明とはどうして起こるのか。孫はじっくりと考え直した。

よく考えると、パターンは三つしかない。

ひとつは問題解決方法だ。よく必要は発明の母なりという。寒いとか靴が固くて足が痛いという不都合な問題が起きたとき、人はより快適にするための方法を考え出す。つまり、問題を見つけただけで半分発明できたのと同じなのである。

二つめは水平思考だ。逆転の発想である。へそ曲がりの発想といってもいい。これまであったものを、たとえば四角いものなら丸くする、赤いものなら白くする、大きいものなら小さくするというように、なんでも逆にしてみる。上から下にいくものであれば、下から上にあげてみる。

三つめは組み合わせ方式である。カセットとラジオを組み合わせるとラジカセ。オルゴールと時計を組み合わせると目覚まし時計。いままであるものに違ったものを組み合わせると、いままでなかったものになる。

それまで発明発明と力んでいたが、その原理をたどっていくと意外にも思っていた以上にアイデアが出る。それをうまく応用していけば、かならずやいい発明ができる。孫は確信に似た思いを抱いた。

そしてさらに三つをもっと絞りこんだ。

（もっともシステムとしてできるのはどれだろうか）

もっとも大量に発明ができるのは、組み合わせ方式のように思えた。

孫は英語の単語を暗記するカードを買いこんだ。そして、自分の眼につくものをとにかくカードに書きこんでいった。

りんご、キャベツ、椅子、メモリーチップ、電話……。

カードの数は、何百枚にもなった。

発明の時間になると、その何百枚のなかから三枚を抜き出した。

りんご、時計、クリーム。

出てきた脈絡のない三枚のカードに書いてあるものを強引に結びつけて、新たなものを考え出した。

そういうことをしているうちに、三枚のカードに書かれたものを見ていると、ほんの五秒ほどでとんでもないものを思いついたりする。

そのうち、どんどん刺激されていくらでもアイデアが出るようになった。五分間でまったくなにも思い浮かばないということはなくなった。

およそ一〇回に一回は、商品化できるのではないかと思えるものすら浮かぶようになった。

孫は、ついに発明のプロセスを発明したのである。

□

発明のプロセスを発明した孫は、さらに考えた。

（これをコンピュータでやったら、どうなるだろう）

孫は、大学でコンピュータコースを受講し、すっかりその魅力に取りつかれていた。自分で専用のソフトをつくりあげた。シンクタンクをもじってアイデアタンクという名前をつけた。アイデアタンクには、カードに書きこんだようにひとつひとつのものの名前だけを入れるわけではなかった。

たとえば、コストはいくらなのか。大きさや新しさ、孫自身がそれに対してどれくらいの知識を持っているかという知識習熟度といった二五もの指数を、それぞれのものにつけ加えた。

アトランダムにあげた三つの組み合わせに対して、それぞれの指数を足したり掛けたりした。その指数の高いものを総合点の高い順にならべかえる。孫は、そのプログラミングを考えただけだった。

指数計算やならべかえの作業は、すべてコンピュータがやってくれた。

孫は、ただコンピュータを立ち上げて操作し、神のお告げを待つかのようにプリントアウトされるのを待っているだけだった。

そして、その結果出てきた組み合わせのひとつひとつを見る。

「これは×」

「これは、まあまあ。だから△」

「おッ、これはいい。○」

○と△と×と記号を決めておき、右手に持ったペンでチェックしていけばよかった。

一度見たあと、○をつけたものだけをじっくりと見直して考える。そうするとさまざまな発明品が湧きあがってきた。

（湧いてきた、湧いてきた……）

商品化できると思えるものがかならず立ち上がってきた。その方法をとりはじめると、アイデアが出すぎて困るほど次から次へと浮かんできた。

孫は、一日にひとつ、一年間で三六五もの発明品をつくるという目標こそ達成できなかったものの、一年間に二五〇ものアイデアを生み出した。

(このままいったらなんぼでも出る。しかし、ただの器用貧乏になってしまう。商売にならない。事業家にもなれない)

プロジェクトチームをつくる

孫正義は、発明したアイデアを商品に仕立てあげていく事業家になるための第二段階に進まなければならなかった。

自分が将来どんな事業を手がけるかまったく頭にはなかった。

「レストランのチェーンか」「病院のチェーンか」

あるいは「貿易か」「出版か」……。

しかし、アイデアを商品に仕立てあげていくプロセスは、かならずや将来手がける事業の練習となるものでなければならない。

資金を集めるためとか生活費のためならば、てっとり早く商品化できるアイデアはいくつもあった。

たとえば洋式トイレの便座カバーだ。洋式トイレ用便座は他人のお尻に自分の尻が触れるような感覚があり、ときに汚いと感じることすらある。しかも固くて冷たい。よく布のカバーをしているが、それは柔らかさとか温かさではいいが、座ったときの嫌な気持ちは残る。

孫は考えた。

（発泡スチロールの便座カバーをつくってはどうか）

マクドナルドで売っているビッグマックというハンバーガーをいやというほど食べ、そのカバーを集めた。そして、そのカバーを切り開いて便座カバーをつくってみた。温かくて尻に柔らかく触れる。使い捨てだから嫌な気持ちはない。コストもたいしてかからない。つくるのもたやすく、おそらく商談もすぐにまとまるだろう。もしこの便座カバーを世界中のホテルに供給すれば、いい収入になるに違いない。

しかし、孫は考えた。

（日本、いや世界を相手に事業を起こす者が便座カバーからスタートしたとあっては、志が低すぎはしないか）

便座カバーだけにかぎらず、儲けるためだけの発明品はすべて切り捨てた。

□

孫は、アイデアタンクに記憶されている二五〇もの発明のうちのひとつ、音声つき電子翻訳機に絞りこんだ。スピーチシンセサイザー、辞書、液晶ディスプレイの三つの要素を組み合わせてコンピュータが打ち出してきた、合成音声つきのエレクトロニック・ディクショナリーである。

外国旅行中に外国人と話すときに、電卓のように日本語で「空港マデ行ク近道ハアリマセンカ」とキーボードで入力すると、英語やフランス語に同時に翻訳される。しかも声になって出る機械である。

どんな事業を展開するにせよ、コンピュータだけはかならず使うようになることは読めていた。さらに、音声つき電子翻訳機は便座カバーのように簡単にはできない。第二、第三の試作機をつくり、試行錯誤を繰り返していかなければならないに違いない。

かならずやその経験はどんな事業を興すときにも生きてくる。

（それに、そこには夢がある！）

孫はシステム設計の大枠をつくった。

が、スピーチシンセサイザーならスピーチシンセサイザー、プログラムならプログラム、いずれも一生をささげるほどの広さと深みを持っているので、孫自身が、ひとつひとつを設計していては何年かかるかわからない。

（それなら、専門家たちを集めたプロジェクトチームをつくってやったほうがいい）

完成した暁には、特許の権利は九七％を自分で所有し、残りの三％をプロジェクトチームのメンバーにゆずればいいと考えた。

□

孫は、音声つき電子翻訳機を商品化するため、さっそく大学の教授や研究者の名前を連ねた職員名簿を手に入れた。

なにしろ、ノーベル賞受賞者を数多く輩出するバークレー校である。日本よりもはるかに進んだマイコンテクノロジーの最先端にいる研究者たち、ドイツ語、イタリア語、フランス語の言語学者をはじめ、必要な人材はいくらでもいる。

コンピュータ学部の教授陣を中心に、電話を片っ端からかけまくった。

「プログラミングについて一番有能な先生は、だれですか」

「スピーチシンセサイザーの権威は、だれでしょうか」

電話しながらたどっていくと、どの教授や研究者に聞いても共通の名前が出てくる。

（この人の名前は、あの人からも出たぞ。この人は、きっといい先生に違いない）

さらには、新聞記事に載っていた教授などにも当たりをつけて絞りこんだ。

孫はまず、バークレー校の宇宙物理学教授フォレスト・モーザーに白羽の矢を立てた。ワンチップコンピュータによるスピーチシンセサイザーの世界初の実用化に成功した人物である。

孫は決めた。

（プロジェクトチームに加える研究者は、すべて世界の一流の研究者にしよう。それらの研究者を信用させるためのキーパーソンとして、モーザー教授をまず口説き、突破口にしよう）

さっそくアポイントをとり、会いに出かけた。孫は、無精髭をはやし、スリッパをつっかけた姿で教授の部屋を訪ねた。

「今度、音声つき翻訳機というのを考え出したんです。プロジェクトをつくりたいので、参加してくれませんか」

孫は熱に浮かされたように自分のアイデアをまくしたてた。

モーザー教授は、東洋からきた怪しげな学生の言うことにキョトンとしていた。

（ひょっとして、誇大妄想狂ではあるまいか）

そう思っているようである。

が、しだいに孫の話に引きこまれた。

孫が説明し終わると、青い眼を輝かせた。

「うむ。なかなかおもしろそうじゃないか」

「プロジェクトチームのメンバーになってくださいますか」

「でも、忙しいんだよね」

「わかります。しかし、この発明はあなたが開発したスピーチシンセサイザーチップを使用するんです。もちろん、ただでとは言いません。プロジェクトですから報酬は払います。一時間いくらということで払います」

モーザー教授はうなずいた。

「それなら、いいだろう」

「でもいまは、ぼくには資金はありません。ないけど払います。どういうふうに払うかといえば、出来高払いの成功報酬です。試作機ができたら、ぼくがどこかの会社に売りこんできて契約して契約金をもらったら払います」

モーザー教授にどれくらいを払えばいいか聞き、その時給を払うことを約束した。自分の提示した時給を払ってくれるならばかまわないと、モーザー教授も納得した。

交渉は成立した。

教授は言った。

「このようなプロジェクトでは、全体を管理する人をはっきりさせる必要がある。きみが言い出したプロジェクトだから、きみがボスだということを明確にしておこう」

孫は、教授のフェアな提案にひどく感動した。

孫はキーパーソンのモーザー教授の攻略に成功すると、アメリカ航空宇宙局（ＮＡＳＡ）の宇宙衛星アポロに最初にマイクロコンピュータを搭載したときのハードウェア設計者、人工衛星のコンピュータの組み立ての技術者、バークレーラボの原子力科学研究所のソフトウェア設計者と交渉し、全員を協力させることに成功した。モーザー教授と同様すべて成功報酬という約束であった。

こうして、錚々たるメンバーが揃ったプロジェクトチームができあがった。

孫はそのなかでもっとも若かった。そのうえもっとも知識が少なかった。しかし、全体のまとめ役としてプロジェクトチームの教授たちの尻を叩いた。

「先生、できましたか」

「締め切り日までに、かならず終えてください」

プロジェクトチームのメンバーもそれにしたがった。一学生にすぎない孫を守り立ててくれる。孫は解放された気分にひたっていた。

この男に、だまされてみよう

孫の最初のビジネスパートナーになるホン・ルーは、台湾で生まれた。六歳になったとき両親とともに来日。一八歳までを日本で過ごした。しかも、高校は日本の普通科に通った。日本語は日本人と間違えられるほどうまい。

高校を卒業したあと、サンフランシスコの近くに住んでいる親戚を頼ってアメリカに渡り、孫が通っているバークレー校に入学した。そのとき四年生であった。孫よりも二年先輩になる。大学に通うかたわら学内のアイスクリームパーラーで、マネージャーとして五〇人の従業員を束ねていた。

ルーがバークレー校に入学してからというもの、日本人にめぐり会うことはほとんどなかった。まして や日本人の留学生と校内で出くわしたこともない。

ルーが孫と知り合って一年ほどたったころ、孫がアイスクリームパーラーにやってきた。いつもはにこやかな孫がいやに真剣みをおびた眼を光らせている。

「アイスクリームも欲しいんだけど、きみが就職する前に一度話したいと思ってきたんだ」

孫の真剣な表情からなにか大事なことに違いない。ルーは話だけは聞いてみるつもりになった。

ルーは仕事が終わったあと、あらためて孫と会った。知り合って一年近くたっていたのに、落ち着いて向かい合うのははじめてだった。

孫は、いきなり切り出した。

「いっしょに仕事をしよう。ぼくのつくる会社で、働いてくれないか」

ルーは自分の耳を疑った。孫に自分の右耳を向けるようにしながら聞き直した。

「なんだって？」

「ぼくが会社をつくるから、そこで働いてはくれないか。就職するなんて馬鹿らしい。ぼくの仕事を手伝ってくれ」

会社名は、「M SPEECH SYSTEM INC」だという。「M」は、孫のパートナーでスピーチシンセサイザーを開発したモーザー教授のイニシャルである。

孫は、親しみやすい笑顔のルーを気に入っていた。

ルーは首をかしげながら孫の顔を見つめた。

（たかが大学生のくせに、会社を興そうとはどういう了見なんだろう）

自分のまわりには、いずれすばらしい経営者になると思える仲間も数人いる。そんな仲間たちでさえ、いきなり会社を興そうという野心はみじんもない。ましてやまだ在学している男が会社なんて……。もしかすると、こいつは気が狂っているだけかもしれない。あるいは、自分にはない、とてつもない才能をそのにこやかな表情の内側に潜ませているのか。

ルーは卒業したあとのいくつかの選択肢を考えていた。カリフォルニア大学バークレー校といえば、アメリカでも名門中の名門である。就職には困らない。

方向性としては、それまでに投資して勉強してきた分を取り返そうと思っていた。いいところに就職し、遊べるだけ遊びまわろうとも考えていた。孫の切り出した話は、そんな浮き立った気持ちに水を差すものだった。

ルーは、じっと孫の顔を見つめた。

（この男の眼は真剣そのものだ。冗談で言っているわけではない。この男のなかでは会社を興すことは現実のことなんだな）

成功するかしないかはわからない。しかし、自分よりも年下の学生が心の底からそんな野心を抱いている。ルーの胸は騒いだ。

孫は、まるでルーのそんな気持ちの隙間にすべりこむようにして、自分がどんなことをしようとしているのか語りかけた。

「まず発明の特許をとり、日本の企業に売りこむこと。その資金をベースに、さらに事業を広げていきたい」

孫が口にすることはひとつひとつが熱をおび、手を伸ばせばすぐにつかめるかのような現実感すら与えた。ルーはつとめて冷静に聞こうとしていた。ただ、現実になるかどうかはわからないが、孫のやりたいと思っていることは楽しそうだった。少なくとも有名企業ではできないような新鮮な魅力にあふれ返っている。

ルーは、自分がなぜ日本を去ってアメリカに来たかったのか、その原点を思い出しはじめていた。まわりの人たちの眼を気にしながら生きなければならない社会、就職してもあくまでも年功序列で自分自身の実力が認められない。反吐が出るほどつまらない。それがルーが見た日本の社会だった。だからこそ、実力でのしあがれる自由な国アメリカで勝負を賭けてみようと思ったのではなかったのか。

いま働いているアイスクリームパーラーも、はじめは皿洗いからはじめた。それがだんだん実力を認められて五〇人も率いるマネージャーになった。自分の先輩であろうが、その実力を認めてくれる。お互いの力を認め合える。その鷹揚さに魅かれたのではなかったか。

目の前で懸命に語りかける孫は、自分が考えていたことよりももっと大きく羽ばたこうとしている。

(この男に、だまされてみよう)

ルーの気持ちは大きくかたむいた。

(この男が現実に即した経営者か、あるいはとんでもない大法螺吹きかは、一年もあれば見極めがつく。この男とともに歩むという選択がたとえ失敗したとしても、それくらいの年月だったら修正はいくらでもきく。バークレー校の卒業証書があるかぎり、食いっぱぐれることはまずない)

ルーは、孫に向かって手を差し出した。

「きみのところで、世話になるよ」

その場で給与も決まった。日本円にして年収ほぼ五〇〇万円。アメリカの会社の大学出の初任給の平均だった。

□

ホン・ルーが孫の会社に世話になると決めた数日後に、はじめてのミーティングが開かれた。会社は、孫が借りているカリフォルニア大学バークレー校の近くにあるアパートである。ベッドルームが二つあり、恋人の優美がいっしょに住んでいた。

孫は、あらかじめ用意していたルーの名刺を手渡した。名刺にはなんと「雑事」と肩書がつけてあるではないか。ルーはおどろいた。

（いくらなんでも「雑事」はないだろう）

孫が言うには、ルーは孫のアシスタントだという。ルーは聞いた。

「で、いったいぼくは、ここでなにをすればいいんだい」

孫はこともなげに言った。

「そうだね、まずは三年後の計画を立ててくれないか」

ルーは、度胆を抜かれた。

「三年後だって！」

ルーは、孫の壮大なる計画を大づかみに聞いただけである。もっと細かなことを聞かなければそんなことができるわけがない。ましてや、三年後のことなどわかるわけがない。はじまったばかりのビジネスでさえどうなるかままならない。もしかすると、ルー自身でさえ三年後に孫のもとにいるかどうかすらもわからなかった。

ルーはその後、孫のアパートに通った。そこで一日、孫に言われた仕事をこなした。

孫はアパートにはほとんどいなかった。授業のあるときにはさっさと出て行ってしまう。しかも、コンサルタントマネージャーであるモーザー教授をはじめ、プロジェクトを進めているのは教授陣である。その人たちはたいてい大学にいる。ミーティングを開くためにも大学へ行く必要があった。

ルーは、取り残されたように優美と二人きりになってしまう。どうも気まずい。

ルーは、ついに音をあげた。

「会社をぼくの家にしないか」

孫は、いきなりの申し出に事情がわからずおどろいた。

「いったい、どうしたんだい」

ルーはなんとか理由をこじつけた。

「ぼくのところは持ち家だ。このアパートのようにまわりに気兼ねをする必要はない。部屋も三つあって広いから……」

そう言って、大学から車で二〇分ほど行ったところにあるルーの家に会社を移した。

孫はまず、モーザー教授がライセンスを取っていた音声合成のスピーチシステムを売る独占販売権を得ようとしていた。このときはまだ、孫がモーザー教授らとプロジェクトチームをつくって開発している音声つき電子翻訳機はできていなかった。

孫はそれができるまでの間、とりあえずスピーチシステムの販売を手がけようとしたのである。スピーチシステムを組みこむと、たとえば店に客が入ってきたときには「いらっしゃいませ」、出て行くときには「ありがとうございました」と声をかける。必要なときに必要な単語を引き出せる。

これまでのように、まず声をテープに吹きこみ、テープを先に送ったり巻きもどしたりしてその声を出す手間がなくなった。

孫は、その独占販売権を得るために動きまわっていた。

モーザー教授がライセンス契約をしたナショナル・セミコンダクターとかけあった。

ナショナル・セミコンダクターは、いとも簡単に許可を出した。

□

孫は、ルーに日本の大手各電機メーカーに文書を送るよう指示した。

「モーザー教授が開発した音声合成のスピーチシステムを独占販売しています。もしもサンプルが欲しければ、代金を送ってほしい」

反応は早かった。大手メーカーをはじめ数多くの電機メーカーから問い合わせが殺到した。孫にとってはそれはうれしい大誤算だった。これほどまでの反響を受けるとは思っていなかったのである。

ルーは言った。

「契約をまとめてもらわないと、まずいね」

孫も浮き立っていた。

「学校は休んで、すぐに日本に行こう」

孫はただちに日本に帰国した。

そうして一〇社以上の大手メーカーと契約を交わしてきた。

ルーは舌を巻いた。

(だまされてみた甲斐があったというものだ)

いくら企業が求めているものとはいえ、はじめての商談で一〇社以上も、しかも大手企業と契約を結んでしまったのである。

ルーにはあまりない才能を孫は先天的に秘めていた。「M SPEECH SYSTEM INC」は快調にすべり出した。

が、誤算だったのは孫たちだけではなかった。モーザー教授がライセンスを渡したナショナル・セミコンダクターにとっても大きな誤算だった。どでかい商売をふいにしてしまったのである。

ナショナル・セミコンダクターは、スピーチシステムがこれほどまでに人気を得るとはまったく思っていなかった。それゆえに孫らに販売権をゆずってしまったのである。

ところが、ナショナル・セミコンダクターは、スピーチシステムの盛況を知ると孫に言いがかりをつけてきた。

「日本支社であるナショナル・ジャパンとアグリーしなければ、おたくの販売は許さない」

じつは、孫にはつけ入られる隙があった。

会社はつくったものの契約に関しては無知であった。独占販売権をもらったのもただの口約束だった。

正式な契約書は交わしていなかった。

孫はナショナル・ジャパンと交渉に入った。

交渉は揉めに揉め、ついには合意を得ることができなかった。

孫は、ルーに吐き捨てるように言った。

「ナショナル・セミコンダクターに勝手にやらせろ。もうスピーチシンセサイザーの販売からは手を引く！」

すぐさま孫正義は、一九七八年九月二三日の正午を過ぎたころ、バークレーの高台にある宇宙科学研究所を訪れた。

モーザー教授に聞いた。

「この前の話では、今日、試作機が動くはずですけど、どのへんまで行きましたか」

モーザーは、親指で隣の部屋をさしながら言った。

「チャックがある程度やっているから、彼に聞いてみてくれよ」

孫はうなずくと、シャツの腕をまくった。チャック・カールソンは、アポロにはじめてマイクロコンピュータを搭載したときにプロジェクトに参画していたほどの優秀なハードウェアの設計者ではあるが、これまで何度もスケジュールを遅らせた張本人でもある。

（もしも今日できていなかったら、きつくネジを巻いてやらねばならん）

腹を決めて、ドアを開けた。

「よお、マサ」

カールソンのほうから声をかけてきた。

孫は、なにか違う雰囲気を感じとった。いつもなら、苦虫を噛みつぶしたようなしかめっつらのカールソンが、ひどくほがらかな表情をしている。

カールソンが得意そうに言った。

「動いたぞ」

「ほんとか！」

孫は、駆け寄らんばかりに近づいた。

カールソンが、にんまりと笑った。

「まあ、見ていてくれ」

試作用の黒い箱についている、孫が丹念にアルファベットの文字のシールを張りつけたキーボードを叩いた。

「Good Morning」

ディスプレイに、その文字が表示される。

すぐに、「翻訳」のキーを叩いた。

ディスプレイに、「グーテン・モルゲン」とドイツ語に訳された文字があらわれた。

「発音」の文字を押すと、「グーテン・モルゲン」と機械音で発音した。

孫は、思わず飛びあがった。

「やった！」

カールソンの肩を叩いて、よろこんだ。

が、しばらくはよろこんでいたが、すぐに気を取り直した。

「さらに検索スピードを上げて、そのうえ、メモリー容量を圧縮するアルゴリズムを考えついたんだけど」

自分の思っていることをひとつひとつ、カールソンに話してみた。

カールソンは、「そのとおりだ」とか、「そこはちょっと、こういうふうにしたほうがいい」とアイデアを出した。

孫は話し合いながらも、全体のスケジュールを考え合わせ、どの機能までできるかを考えていた。

このプロジェクトは、孫が全体の基本発明を考案し、五人の、世界でもトップレベルの技術研究者たちをメンバーに集めてそれぞれの役割を分担させていた。

（チャックは、有能な技術者だ。しかし、つい機能の細かなところに夢中になりすぎてしまうところがある。それがちょっと困りもんだが、その夢中になるいい面を引き出しながら、全体として進めていかなくては……）

人生の「五〇ヵ年計画」

孫は、発明の商品化の目処が立つや、ガールフレンドである優美に言った。

「おまえ、そのうち親からの仕送りを断われ」

「えっ！」

優美は、またなにを言い出すのかといった顔をしている。

孫はつづけた。

「おれも近々断わるつもりでいる」

「どういうことなの」

「おれがおまえを食わせるんだ。おまえはおれと結婚するんだ。そのうち籍は正式に入れる」

あまりにも唐突で、有無を言わせぬ孫らしいプロポーズだった。孫は背負うものを多くして自分で自分を追いこんだのである。

その日午後四時五〇分……。

孫には、ガールフレンドの優美の顔が浮かんできた。その日の午後二時から、優美とバークレー裁判所で結婚式をあげることになっていた。だが、試作機が成功したよろこびのあまり、夢中になって、すっかり忘れてしまっていたのである。

孫は、ポルシェ914に乗りこんだ。裁判所に向けてぶっ飛ばした。黄色から赤に変わろうとしている信号も、かまわず突き抜けた。

優美は、裁判所の前で、なにか事故かトラブルでもあったのではないかと心配しながら、午後二時から待っていた。

孫の顔を見るなり、安堵と怒りが複雑に混じった顔で駆け寄ってきた。

「今日は二人にとって大事な結婚式だっていうのに、いったいなにがあったの」

孫は、頭を下げた。

「ごめん、ごめん。例の発明の件で、チャックと開発をしていて夢中になっていたら、時計を見るのを忘れてたんだよ」

まるで子供のころ、遊びに夢中になって、どろんこになって帰って来て母親に叱られたときのように小さくなって、頭をかきながらただひたすら謝りつづけた。

が、そこで優美に謝りつづけているわけにもいかない。

彼女の手をとって、裁判所に駆けこんだ。

しかし、午後五時を五分過ぎていた。裁判所は閉まっている。孫は、ドアを強く叩いた。

相撲取りのようにでかい、腰に拳銃を提げたガードマンがヌッとあらわれた。

孫は、必死に頼みこんだ。

「今日ここで結婚式をあげるアポイントを入れていたんだが、遅れてしまった。結婚できないと困るから、裁判官にお願いしてほしい」

ガードマンは、無表情で言った。

「そんなこと言っても、時間が過ぎている。裁判官もとっくに帰ってしまった。また出直して来い」

これまでも狭き門を強引に突き抜けてきた孫であるが、裁判官が帰ってしまったとあってはどうしようもない。しかも、自分が時間に遅れたという負い目もある。さすがにいかんともしがたかった。

その日は、優美に謝りつづけた。

「もう一度、チャレンジさせてくれ」

優美も、機嫌を直した。

孫は、すぐに一週間後の九月三〇日のアポイントを入れた。

その九月三〇日、孫は、宇宙科学研究所に入る前に自分で自分に言い聞かせた。

(今日は絶対に遅れてはいけないぞ)

ところが、例によってつい夢中になり、気がつくと、約束の時間の午後三時から一時間が過ぎていた。

(どうして、おれはこうなってしまうんだ)

情けない気持ちを押し殺しながら、ふたたびポルシェ914を裁判所めがけてぶっ飛ばした。

一度ばかりでなく二度までも孫に裏切られ裁判所に待たされつづけた優美に、土下座せんばかりに謝った。

「すまない。ほんとうにすまない！」

優美は、すでに怒りを通り越してあきれていた。

溜め息まじりに言った。

「あなたは、夢中になるといつもこうなんだから。もうあきらめているわ」

そのひと言に、むしろ孫は救われた。

孫は、優美の手を引いて裁判所に入った。

孫は、受付の中年女性に言った。

「アポイントに一時間遅れてしまったが、裁判官になんとか頼んでほしい。今日結婚できないと、ぼくは一生悔やんでしまうから」

受付の女性は、笑いながら、しょうがないわねといった顔で奥に入って行った。

受付の女性がもどってくるまで、孫は落ち着かなかった。そわそわしてまわりを見ていると、一週間前に会ったガードマンと眼が合った。

ガードマンは、ニタッと笑った。

（おまえ、また遅れちまったのか）

その眼が、そう言っていた。

五分ほどで、受付の女性がもどってきた。にこやかに言った。

「めでたいことだから、遅刻は許してくれるそうよ。いってらっしゃい」

孫は、優美とともに裁判室に入った。

裁判官は、すでに待っていた。二人を見るなり、聞いてきた。

「ウィットネスは、どこにいるんだ？」

孫は聞いた。

「ウィットネス？　いったい、それはなんですか」

裁判官は、そんなことも知らないのかという顔で説明してくれた。

どうやら、証人のことらしい。二人の証人が結婚式を見届け、誓約書にサインをしないと結婚は認められないというのである。

しかし、証人といっても、裁判所のまわりには知り合いらしい知り合いはいない。ホン・ルーを呼ぶにしても、時間がかかってしまう。

孫は、裁判官に言った。

「ちょっと待ってほしい。すぐに証人を連れてくる」

裁判官と優美をそこにおいて、部屋を出た。

受付まで引き返した。

ガードマンに詰め寄った。

「おれを助けてくれ」

「なんだい、いったい」

孫は、事情を話して頼んだ。

「おれたちの結婚の証人になってくれ」

ガードマンは、裁判所に響き渡るほどの声で笑い転げた。

「おまえは、またそういう失敗をやらかしたのか。でも、仕方ない。証人になるよ」

孫は、さらに受付の女性にも頼んだ。

「いいわ、助けてあげるわ」

孫は、逃げられないように二人の手を引っ張って裁判室にもどった。

裁判官は、証人としてガードマンと受付女性を連れて来たことに、さすがにあきれた。が、段取りどおりはじめた。

「二人とも、右手をあげて」

孫も優美も、右手をあげた。

裁判官が言った。

「わたしがこれから読み上げる言葉を、そのままつづいて言いなさい」

孫は、どういう内容なのかはわからなかったが、おうむ返しに言った。

裁判官は、宣誓の言葉を読み終えた。木槌を手に取り、叩いた。裁判所に、威厳のこもった音が心地好く響き渡った。

そして、にっこりと笑った。

「おめでとう」

さすがに、優美はうっすらと涙を浮かべていた。

□

孫と優美は、結婚の手続きをすませると、裁判所を出た。

ポルシェ914に乗りこむと、孫は言った。

「新婚旅行、なんにも予定していなかった。でも、やっと結婚できてうれしいから、このまま出かけよう」

優美が聞いた。

「どこに行くの?」

「わからない。わからないけど、どこまでも走ってみよう。ひたすら二、三日走ってみようじゃないか」

孫は、カリフォルニアのハイウェーをひたすら走った。
四、五時間たったころ、やたらにでかい城が見えてきた。
「あそこに、寄ってみよう」

ハーストキャッスルといって、新聞王と呼ばれるウィリアム・ハーストの別荘を、相続人たちが州に寄付し、それが観光客に開放されていた。ハーストは、一八八七年に金鉱王だった父親が買い取った「サンフランシスコ・エグザミナー」で成功をおさめたのを皮切りに、「ニューヨーク・モーニング・ジャーナル」「アメリカン」といった新聞をはじめマスメディアを傘下におさめた。最大に達した一九三三年には、日刊紙二六、日曜紙一七、雑誌一二、通信社一、ラジオ放送局八、映画会社二社を支配し、ハースト王国を築きあげた。映画「市民ケーン」のモデルにもなった。

ハーストキャッスルには、一五〇から二〇〇もの部屋があり、室内と屋外のプールもいくつもあった。さらには、ハーストが海外で買いあさった美術品などが飾ってある。

優美は、あまりの豪華さにおどろいていた。

「すごいわねえ」

孫は、聞いた。

「そんなに、すごいかい」

「ええ、すごいわ」

孫は、優美の眼をじっと見た。

「そんなにうらやましがるな。そのうち、おれがもっとでっかい、〝孫キャッスル〟を建てて、思う存分贅沢をさせてやる。おれを信じろ」

優美は、うれしさ半分、また大風呂敷がはじまったかという気持ち半分で笑みを浮かべた。

「で、それはいつごろになるの」

孫は、胸を張った。

「ま、そうだな、三〇歳にもなれば軽いもんよ」

そして、つづけた。

「人生は、長いようで短い。五〇年なんて、きっとあっという間に過ぎるぞ。おれは、二〇代でなにかの事業をはじめて名乗りをあげる。三〇代で軍資金をためる。一〇〇〇～二〇〇〇億円にもなればいいだろう。そして、四〇代で、一兆円、二兆円を投資できるような、そんなでっかい勝負を賭ける。それを五〇代で完成させて、六〇代で後継の者に譲る。これがおれのライフプランだ」

のちに、孫が、だれにでも話して聞かせる「人生の五〇ヵ年計画」であった。すでに一九歳のころからおぼろげな形で胸に秘めていたが、口にするのははじめてだった。

孫は言った。

「たかが一新聞屋なんて、おれには眼じゃないんだ」

優美は、あくまでも笑いながら聞いていた。そして、子供をあやすように受け流しながら言った。

「そんなことになると、楽しいわね」

孫は、自分の目標をただ胸に秘めていることはできない。人前で口にして、自分を駆り立てる。できなくても仕方ないという気持ちもなくはなかったが、そのことが自分で自分を縛り、目標に向かって突き進む原動力ともなっていた。

だが、優美は、それほどまで大風呂敷を広げる孫を見て、この人についていって大丈夫かしら、と不安もよぎった。

三〇歳を過ぎたころ、孫は、優美、娘二人とともに賃貸のマンションに住んでいた。

優美は、孫に冗談まじりに言った。

「結婚したときの、あの勢いはどこにいったの」

三五歳になったとき、亡くなる三日ほど前の祖父にも、コンコンと言われた。

「正義、おまえは、仕事仕事とやりよるが、家一軒も持たんか。早く家一軒くらい持たんといかんぞ」

孫は、三九歳のときにはじめて家を建てた。九〇〇坪の敷地に地上三階、地下一階というあまりの大きさに、「フォーカス」に航空写真を撮られるほどだった。

財界人からは、口々に言われた。

「孫君、悪いことは言わない。そんな大きな家に住むのはやめろ。日本では、そんな贅沢をすると、なにを言われるかわからんぞ。もう少しおとなしくつつましやかに静かに生きていかないと駄目だぞ」

だが、孫は、だれになんと言われようとも、優美と約束したことをぎりぎりの三〇代で叶えることができた。そのことに満足しているという。

社会人とのはじめての交渉

さて、孫が、ホン・ルーに黒い箱を見せた。

「これが、モーザー教授たちとプロジェクトチームをつくっていよいよ完成にこぎつけた音声つき電子翻訳機だ」

横二〇センチ、縦一五センチ、厚さ五センチ、弁当箱くらいの大きさの音声つき電子翻訳機の試作機であった。箱もキーボードもディスプレイもついていた。もちろん、なかのコンピュータも全部プロジェクトチームで設計したものである。

このときつくったのが世界初のポケットコンピュータのハードウェアの原型で、そのアプリケーションソフトが音声つきの翻訳ソフトであった。英語とドイツ語の二ヵ国語を相互に翻訳する機械だった。たとえば、「おはよう」の意味である英語の「グッド・モーニング」をキーボードに打ちこむと、ドイツ語で「グーテン・モルゲン」と発声し、液晶画面に「Guten Morgen」と表示される。

が、そのままでは商品化することはできない。これはあくまでもアイデアである。形や見た目は次の問題で、商品として売り出す形にするのはあくまでもメーカー側の仕事である。

ルーは、興奮気味に言った。

「これはすごい！　売れますね」

孫は試作機を風呂敷に包み、大学の夏休みを使って日本に帰った。

孫は、前もってソニーや松下をはじめ数十社にアメリカから手紙を出しておいた。

そのうち、シャープ、キヤノン、東芝、カシオなど二〇社近くから返事がきていた。孫はシャープかカシオのどちらかに的を絞っていた。電子翻訳機はポケットコンピュータである。エレクトロニクスの技術があるだけでは、いいものはできない。小さく軽く安く出せる企業でないと売れない。

シャープもカシオも電卓に関しては松下やソニーを超えるだけの技術力を持っている。孫が考えている条件をみごとにクリアしてくれるに違いない。

孫は、さらに二社のうち一社に絞りこんでいた。

（狙いは、シャープだ）

電卓を日本で最初に開発したのはシャープである。カシオも電卓は強いが、スピーチシンセサイザーをつくれるかどうか、コンピュータ面における総合力でそう比較したのである。

しかし、社会人とのはじめての交渉である。いきなり本命のシャープに行って成功するとは思えない。これまでいくつもの交渉を手がけてきた孫だったが、断わられるのではないかという不安はあった。それならば可能性の薄い企業をまわって本命を攻めるための交渉の練習を積み重ねておいたほうがいい。

どんな質問を浴びせかけてくるか。断わり文句はどういうふうに言ってくるか。ひとつひとつリストアップし、傾向と対策を練ったあと、本命のシャープを切り崩しにかかったほうがいい。

シャープとの交渉は、一番最後と決めていた。

思っていたとおり、はじめに行った会社は歯牙にもかけてくれなかった。

「こんなの、製品になんないよ」

「まだできあがってもいないじゃないか」

ほかの社でも、同じ反応だった。

「できあがったら、持っておいで」

取りつく島もなかった。覚悟していたとはいえ、孫にはさすがにこたえた。勇んで道場破りに出かけて返り討ちにあった気分だった。会社のドアを開け、外に出るときには満身創痍でくたくたになっていた。

（ほんとうに契約が取れるのだろうか）

負のイメージが頭をもたげてくる。が、相手の言ったことをひとつひとつ分析していくと共通する傾向が浮かびあがってくる。

翌日には気分をとり直した。

（よし、今日こそは！）

明るい気持ちで滞在中のホテルを出た。

何社かまわっているうちに、孫も交渉術を身につけていった。相手の反応もしだいによくなっていった。

キヤノンでは、出てきた担当者が試作機を見ながら言った。

「いいじゃない、これおもしろいね」

かなり強い期待を感じた。

それからしだいに「ぜひ、うちの社で……」という会社が増えてきた。

孫が何者かわからなくても、会社はプロジェクトチームのメンバーを見て試作機を信用した。

が、孫はすぐには返事をしなかった。

一八社ほど回ったあと、いよいよ絞りこんだうちの一社であるカシオに乗りこんだ。

孫は勢いに乗っていた。カシオでもまたいい感触をつかめると信じて疑わなかった。

カシオでは、課長と課長代理が出てきた。

課長は試作機を見るなり顔をしかめた。

「駄目ですね、これは……」

けんもほろろだった。

孫は、これまでの勢いに頭から水をぶっかけられた気分だった。それでも食い下がった。

「そんなことを言わずに、もうちょっと上の方と話させてください」

「駄目ですね。上に通すわけにはいきません。これをどこに持って行っても同じように言われるんじゃないの」

孫は、顔には出さなかったものの、腸が煮えくり返る思いだった。

（もう、こんな会社には来ない！）

孫は憤然と立ち去った。

シャープ・二人の巨頭を引きずり出す

孫正義は、いよいよ本命である大阪市阿倍野区のシャープ産業機器事業部に乗りこんだ。

担当部長は見るからに切れ者という感じで、五、六名の部下を引き連れて出てきた。

担当部長は、孫が説明したあと試作機を手にとった。

「おもしろいけど駄目ですな。実用化という意味ではほど遠い」

「……」

絞りこんだ二つの会社でこれほどまで言われるとは思ってもみなかった。気持ちがふさいだ。が、その担当部長はカシオのときのような邪険な扱いはしなかった。

「だけど発想としてはおもしろいですよ。だからといって、契約できるほどでもないですね」

孫は少し救われた。何度も交渉を重ねれば契約にこぎつけるかもしれない。が、孫には時間がなかった。あと一週間でアメリカにもどらなければならない。

カシオのように冷たく突き放されたわけではない。道をこじ開けるだけの隙間はある。

(あの担当部長では時間がかかる。上の人と交渉しよう!)

孫は、シャープ産業機器事業部から引きあげると近くの公衆電話ボックスに入り、弁理士協会に電話を入れた。

「コンピュータ関連の特許に強い弁理士さんを紹介していただけませんでしょうか」

何人かの弁理士を紹介してもらうと、電話をかけまくった。

「シャープに強い弁理士さんをご存じないでしょうか」

真夏である。電話ボックスのなかはうだるような暑さであった。孫は額から汗を流しながらもダイヤルを回しつづけた。

何人目かの弁理士から、元シャープの電卓事業部の特許担当をしていた弁理士を教えてもらった。

孫はその弁理士に会いに出かけた。

「シャープのだれと交渉すれば、決まりますすか」

「専務で中央研究所所長の佐々木正さん。それから、奈良技術本部長の浅田篤（後の副社長）さんやろな。二人が電卓の神さまみたいな人や」

孫は頼みこんだ。

「じゃあ、その人に電話をしていただけませんか」

さっそくその弁理士が電話を入れると、佐々木専務は会ってくれるという。

孫は、その弁理士に日本での特許出願の手続きをとってもらうように頼み、事務所をあとにした。

すぐに、さきほど会った担当部長に電話を入れた。

「佐々木正さんが、会ってくれることになりました」

「えっ！」

担当部長は、おどろきの声をあげた。

なかなかしつこいが、しゃあないわという口ぶりで言った。

「じゃあ、佐々木に会う前に、浅田に会っていただくほうがいいでしょう」

じつは、はじめに会った担当部長もまた電子翻訳機をおもしろいと感じていた。それゆえ、すでに浅田本部長には報告ずみだったのである。

孫は、ついに佐々木と浅田という二人の巨頭を引きずり出すことに成功した。

ふたたびシャープに行くと浅田があらわれた。

浅田は、笑みをこぼした。

「これはなかなかおもしろいかもしれませんねえ」

孫は、飛びはねるようにしてホテルにもどると、佐賀県鳥栖市の実家に電話を入れた。

興奮した声で、父親の三憲に話した。

「電卓の大御所といわれるシャープの佐々木正さんに会うことになったよ。もしかすると契約をとれるかもしれない」

「ほう、それはすごい」

「おやじも、会ってみるかい」

孫にとってはまさに初陣だった。大きな勝負どころに立っていた。いままで脛を噛じりつづけていた三憲にその晴れ姿を見せたかった。いや、見せなければならない。さらには、学生である自分ひとりが行くよりも、父親が行ってくれたほうが信用してもらえる。

三憲は、うれしそうに言った。

「おれなんか行ってもなんの役にも立たんばい」

「よかとよ。おやじはなんもしゃべらんでよかけん。最初のあいさつだけしてくれれば、あとはおれがやるっちゃ」

「そうか、そんならよかばい」

三憲は、翌日大阪にやって来た。

□

孫は、三憲と連れ立って天理市にあるシャープ中央研究所に出向いた。

一階の応接室に通された。じつは、研究所には一階と二階にそれぞれ応接室がある。二階の応接室には、これまでに取引がある人が通される。はじめて佐々木と会う孫と三憲が、一般の商談を受ける応接室に通されたのは当たり前だった。

三憲は、佐々木と浅田が顔を見せるとていねいに頭を下げあいさつをした。

「どうぞ、うちの息子の発明を見てやってください」

その後三憲は、孫の言ったように横で息子と佐々木のやりとりを黙って見つめていた。

佐々木の眼には、三憲は朴訥だがいかにもまじめそうな人物と映っていた。長年、さまざまなビジネスマンを見てきた佐々木である。金儲けだけのために来たのかどうかを見抜けるくらいの眼力はある。直観的にわかった。

（この親子は、金儲けのためにやって来たのではない）

孫は、佐々木の前で風呂敷包みを解いてみせた。キーボードが配列してあるブラック・ボックスがあらわれた。

孫は、佐々木からまったく眼を逸らさず懸命に説明した。その眼は澄み切っていた。

「こうしてボタンを英語で押しますと、このように日本語になって即座に声まで出ます。これは英語とドイツ語の翻訳機ですが、日本語とドイツ語、日本語とフランス語にしてつくれば日本人にも役立つと思います」

佐々木は孫の説明を聞き、実際に動かしてみた。

「なかなかおもしろいな」

ものはなかなかいい。そのうえ孫という青年はまじめそうだった。佐々木は直感した。

(この青年は、伸びるかもしれない)

佐々木は、電卓のＬＳＩや液晶画面をつくってきた。その間、これでいいのかとなにかもの足りないものをつねに感じていた。

科学技術系電卓を手がけたとき、ぼんやりとしていた疑問は晴れた。ソフトが圧倒的に足りないことに気づいた。以来、ソフトに力を入れた。

ところが、期待している大学出身の技術者たちはソフトのことはまったく知らなかった。これからはたんなる電気屋では駄目だと、美術学校の学生や文科系の学生を入れてソフトグループをつくっていた。ソフト開発者を養成しなければ、日本はせっかく電卓で世界を凌いだのに負けてしまう。佐々木は焦った。しかし、ソフト開発の遅れが響いて日本の技術は立ち遅れた。そんなところにソフトに強いと思われる孫があらわれた。気持ちが沸き立った。

(一発勝負してやろう)

佐々木は聞いた。

「ほかの会社もまわっているのかね」

「はい」

「松下電器さんは、どうでした」

「ええ、門前払いのようにされました」

「そうか」

そのころ、孫も佐々木も事情を知らなかったが、じつは松下電器では、創始者である松下幸之助のお墨つきでスタンフォード大学に数億円を出資して翻訳機を開発しはじめていた。いくら孫がすばらしい翻訳機を開発したとしても、入りこむ余地はなかったのだった。

佐々木は、さらに聞いた。

「もしうちが契約したら、その契約金はどうするんですか」

「会社の収益として、諸経費にあてたいと思っています」

大学生である孫が会社を経営しているというのはおどろきだった。その前向きな考え方が気に入った。

孫は眼をらんらんと光らせた。

「じゃあ、プロジェクトとして継続してやってもいいですか」

「いいんじゃないですか」

孫は、浅田のところへふたたび行き、さらに説明した。そこでオーケーが出て第一回の契約にこぎつけた。

契約料としてとりあえず二〇〇〇万円を手にし、意気揚々とアメリカへ引きあげた。

その二〇〇〇万円のうちから、プロジェクトメンバーに、成功報酬料をまず払った。

□

シャープとの契約にこぎつけた孫は、会社もルーの家からきちんとした事務所に移し、社名も「ユニソン・ワールド」と改称した。

ルーの肩書も、それまでの雑事からプロジェクトマネージャーに昇進した。

孫はルーに封筒を渡した。

「がんばってもらっているから」

「なんだいこれは」

「この会社の株券だよ。一〇％分ある」

株券といってもなにが書いてあるわけでもなかった。ルーも株のことはよくわからないが、もらえるというのでもらっておいた。

佐々木は契約を交わしたあと、ほんとうに孫が会社を経営しているのかどうかその眼でたしかめるためにアメリカに渡った。

会社は、三階建てのビルの二階にある六〇平方メートルほどの事務所を研究室として使っていた。

正社員が一〇人、契約によるパートや研究員を合わせ一五人ほどの所帯である。研究員たちが眼を光らせながらそれぞれ担当のことに懸命に取り組んでいた。佐々木は安心した。

プロジェクトチームはその後、一枚のＩＣカードを入れ換えるだけでドイツ語、英語、フランス語など五ヵ国語にも対応できるような翻訳機をつくった。

結局、この機械はのちにシャープから世界ではじめてのポータブル翻訳機「ＩＱ３００Ｇ」として売り出される。

孫は、はじめてのビジネスで一億数千万円を手にしたわけである。

さらにこの機械は、ひとつでさまざまな情報を入手できる電子手帳へと発展していく……。

インベーダーゲーム低迷での先見力

孫は、日本とアメリカを行き来することが多くなった。一九七九年の夏休みに日本へ帰ったとき、インベーダーゲームが熱狂的ブームを巻き起こしていた。それは前年の七八年、日本でタイトーが開発したゲームである。

インベーダー軍がプレイヤーの陣地を占領するために襲いかかってくる。プレイヤーは、自分の砲台を操ってインベーダーを撃ち落とす。それまで、アメリカから輸入していたブロックゲームにしてもポンゲームにしても、相手から攻めてくるという発想はなかった。大人も子どももこの斬新なゲームに夢中になった。

孫は、インベーダーブームを見ながら先を読んでいた。

(このブームは、徒花《あだばな》にすぎん。ボウリングブームといっしょで、絶対に火が消える)

ゲーム用のソフトにインベーダー以外の見るべきものがありそうにない。しかも、インベーダーの機械には汎用性がない。ブームが去れば二足三文にしかならない。

インベーダーの機械の値段を調べた。一台一〇〇万円であった。アメリカでは一台五〇万円である。アメリカでのゲーム機のブームはなだらかであった。

(ブームが去ったとき、この機械をただ同然の値で買い取り、アメリカへ送ってひと儲けしよう!)

孫の読みどおり、それから三ヵ月後インベーダーブームの火は消えた。さらにそれから二ヵ月後どん底状態に入り、生産過剰の機械は製造会社の倉庫に山積みになってしまった。

孫は日本に帰り、製造会社に行き、交渉した。

「倉庫に眠っている機械を買いたい」

「いくらか」

「一台五万円」

「あほか！　一台一〇〇万円もするもんやで」

「嫌ならいい。ただし、このまま倉庫に保管しておくと、倉庫代がかかって仕方ないですよ。倉庫に置いておけば、あとで売れるんですか。もう一回ブームが来るとでも、思っているんですか。いまなら五万円にはなるが、時間がたてばたつほど、売れなくなりますよ」

「じゃあ、きみ現金はあるの」

「いや、ありません」

「じゃあ、手形を切るの」

「いや、ぼくは手形は書かない主義だから」

「じゃあ、どうするんだ」

「三ヵ月後にちゃんと現金で払います。手形というのはどうも好きじゃない。約束は守るから、それでお願いします」

孫は、ときおり冗談をまじえながら相手を口説いた。

相手も、ついに笑い出した。

「まあいいや。持って行け」

孫は、例によって強引に相手を納得させ、一〇台引き取った。

孫は、その一〇台を船でなく、あえて飛行機でアメリカに送った。飛行機で送るのに一台七万円もかかった。船だと安く送れたが、アメリカに着くまでに二ヵ月もかかる。飛行機だと手続きを入れても三日だ。

孫は、ソロバンを弾いていた。

（アメリカに機械を送れば、一ヵ月で一台二〇万円は稼ぐ。二ヵ月の時間差を考えれば、飛行機で送ったほうがはるかに稼げる）

孫は、国際電話でルーに設置する場所まで指示した。

ホン・ルーはさすがに溜め息をついた。

（まさか、大学を卒業したのに、ゲームの仕事をやるとは思いもしなかったな）

□

ルーは、孫がアメリカに帰ったときには、まだどこにも、ひとつもインベーダーゲーム機を置いてはいなかった。

「おい、地下に置いたままにしておいても仕方がないじゃないか。なんのためにおれが飛行機で急いで運んだんだ」

「そんなことを言っても、なかなか置いてくれるところはないですよ」

孫は首を振った。

「そんなはずはない。まずおれが説得してみせる。できたら、きみもやってみるんだ」

孫は、昼休みを使って目標にしていたレストランに出かけた。客に扮して食事をすませると、店長を呼んだ。

「おもしろいものがある。ぼくはコンピュータのゲーム機を持っている。それを置かせてくれないか」

店長は、たんなる客と思っていた学生風の男が意外なことを言うのでおどろいたが、すぐに顔をしかめた。孫のことをてっきりセールスに来たと思いこんでいるのは明らかだった。

孫は、相手の不審感を読みとり、先回りした。

「あなたはぼくをセールスマンだと思っているんでしょ。そんな怪訝な顔をしないでもいいですよ。これは日本で大ブームを起こしたゲーム機でなかなかおもしろい。でも、売りつけにきたわけじゃない。リスクはぼくが負うんです。ぼくがお金を出して買ってきたものを、あなたはただで置ける。ここは学生の街です。学生のぼくらが興味を持って楽しむもので、しかも収入になる。テーブルがゲーム機になっているのだから邪魔にもならない。入った収入の半分はあなたのところにあげましょう。なんのリスクもなくてお客が増えるかもしれませんよ。とりあえず、三日間だまされたと思って置いてくれませんか。三日間置いて、邪魔だと言うのならぼくはすぐに持って帰ります」

客が増える可能性があるうえに、自分にとってまったくリスクがない。店長に断わる理由はまったくなかった。

「そうか、じゃあとりあえず置いてみるか」

孫は、大学に通いながらインベーダーゲーム機のリースの交渉をつづけるため、毎日レストランを変えて食事に行った。

たいていのレストランは置いてくれたが、それでも断わる石頭の店長がいた。

孫は粘った。

「よろしい。あんたのかわりに経営者に会わせてくれ。わたしが経営者に直接言おう。『おたくの店長は商売に熱心でない。店に一ドルでも儲けになることはやるべきだ。それなのに断わるとは無能だ』」

すると、こう言ってきた。

「うるさくて店の雰囲気が悪くなる」

「たしかにおたくも高級だけど、この近くのレストランのビクトリアステーションも同じように高級だ。あそこはすでに置いていますよ。音がするのが嫌なら、待合室へ置かれてはどうですか」

孫の粘りに負け、たいていの店は置くことにした。

アメリカに持ちこんだ一〇台のゲーム機は、すぐに捌けてしまった。

孫が睨んだとおり、ゲーム機を置いたレストランでは、ゲームに引き寄せられた客が一気に増えた。

ひとつのレストランから電話が入った。

「おい、ゲーム機が動かなくなったぞ。客はゲームをしたくて来ているのに、できないといってブーブー言ってる。早くなんとかしてくれ！」

孫は、すぐにそのレストランに駆けつけ、客が入れたコインを貯めておくコインボックスを開いた。

二五セントコインがあふれんばかりに貯まっているではないか。じつは、ゲーム機が壊れたのではなかった。コインが目いっぱい入ってしまったため、コインを入れることができなくなっていただけだった。

孫はその場で、現金を店長に手渡した。

店長はホクホク顔だった。

「もう一台、このゲーム機を入れてくれないか」

孫は、わずか二週間で機械代だけでなく飛行機の運賃まで稼いでしまった。機械の代金を払うのは三ヵ月後である。儲けた分はすべて機械の購入費用として使うことができた。

資本金ゼロのところから、まず一〇台分の儲けで二〇台を買い、しばらくしたら二〇台分で四〇台買える。四〇台が八〇台……。倍々ゲームを繰り返し、日本からアメリカに持ちこんだゲーム機の数はついに三五〇台にもおよんだ。

定価三億五〇〇〇万円もする機械を資金ゼロで買い入れ、半年間で一億円を超える利益をあげたことになる。北カリフォルニアにある同業一〇〇社近くのなかで一位の稼ぎになった。

音声つき電子翻訳機とインベーダーゲーム機で二億円以上を稼いだのだ。

□

インベーダーゲーム機で勢いに乗った孫は、レストランに機械を置かせてもらうだけでなく、大学の近くにある一番大きいゲームセンターを、二〇〇〇万円で買い取った。生まれてはじめてのM＆A（企業買収）である。

孫は、自信があった。

（一ヵ月で三倍の売上げにしてみせる）

孫は、すでに店に入っていたゲームセンターの機種の売上げを毎日グラフにつけさせ、機種別のヒットチャートのグラフをつくり、人気のない機種を減らし、人気のある機種を増やしていった。

そして何日目で損益分岐点に達したかを機種ごとに確認していった。後の日次決算の原点である。

テーブル型のゲーム機はすでに備えつけてある。あとは基盤を取り替えてしまえばいいだけだった。基盤はゲーム機にくらべるとはるかに小さい。ゲーム機をそっくりそのまま持ってくるよりも運賃はもっと安かった。日本で流行っていたゲームソフト、パックマン、ギャラクシアン、スクランブルなどを持ちこんだ。

従業員も入れ替えた。柄の悪いもの、働きの悪いわりに給料の高すぎるものを辞めさせた。かわりに、学生アルバイトを雇い入れた。彼らはゲームに詳しい。彼らの給料は安くし、そのかわり、従業員用の無料のコインを配り、仕事が終わったあとゲーム機で遊ばせた。

孫の狙いどおり、買収したゲームセンターは一ヵ月で三倍の売上げになった。

やがて、自分の会社ユニソン・ワールドでゲームソフトの開発をはじめた。

ルーは、ふたたび孫の才能を見せつけられた。

(孫は、どこから考えてくるのか、金を集め儲ける術を考えだす天才だ)

ルーにはそのような才覚はまだなかった。

なお、孫は日本に帰ってからゲームソフトの卸しをはじめるが、その原点がここにある。

第二章

山の上から全体を見渡せ

――一生を捧げる仕事の選択

逃げない覚悟

孫は、一九八〇年三月、カリフォルニア大学バークレー校を卒業すると同時に、日本に帰った。アメリカにつくっていたユニソン・ワールドは、副社長であるルーにまかせた。

福岡市内の古いビルの二階に、企画会社としてユニソン・ワールドという社名で事務所を構えた。

会社を登記するとき、自分の名前を「孫正義」と書きこんだ。それまでの日本姓である「安本」を捨て、代々伝わる韓国名の「孫」姓を名乗る決意をしたのである。

正義は、英語研修ツアーでアメリカに向かうとき、発行されたパスポートを見た。本名の欄に「孫正義」と書かれ、その下に「安本」と書かれている。安本の横には「通称」と注意書きしてあった。

(通称なんて、なんかおかしいな)

先祖代々の苗字があるのに通称を使わなくてはならないとは。改名したわけでもなく、芸能人でもあるまいに。不自然さを感じた。

親戚たちは、懸命に止めた。

「正義よ、おまえは、まだ子どもだからわからないんだ。学生あがりで、世の中ってもんがわかっていない。韓国名の孫の名前で出ることがどれだけ後々苦しむことか……。悪いことは言わん。安本の名前でいけ」

孫は、耳を貸そうとはしなかった。

「ぼくは、みなさんのように苦しい体験をしていないから、たしかにわからないところがあるかもしれない。しかし、ぼくの人生です。どんなにつらいことがあったとしても、それはそれでいい。そんなコソコソ隠すような人生は、ぼくには合いません」

「そんなきれいごと言っても、実際には銀行が金を貸してくれなかったり、お客や社員が取りにくくなるんだぞ」

「いや、国籍の違いで離れていくような人は、むしろ自分があとで恥ずかしい思いをするんだ。ぼくから言わせれば、そういう人たちのほうがかわいそうな人ですよ。物事の本質を見られない人間ですからね」

孫は、アメリカで青春期を過ごしたことにより、すでに国籍へのコンプレックスを吹っ切っていた。日本は単一民族に近く、日本人であるのか日本人以外の血を引いているのかということが問題になる。しかし、アメリカは多民族国家である。さまざまな民族が集まって国家を形成している。人種のるつぼである。韓国人の血を引いていることにコンプレックスを持つ必要もない。

□

企画会社ユニソン・ワールドは、社長の孫のほかには、アルバイトが二人いるだけのささやかな会社だった。

しかし、企画会社の看板をかかげてはいるものの、あくまでもガソリン代や電話代などの経費処理のために会社の体裁を整えたにすぎなかった。実際のところは、孫がこれから日本でなんの商売をやるか、徹底的に調査する会社にすぎなかった。孫はおのれに言い聞かせていた。

（やるからには、その世界で絶対に日本一になってみせる！）

が、どの業界でも、日本一になるのは半端ではできない。並の競争率ではない。世にある会社は、何十年ものノウハウを活かして少しずつ固定客を増やして伸びてきたのである。それを一気に追い抜くのは容易ではない。しかも孫は、一歩その業界に足を踏み入れたら中途で逃げたくはなかった。

自分のまわりの親戚たちは何回も仕事を変えていた。何度も資金を投じて、まったくなにもないところからはじめるのは効率が悪いように思えた。幼いときからの負けず嫌いの性格からしても嫌であった。

（問題はどの土俵を選ぶかだ。一度選んだら、これから何十年も戦わねばならないのだ。その土俵選びのためなら、一年かけても二年かけてもいい）

孫は、自分のスタートにもっともこだわっていた。

（メダカの子どもで生まれるか鯛の子どもで生まれるか。それとも鯨の子どもで生まれるか。同じ子どもでも、なんの子どもで生まれるかで、成長したときの大きさはたいてい決まってしまう）

確率論からいえばそうなる。もしも、規模が小さく、てっとり早い業種からはじめれば、一〇年先、二〇年先はかならず頭打ちになる。そのたびに業種を変えていかなければならない。

孫は、そんなことはしたくなかった。大きく育つ可能性を抱いた業種を自分の知恵と才覚で大きくしたい。日本一にしたい。いや、してみせるんだ。

孫は、土俵を選ぶための条件をまずノートに書き出してみた。

「儲かる」

「ビジネスにやりがいがある」

「構造的に業界が伸びていく」
「資本がそれほどなくていい」
「若くてもできる」
「将来の企業グループの中核になる」
「自分自身やりがいを感じる」
「ユニークである」
「日本一になりうる」
「人を幸せにできる」
「世界中に拡大できる」
「進化を味方にできる」

その数は二五項目にもおよんだ。

孫は、ひとつひとつの要因に指数をつけた。

たとえば「新しさ」の指数は二〇点満点。「世の中の役に立つ」は五〇点満点。「小さい資本でできる」が三〇点満点というようにしながら、眼をつけたバイオテクノロジーや光通信、ハードウェアの販売といった四〇もの新しい事業の切り口を持った事業プランに点数をつけていった。総合点がもっとも大きいものに一生をささげるつもりだった。

アルバイトの二人には、いつも熱っぽく語っていた。

「おれは、五年で一〇〇億円、一〇年で五〇〇億円、いずれは何兆円規模の会社にしてみせる」

何万人規模、何兆円規模の会社まで大きくし経営していく。商売のような小手先の戦術的なものではなく、戦略的な規模で物事を動かすことこそもっとも自分に合っていると信じていた。

アルバイトの二人は、こうしたことを耳にタコができるほど聞かされていた。はじめのうちは、雇い主の言うことだからということもあり、内心は大風呂敷を広げていると思いながらも聞くふりをしていた。

そのうち、二人は露骨に嫌な顔をするようになった。ついには孫がそんな話をはじめても耳をかたむけることすらしなくなった。そして、二ヵ月後には、二人とも会社を辞めてしまった。

語っている孫ですら、じつのところ、いつも不安に襲われていた。

（ほんとうに、おれはそんな会社をつくれるのだろうか）

そんな不安を振り払い、自分で自分を鼓舞するためにも、大きな話をしていなければおさまらなかった。どうせ一度しか人生はない。その数十年もの間、自分の命を燃やしつくせるものがなくてなにが人生だ。たんに食ったり身を着飾ったりするだけの人生ではつまらなさすぎる。

もしかすると、自分は、ドン・キホーテで終わるかもしれない。でも、めざしたものがそこにあれば、命がつきようとする五分前には、おそらく〝ああ、楽しい人生だった。有意義な人生だった〟と、自分で自分を納得させることができるに違いない。

商売というチマチマとしたものではなく、もっともっと大きい、しかもなにもないところからのしあがっていく事業をなんとしても手がけたかった。

地球規模のロマンを見すえながら、足下は現実的に

アメリカから帰国し、あっという間に一年が過ぎた。しかしいまだに旗揚げはしていない。

孫は、四〇もの事業アイデアひとつひとつに対しての資料を膨大に集めた。スタートから一〇年間のビジネスプランをつくり、予想損益計算書、予想バランスシート（貸借対照表）、予想資金繰り表、予想人員計画、マーケティングプラン、競合分析、市場規模の大きさ……まさにしらみ潰しに調べた。自分なりの新しい切り口で、圧倒的なナンバーワンになれる決定要因を考え抜いた。

あるとき、親戚の人たちが口にしているのを耳にした。

「あんなに大騒ぎしてアメリカに行って、帰ってきたと思ったら浪人みたいになって。奥さんのお腹に子どもがいるっていうのに、なにを考えているんだろうね」

妻、優美は身籠もっていた。

孫は、そんな周囲の声をものともせずひたすら考えていた。が、内心は気がはやっていた。早く事業を興し、自分の能力を爆発させて精力的に働きたかった。爆発するだけのエネルギーで、体ははち切れんばかりになっている。しかし、これだと思えるまでは、あくまでもストイックでなければならない。みなぎるエネルギーをどこでどう処理すればいいのかわからなくなってしまうほどであった。

これはと思う業種はいくつかあった。

コンピュータのハード会社、ソフト制作会社、貿易会社、病院のチェーン、情報関係の出版社……。

どの会社をとっても、自分の切り口は新しく、かならずや成功するに違いないと踏んでいた。孫は、一年半もの間、しらみ潰しに調べた結果、自分のかかげた条件にもっとも合っているのはコンピュータ業界だとにらんだ。確信があった。

（マイクロプロセッサーが与える革命的影響は、まず一人ひとりが使うパーソナルコンピュータという形ではじまる。そこからだんだん広がっていく）

マイクロプロセッサーは自分たちのまわりにある生活用品、電話にも自動車にもテレビにも、オーブンにまで取り入れられるに違いない。

しかし孫には、生活用品にマイクロプロセッサーをつけて売るメーカーのようなことはできない。知識も資本もない。むしろ、いままでそういうものをつくってきたメーカーのほうが、マイクロプロセッサーをつける応用力さえあれば簡単にできる。

それよりも、もっと大きなところをつかまえたほうがいい。いまは個人のレベルで使っているコンピュータも、いずれかならずやネットワーク化されてくる。そのときこそ、デジタル情報革命が巻き起こる。来たるべきデジタル情報革命に対応できるような体制をつくりあげておけばいい。孫は、創業前からデジタル情報革命のインフラを押さえることをめざした。

まずは、個人的レベルで使われているパソコンにもっとも必要なソフトウェアの流通からはじめよう。

（日本全国にパソコンソフトの制作会社は数十社ある。ソフトの小売店は数百店を超える。それなのに、メーカーと小売店を仲介する本格的な卸業者は、まだ日本で発達していない。これはいけるぞ！）

同じソフトでも、最終的にはあらゆるソフト、あらゆるデジタルコンテンツに入っていくが、とりあえずは圧倒的に数の多いゲームソフトに絞ることに決めた。

創業者は、よくロマンだけが先行し、足元の事業計画が非常にあやふやで、やればなんとかなるさ式にスタートする。将来の夢といってもたかが知れている人が多い。

しかし孫は、中長期的には地球的な規模にもおよぶロマンを抱いている。しかし、眼の前にあるとっかかりに対しては可能なかぎり現実的であった。

□

孫は、シャープの専務である佐々木正に相談に行った。

「東京に出てみたいが、どう思いますか」

「当然、東京に行くべきだよ」

ソフトウェア産業はまだ未成熟だった。さらには、孫のようになにもないところからのしあがるような起業家を応援する地盤もできあがっていなかった。その地盤のことを、佐々木はソフトの生態系と呼んでいた。

「ベンチャービジネスが育つには、どうしても生態系がなくてはならない。たとえば、農民が生きるために集落をつくる。生きる間には病気もする。医者が必要になる。子どもができたときには助産婦。物資を流通させるところもできる。そうしてはじめて生態系ができる。典型的なのはヨーロッパの町だ。まず教会かカテドラルがあってその前に広場がある。広場のまわりを三階か四階の建物がぐるりと取り囲んでいる。夜になると、市民がつどいミーティングをしたりする。そういう広場をプラザといった。そのように、互いに関連しあうようなシステムがなければならない」

孫が旗揚げした福岡では、情報の密度があまりにも小さすぎた。佐々木流にいえば、〝場〟がない。

そんなところでは、どんなに駆けずりまわっても道が拓けるわけがなかった。

さすがの孫も、あまりの市場の未熟さに頭を抱えこんだ。

（場がない状態であれば、九州に閉じこもっているよりは東京に出て行って暴れまわったほうがいい）

資本金八割を投じた舟出

孫は、一九八一年の夏に東京に進出した。

一九八一年九月、日本総合研究所のセミナーで知り合った明賀義輝と高橋義人がつくった経営総合研究所とともに、五〇％ずつ出資して会社を設立した。その名もユニソン・ワールドから「日本ソフトバンク」と変えた。

孫は、ソフトウェア流通をやるにしても、ソフト制作会社を取引相手として揃えておかなければならないと考えていた。そして、販売網も持っていなければソフトは集まらない。しかも、自分たちが間に入ることによってソフト制作会社にもメリットがなければならない。規模のメリットを出さなければ、自分が直接小売店に出せばいいということになる。鶏と卵、どちらが先かという生物学的な命題のようなジレンマをどうして突き破っていくか。どうやってこの業界に名乗りをあげるか。

（ちまちまやっても仕方がない。最初から大きく打って出るんだ）

孫は、そんなある日、エレクトロニクスショーという家電・エレクトロニクス業界の展示会が近く開かれると耳にした。エレクトロニクスショーは、毎年一〇月に大阪と東京で交互に開かれている。その年は、大阪で開かれることになっていた。全国の業者が集まる場で名乗りをあげる。うってつけの場だった。

地域的には、大阪よりも会社のある東京のほうが効果が上がるのはたしかだった。しかし、決まっているものは仕方がない。

孫は、資本金一〇〇〇万円のうち、八〇〇万円を投じて船出する覚悟を決めた。まわりの者たちから見れば無謀そのものだったに違いない。しかし、小さく中途半端に出してしまっては、それこそ少ない資金をドブに捨てるのと同じになる。志も低くなる。それならば、思い切り大きく打って出るほうがいい。

孫は、展示会に大きなブースを借りた。松下、ソニーの出展規模とほぼ変わらない大きさだった。

そして社員の植松逸雄とともに、ソフトウェア制作会社をまわり、口説いた。

「場所代や装飾代はこちらで持ちます。あなたは、体とソフトを持って来てくれさえすればいい」

ソフトウェア制作会社としては、いくら口説かれても相手はこれまで取引もない、ましてや実績もない日本ソフトバンクという会社だ。そういう会社の頼みで、どうしてエレクトロニクスショーに出なければならないのかと思うに違いない。

相手にとってなにかメリットがなければならない。それゆえに、展示会費用をすべて請け負うということで交渉したのである。

その話をはじめて聞いた相手の担当者は、怪訝そうな顔をした。

まともに不信感を口にする担当者もいた。

「まさか、話がうますぎませんか。ノーリスクって、だましているんじゃないですか」

孫は、説明したあと強調した。

「ほんとうにノーリスクなんです。出してみてください。わたしたちは大きなブースを借りています。あなたがたが小さなブースを借りてやってもそれほど効果がない。でも、ソフトバンクのブースで各社のソフトとともにまとめて出せば、いっぱい揃えているということで注目されます。あなたがたがつくっているソフトにも眼を向けられるじゃないですか。ある程度の量を出すこと、バラエティーを豊富にすることこそ、注目を浴びる絶対条件じゃないですか」

内外データサービスの営業部長である清水洋三は、一九八一年初秋、日本ソフトバンクという聞き慣れない会社の植松逸雄という社員の訪問を受けた。

植松は言った。

「一〇月に大阪でエレショーがあります。おたくも出展されませんか」

清水は、首を横に振った。

「そんな予算はありません」

が、植松は意外なことを口にした。

「出展に際して、費用はいっさいいりません」

「ただ、ということですか」

「そうです」

清水はびっくりした。

「いったい、どういうことなんです」

「わたしたちはソフトの流通を手がけたいと思っているんです。このエレショーでのソフトの共同展示を成功させることで、日本ソフトバンクの考え方を広く知っていただきたいと思っています」

ソフトの流通は、日本ではだれも手がけていないことだった。これまではソフトをつくるソフトハウスが直接、顧客や小売店と取引をする一対一の関係が主流だった。流通といっても、電波新聞が出している「マイコン」という雑誌や、アスキーが広告を通じて行なっている通信販売に毛が生えた程度のものしかなかった。

いよいよ、ソフトウェア製品も流通の対象になってきた。少なくともそれをやろうという人たちが出てきた。この波はこれから急激な速度で広がっていくに違いない。

清水はある種の感激に打たれながら聞いた。

「で、おたくの社長はどんな人?」

「孫正義といいます。いまはアメリカに行っています」

植松の話だと、わずかに二四歳だという。四六歳になった清水のちょうど半分だ。やっぱり、おもしろいところに眼をつけるのは若い人だ。新し物好きの清水の血が騒いだ。

「まだ、上司にあたってみないとわかりませんが、出展する方向で検討しましょう」

いくら出展料がただといっても、まだ駆け出したばかりの会社をすぐに信じる者は少ない。さまざまなコストや手間賃もかかる。それらの勘定も入れるからこういう回答になるのがふつうだ。

ところが、清水はそんなことはすっ飛ばして出展を決めてしまった。社長の浅野には事後承諾してもらった。

エレクトロニクスショーが行なわれる二、三日前から、孫や清水をはじめCSK、ミルキーウェイといったソフトハウス一三社から出張してきた一五人ほどの要員は、大阪ミナミにあるビジネスホテルに泊まりこみ、準備を進めた。

清水は、孫とこれまで以上に熱中して話した。

清水は、孫に尋ねた。

「ソードは、これから先どうなるんだろう」

ソードは、ピップス（ＰＩＰＳ）という簡易言語を開発し、だれもがソフトを書いてコンピュータを自由に扱えるという発想で、人気上昇中だった。コンピュータプログラムを専門家から解放し、ユーザー、大衆のものにしようという新しい革命的な考えだった。が、清水は、ソードは普及しないと思っていた。

孫が言った。

「たしかに、プログラムをユーザーがだれでも組めるようにするという考え方は、すばらしいと思うんです。けれども、プログラムを組むのは、とてもむずかしいですし、ユーザーにとって、プログラムを書くのが目的ではない。あくまで使うのが目的です。むしろ、われわれのように使いやすいやさしいパッケージソフトをつくって、だれでも使えるようにしたほうが絶対にいいんです」

だれでもが扱えるコンピュータという観点から、ズバリ核心をついた孫の指摘は新鮮だった。

清水は言った。

「ぼくもそう思う。ソードは、一億総プログラマー的発想だからね」

二人の予測どおり、ソードの開発した簡易言語ピップスは普及せず、ソードは後に東芝に身売りしてしまった。

清水は、孫だけでなくほかの人たちともコンピュータ業界の将来について語り合った。そのことが彼らの団結力を強めていった。

エレクトロニクスショーのこのブースは人気を呼び大盛況だった。大きなブースにはごった返すほどの客が集まった。取引こそ三〇万円ほどしかなかったものの、来客数は松下やソニーをはるかに上回る一番人気だった。

孫は日本での初陣をみごと飾った。うれしかった。

が、展示会が終わったあと、社員の植松がぼやいた。

「あんなに客が集まったっていうのに、客たちはソフトウェアメーカーと直接取引しているみたいだ」

孫は、人なつっこい笑みを浮かべた。

「まあいいじゃないか。うちの旗揚げとしては、最高の結果だったんだから」

孫は、エレクトロニクスショーでの利益はあまり期待していなかった。コンピュータソフトには、これだけ使えるものがあるということを来客者たちに教える。そして、日本ソフトバンクの名前を知らしめることで、エレクトロニクスショーの目的は達成していた。

情熱以外にはなにもない

ショーが終わって一ヵ月後、上新電機の本部長である藤原睦朗から日本ソフトバンクに電話が入った。上新電機は、大阪にある当時日本二位の家電販売会社である。が、孫はその名前すら知らなかった。

藤原が、電話越しに言った。

「うちの社長に一度会ってみませんか。ソフトの品揃えを手伝ってもらいたいと思っているんです」

大阪に一度来てほしいという。

孫は、はじめての取引に発展しそうな気配に躍りあがりたかった。しかし、展示会のあとに残っていた二〇〇万円という資金は、家賃をはじめ必要経費に使って底をついていた。一万円ですら惜しい。そんなときに大阪まではとても行けない。

孫は、つらい気持ちで言った。

「いま日程が詰まってしまって忙しいし、ほかにいろいろとあって……。残念ですが、そちらには行けません。もし東京に来られる機会があれば」

「そうですか」

藤原もまた残念そうだった。

ひとつ大事な取引先をなくしてしまった。孫はさびしく電話を切った。

ところが、翌日になって、ふたたび藤原から電話が入った。

「たまたま、うちの社長が東京に行く用事ができました。ぜひ会ってください」

「それはありがとうございます。事務所のほうでお待ちしています」

上新電機の社長・浄弘博光は、数日後、日本ソフトバンクの事務所を訪れた。

浄弘は出迎えた孫を見ると、豆鉄砲をくらった鳩のように眼を丸くした。

「藤原が言っていたが、きみか……」

童顔でまだ学生だと言っても通るような青年が出てくるとは思ってもみなかった。しかも、間借りしていた事務所には、机が二つならべられているにすぎない。なんとも閑散としている。

孫の眼には、はたして大規模なソフト売り場の卸をまかせていいものかと、判断に困っている浄弘の気持ちが見てとれた。

浄弘はソファに座ると、慎重に話しはじめた。

「これからはパソコンの時代です。売り場も大きくして、大々的にやっていきたいと思っているんです」

「そうです。パソコンが大きな意味を持ってくる時代です」

「ところできみは、どんなことをやりたいんだ」

孫は、自分のビジョンを懸命に説明した。

浄弘もまた熱心に耳をかたむけた。

説明を聞き終えると、浄弘は孫に聞いてきた。

「取引先はどんなところがあるんだ」

「いまはまだ、まったくありません」

「資金はあるのか。大丈夫なのか」

「いえ、ほとんどありません」

ひとつひとつ質問をするたびに、浄弘の表情がゆがんでいった。

「どんなものが品揃えとしてあるの」

「いや、実際に揃えるのはこれからです」

「じゃあきみは、日本の取引慣行を知っているのか」

「いえ、知りません」

浄弘社長は上新電機の創業者である。いくつもの苦難を乗り越えてのしあがってきたに違いない。人を見る眼もたしかだろう。孫は思っていた。

（そんな人に中途半端な嘘をついても、みごとに見破られる。それならば、すべてを正直に打ち明ける

ほうがいい）

孫は訴えた。

「ただひとつ、ぼくにはだれにも負けないものがあります。このパソコン流通に関して、ぼくは全身全霊、命までささげる覚悟でいるということです。その情熱だけはだれにも負けない。いまはなにもないから、ほんとうにヒヨコです。たしかに上新電機さんの仕入れ担当の人が自分でソフトメーカーに直接問い合わせて仕入れれば、ぼくが仕入れたものを買うよりも安いでしょう。ぼくよりも上手に交渉できるでしょう。ぼくよりも知識を持っているでしょう。だけど、考えてもみてください。その仕入れ担当の人は、テレビも、ステレオも、冷蔵庫も、あらゆるものを仕入れなければならない。あらゆるものに情熱をかたむけ、すべて交渉する。でも、これから確実にパソコンの革命的な波が押し寄せてきます。そのときに、ソフトはいまあるような数ではなく、何千、何万、いや何十万と揃うようになる。ソフトメーカーは松下やソニーのような大手ではありません。学生あがりのマニアのような人がつくって、どこにあるかわからない。それを検討しながら、専門的に知識を得て、眼力を養わなければならない。それだけで、専業としてやっていかなければならないほど大変になります。仕入れすぎたら、不良在庫になる。確実な情報を持っていなかったら、日本中のソフトを集めるなんてことは大変です」

孫のボルテージは上がる。

「あなたが、もし日本一のパソコンショップをやりたいと心から思っているのであれば、日本一情報を持って徹底的にやる男とやらなければ、販売店で日本一を達成するのは大変むずかしいことではないでしょうか。ソフトを調べる前に、日本一調べ抜く男はだれなのか。その男を見抜くことのほうが、一製品の知識を得るよりも重要なんじゃないでしょうか。もしかすると、あなたの目の前にその情熱とエネルギーを持った男がいるかもしれない。でも、その男、つまりぼく自身にはほんとうに情熱以外にはなにもない」

孫は身を乗り出して、さらに声をオクターブあげた。

「だけど、浄弘社長、あなたも創業のとき、日本で二番、三番を争うような状況じゃなかったでしょう。海のものとも山のものともわからない状況ではじめられたかと思います。あなたなら、ぼくの志をわかってもらえるかもしれない。もしそういうことに賭けてみようという気になるなら、あなたが日本一のソフト販売店になるように、立ち上げを応援します。日本中にあるソフトを一堂に集めて、すべてが揃っている店、日本一の店をつくりましょう。だから、独占的に品物を供給する権利をください。ほかからはいっさい入れない。そのかわり、自分も徹底的にやります。やらせていただいたら、ほかのいろんなアイデアを出します」

孫は、一息にまくしたてた。

浄弘社長は、声をたてて笑いはじめた。

「おまえ、おもしろいやつだ。なにもなくて独占させろだと」

が、すぐに真顔にもどってつづけた。

「自分の若いときを思い出したよ。おまえに賭けてみようじゃないか。全部まかせる」

孫は、身を乗り出した。

「ほんとうですか」

「とことんやってみてくれ」

浄弘は右手を差し出した。

孫はその手をしっかりと握った。

□

次の週、孫は、東京の〝秋葉原〟に匹敵する大阪の電機店のメッカ〝日本橋《にっぽんばし》〟にある上新電機を訪れた。

とにかく一度、店舗を見に来いという浄弘の言葉を受けてのことだった。

パソコンのソフトは、ガラス張りのケースのなかに並べられている。客が店員に頼むと、店員が鍵を開けて見せ、説明することになっているらしい。

孫は、いっしょにまわっていた浄弘に言った。

「社長、これではぜんぜん駄目ですよ」

「なんだって」

孫はつづけた。

「ソフトも少なすぎます。そもそも、ソフトをガラスケースに鍵をかけて入れること自体がナンセンスですよ。全部オープンケースにすべきですよ。売り場面積の中心がハードになるのはわかっています。だけどこれではソフトは売れないですよ」

「じゃあ、どうすればいいんだ」

孫は、ハードウェアのポスターが貼ってある壁一面を指さした。

「ぼくに、この壁一面全部ください。ケースをつくってソフトをならべます。このままではもったいない」

「でも、どのくらいの品揃えで、どのくらいの金がかかるんだ」

「そうですね、二〇〇〇万円くらいでしょうか」

「二〇〇〇万円だって！」

眼を丸くしている浄弘をよそに、孫は平気な顔で言った。

「二〇〇〇万円分、ぼくがなんのソフトを揃えるか、仕入れ担当の方といちいち交渉するのは効率が悪いから嫌です。時間もありません。とにかく、二〇〇〇万円のなかで、品揃えはぼくにまかせてください」

「わかった、まかせようじゃないか」

浄弘は、そう言ってつづけた。

「ところで、オープンスペースにするんなら、万引きにもあうんじゃないのか」

「万引きにあうのも、コストのうちです」

「じゃあ、品物を揃えるのはいいけど、不良在庫が出たらどうするんだ」

「不良在庫は、かならず出ます」

「おまえ、返品を受け取るんか」

「いや、受け取るだけの資金はない。将来はわかりませんが、とりあえずはできません」

「じゃあ、売れ残らない保証はどこにあるっていうんだ」

「そんな保証はありませんよ。それもコストのうちです。ネオンサインを出すのもチラシをつくるのも、コストでしょ。そのコストにかけるより、日本で一番ソフトが揃っているという謳い文句ひとつで客は集まります。不良在庫が出ても、日本一ソフトが集まっているというキーワードに客は引き寄せられてくる。ぼくは、少なくとも日本一ソフトの品揃えをした店を実現してみせますよ」

浄弘は、平気で言いのける若者の活きのよさがうれしかった。

「そうか。それならやってみい！」

日本一のソフトメーカー・ハドソンとの独占契約

孫は、一方で、並行してソフト制作会社に狙いを定めていた。

まず、全国に当時五〇社あったソフト制作会社のなかでも、一位のハドソンに白羽の矢を立てた。ハドソンは、工藤裕司と浩の兄弟が経営していた。札幌に本社を置いているが、ソフトメーカーの先端を突っ走っていた。

孫は、電子翻訳機のプロジェクトチームのときのように、業界のトップを狙った。

（信長の桶狭間の奇襲戦法をとるしか、成功の道はない）

まずハドソン社長である兄の工藤裕司と、赤坂にある東京営業所で会った。

工藤裕司には、一度、エレクトロニクスショーのときに出展してくれないかと頼んだことがある。しかし、日本ソフトバンクはできたばかりの会社で信用してもらえなかったのか、出展まではいたらなかった。

が、親分肌の裕司は孫の話を聞くと、思ったよりもすんなり話が進んだ。

「おまえと取引してもいいよ」

裕司は、エレクトロニクスショーでの孫の活躍ぶりを眼にしていた。こいつは口先だけでなく、なかなかやるわいと感心していた。

裕司は、弟で副社長の工藤浩に会ってくれと孫に言った。ハドソンの実務的なことはすべて浩がになっていたのである。

孫は、つづいて副社長である工藤浩と会った。浩が上京し、ハドソンの赤坂事務所に来たときである。

孫は、自信満々の口調で言った。

「おたくと独占契約を結びたい。つまり、うちを通じてでないと、ソフトの小売店にも置かないようにしたいわけです」

ハドソンはそのころ、ソフトは直接販売店に卸していた。電波新聞などと相手先ブランド契約であるOEM契約を結び、通信販売でもソフトを売っていた。孫はそれらの取引先をすべて切って、日本ソフトバンクだけに独占させてくれというのである。

さすがの工藤浩もおどろいた。

「おたくとだけという取引にすると、うちは売上げが減ってしまう」

「たしかに、売上げははじめのうちは落ちます。おそらく半分くらいになるでしょう。さらに、うちを通すことによって中間マージンをうちが抜くわけですから、利益率だって落ちます。しかし、わたしは半端な売り方はしません。ソフトの卸に情熱をかたむけています。死にもの狂いでやります。やがてはいまの何十倍もの儲けが出るはずです」

このとき上新電機との話は進んでいたが、まだ正式な契約はすませていなかった。実績はなにもない。

しかし、孫は上新電機の浄弘社長に話したように、自分の情熱と夢を語った。

「とにかく、ぼくに一回賭けてみてください。売上げはかならずや伸ばしてみせます。メーカーとしていいソフトをつくることに全精力をあげて日本一になってください。ぼくは徹底的に売りまくりますから」

工藤浩にとっては雲をつかむような話である。腕を組み唸った。

が、しばらく考えて言った。

「なかなかおもしろいやつだ。おまえに賭けてみるか」

「ありがとうございます。ぼくもとことんやってみせます」

孫は深々と頭を下げた。

□

ハドソンの工藤浩は、孫と手を組むと決めるや、聞いてきた。

「ところで、これは実務的なことだが手形を発行できるか」

「いえ、ぼくは手形は出さない主義です」

「じゃあ、どうやって信用するんだ。おまえ、手付け金を置けるか」

「どのくらい必要ですか」

「そうだな、三〇〇〇万円くらいかな」

三〇〇〇万円……。ハドソンの月商にひとしい。エレクトロニクスショーで資金のほとんどを使いつくしたいまの孫には、飛び上がるほどの大金だった。

しかし、ここで少しでも弱みを見せれば取引は成り立たない。三〇〇〇万円を用意できるかできないか、それはまさに勝負どころだった。一歩も引けない。

「わかりました。なんとか都合します」

孫は、工藤浩の商魂たくましく光る眼を見据えた。

孫は、日本テレビ裏の社にもどると、共同出資者で事務所を間借りさせてもらっている経営総合研究所の明賀にさっそく相談を持ちかけた。

「日本一のソフトメーカーのハドソンが、預託金三〇〇〇万円を用意すれば独占販売権をくれるということです。お互いに半分ずつ増資して出しましょう」

が、明賀は真っ向から反対の狼煙をあげた。

「資本金一〇〇〇万円にすぎない会社が、いきなり八〇〇万円の資金を展示会に使ったうえに、今度は三〇〇〇万円も増資するだって！　いったいどういうことなんだ。馬鹿なことはやめろ。無謀だ。暴走もいいところだ！」

そんな金は出せないと言い張る。

しかしここで負けては絶好の機会をのがすことになる。

「これを押さえれば、独占販売権がとれるんだ。日本一のソフトメーカーの独占販売権がとれれば、かれらが取引しているところは全部うちの販売店になる。鶏が先か、卵が先かといったジレンマが一気にここで崩せる。それをみすみす見のがすのか。二度とこんなチャンスはめぐっては来ない」

明賀は、孫の言うことに耳を貸そうとはしなかった。

が、孫の執拗な説得に、ついに溜め息まじりに聞いてきた。

「どうしてもやりたいのか」

「やりたい」

「それなら、こっちが持っている株を全部買い取ってくれ。きみだけの会社にすれば、どんなことでも自由にできる」

「わかりました。引き取りましょう」

　ここまで意見が食い違うのであれば、後々にもかならずや同じようなことで意見がぶつかり合うのは眼に見えている。それならば手を切ったほうがいい。

　しかし、明賀は思ってもみなかったことを口にした。

「額面の三倍で、引き取ってくれ」

　孫は眼を剥いた。ソフトバンクは設立して三ヵ月を過ぎたばかりだ。買い取るのなら、額面の五〇〇万円でいいと思いこんでいたのである。

　赤字経営のうえに、ハドソンへの預託金三〇〇〇万円に加え、額面の三倍にあたる株価一五〇〇万円。合わせて四五〇〇万円なければハドソンとの独占販売権はもらえない。孫は、一瞬ひるみそうになるのをグッとこらえた。

（ここが勝負だ！）

　ここで値切って、ふたたび揉めても仕方がない。それに、もしうまくいったあとで、自分がごまかして買い取ったと言われるよりは、相手の言い値を呑んでおいたほうがいい。

　孫はグッとがまんして笑顔で答えた。

「わかりました。額面の三倍の一五〇〇万円で、買い取りましょう」

　孫はその後、内輪揉めを包み隠さず工藤浩に打ち明けた。

　工藤は、あっさりと言い切った。

「それは、買い取ったほうがいい。設立した会社がそんな状態だったら、相手に不安を与えることにしかならない。おまえが本気でやるというなら、そうしたほうがいいんじゃないか」

「そうですか。そちらもそのように理解していただけるならありがたいです」

最初の融資——担保なし、プライムレートで一億円

第一勧業銀行麹町支店長の御器谷正之は、麹町支店にある応接室で、二四歳の若き経営者である孫正義と会った。

麹町周辺には、実態がつかみにくいベンチャー企業が集まり、次の時代のビジネスをもくろむ経営者が多かった。毎日のように、社長を名乗る人が融資を頼みに来た。なかには、いかにもハッタリをかけているると思える人、いくら尋ねても業務内容がはっきりしない人もいる。あやしい人が少なくはなかった。

なかには、有名な財界人や政治家からの紹介だと言ってくる者もいる。それも、紹介状を持ってくるわけではなく、口頭で言うだけである。

たいていの場合あやしいことが多い。ほとんどやんわりと断わることにしていた。しかし、もしもほんとうであれば、紹介者の顔に泥を塗ることになる。即座に融資するしないは答えず、ていねいに引きとってもらう。

が、御器谷は事前調査の結果が明らかにおかしいと思える人以外はつとめて会って話を聞いた。東京のど真ん中にある時代の先端をいく地域の支店に赴任してきた以上、成長力のあるベンチャー企業を発掘して男をあげたいという、銀行マンとして当然の色気を抱いていた。

御器谷は、融資するかどうかというよりも、麹町支店に口座をつくってもらい、金の流れを見させてもらう。そんな軽い気持ちで孫に会うことにした。

しかし、御器谷は、コンピュータについての知識はまったくないといってよかった。銀行でもキャッシュサービスで大型コンピュータを導入したり、総務や経理で使っていることは知っていたが、御器谷自身は、コンピュータに触ったことも、ましてや孫が手掛けようとしているソフトを売るソフトハウスに足を踏み入れたこともない。もしも融資話になったときには独断では決められない。用心の意味もこめて、次長や課長を連れてその場にのぞんでいた。

孫は、おだやかに、かつさわやかに、そして理路整然と話を進めた。

コンピュータは、アメリカでは広まっていて日本でもひそかなブームになりかけている。御器谷の頭に入っていたコンピュータに関するおぼろげな知識が、孫の整理された話で引き出された。

しかも、融資する側である御器谷が聞きたいツボをみごとにこころえている。弁舌型とは言えないまでも、話ひとつひとつに説得力があった。素直な話し方にも好感が持てた。

御器谷が「それは違うでしょう」と指摘したときにも、まったく顔色を変えることはなかった。

「おっしゃることはごもっともですが、こういうことです」

おだやかに答えが返ってきた。

御器谷は、いつの間にか孫の話に引きこまれていた。

（これはいけるかもしれない……）

御器谷は、仕入れはどうするのか、どういう販売方法をとるのか、売る場所はどうなのか、現金回収はどうするのか……プロの銀行マンとして聞いておかなければならないことをひととおり聞いた。

孫は、一応話し終わると御器谷に頼んだ。

「運転資金として一億円をご融資いただきたい」

どうしてもといった切羽詰まった言い方ではなかった。むしろ、わかっていただけるとありがたい、そんなおだやかな口ぶりだった。

御器谷は言った。

「過去三年の営業報告書、バランスシートと損益計算書を出してください」

孫は言った。

「いえ、まだできたばかりでそんなものはありません」

「では、どういう客があってどういう取引があるんですか」

「仕入れ先は、おもにハドソン、販売先は上新電機です。これをきっかけにしてソフトの流通を広げていきたいと思っています」

「担保はどうですか」

孫は、はっきりと言い切った。

「担保はありませんし、保証人も頼むのは嫌なんです。しかし、プライムレートで貸してください」

保証人なしというケースは、受取手形を割り引くときにはままある。しかし、融資の場合にはほとんどなかった。少なくとも、御器谷が出会ったケースではない。

しかも、いくら有望な企業であろうと、孫がいかに信用できそうな人物であろうと、はじめての取引相手の条件として、最優遇貸出金利のプライムレートで一億円を融資してほしいというのは度が過ぎていた。融資案件として通すことはかなりむずかしい。頼む孫もまた度胸がすわっている。

御器谷が支店長でなく、たんなる融資課員であれば、その場でこの融資話は消し飛んだに違いない。

御器谷は、さすがに笑みを漏らした。

「なんとご返事していいのか」

「情熱だけは、だれにも負けません！」

取引は情熱でとることはできても、銀行は情熱だけで融資してくれるはずがない。孫も、それはよくわかっていた。しかし、いまの自分の武器は相手に自分の熱い情熱で訴えかけるしか手はなかった。

御器谷はその話に耳をかたむけた。

「そうですか……じゃあ、信用調査のできるところはありませんか」

情熱だけでは動かないはずの銀行の支店長の心が、かすかに動いた。

「融資してやってください。わたしが保証します」

孫は、できることならほかの人たちの力を借りずに自分の力だけで融資を受けたかった。しかし、それしか方法がないというのであれば仕方がなかった。

「取引がはじまっているのは上新電機さんです。あと、直接の商売ではないですが、自分がここまで来たのはシャープさんに引き立ててもらったおかげですし、専務の佐々木正さんには現在でも力を貸してもらっています」

孫は、音声つき電子翻訳機を発明してシャープに買ってもらったことを簡潔に話した。

御器谷は、詳しいことまでは聞かなかった。孫も、この場で必要のないことはいっさい話さなかった。そのことも、御器谷にさらに好感を抱かせた。できることなら孫に融資したい気持ちにかられた。

「おっしゃることはわかりました。しばらくお時間をください」

御器谷は、支店長室にもどると電話をとり、先輩である難波支店長の山内和彦に連絡をとった。

「日本ソフトバンクという会社が融資の依頼にやってきた。上新電機さんとも取引があるらしい。そこのところを、上新電機の浄弘社長に聞いてみてはくれませんか」

上新電機は第一勧業銀行の得意先であった。御器谷も大阪の支店にいたころ、何度か出入りしたことがある。

その日の夕方、山内から電話が入った。その声ははずんでいた。

「日本ソフトバンクはいけるよ！」

山内は、わざわざ上新電機まで足を運んでくれたらしい。じかに浄弘社長に会って、ソフト商品の売り方や流し方を聞いた。

浄弘社長は、山内を店内の家電売り場の一コーナーに連れて行って胸を張ったという。

「家電売り場にこんなにソフト売り場があるのは、日本におれのところくらいなもんだ。日本ソフトバンクもきちんと仕入れをしてくれそうだ」

上新電機の代金も、第一勧業銀行難波支店経由で麹町支店に振りこまれる確証がとれた。

一方、第一勧業銀行の常務からシャープ専務の佐々木正に電話が入り、孫について聞いてきた。

佐々木は、きっぱりと答えた。

「孫正義に融資してやってください。わたしが保証します」

常務は電話口で冗談まじりに聞いてきた。

「あなた、全財産出してでもやりますか」

佐々木は、はっきりと言い切った。

「やる以上は、生命を賭けてもやりますよ」

常務としては冗談のつもりで聞いたのだったが、あまりにも佐々木が気合をこめているため、冗談が冗談ではなくなってしまった。

常務も力をこめて言った。

「そこまで考えていらっしゃるなら、こちらも考えましょう」

さらに数日後、シャープ専務である佐々木正自身から御器谷に電話がかかってきた。

「日本ソフトバンクの孫正義のこと、どうぞよろしくお願いします」

御器谷は、大阪支店を通じてシャープにも孫正義の人物評価を打診していた。おそらく財務部あたりから返事が来ると思っていた。ところが、専務直々に電話をかけてきたのである。

佐々木は、第一勧業銀行の常務に電話をもらってから、全面的に孫を応援しようと決心を固めていた。せっかく建てた家もすべて抵当に入れ、それでも足りない分は親戚からかき集めてでも借りる覚悟を決めていた。会社を退職するときの退職金はいくらかも、経理に探りを入れたりしていた。

御器谷は電話を切ったあとに、佐々木正について調べた。シャープの開発部門である中央研究所所長、つまりシャープの技術畑では要となる人物である。御器谷はたしかな手応えを感じた。

（技術畑の御大みずから電話してきてくれた。孫さんの人物、これからの仕事の見込みを後ろ楯してくれる人としては、むしろ財務部や現場を知らない社長よりも説得力がある）

だが、孫が言うソフト流通なるものが一〇〇％成功するとは言い切れない。御器谷は、融資したはいいものの、その会社がだんだん先細りになり破産してしまったため、自行が不良債権を抱えてしまった例をいくつも見てきた。

ベンチャー企業に融資する場合、銀行としても、何割かのリスクは背負わなければならない。はたして、そのリスクを負ってまでする融資なのか。

御器谷は、いつも以上に慎重だった。企業部の部長に相談を持ちかけた。第一勧業銀行の場合、融資関係には企業部と融資部がある。企業部はいままで取引のある大企業を取り扱う。

日本ソフトバンクのようなベンチャー企業は、企業部の管轄以外のもろもろの融資を取り扱う融資部が担当することになっていた。しかし、融資額が大きいこと、さらに企業の将来性を考えると、企業を見るプロに相談したほうがいい。そう考えてのことだった。

企業部長は言った。

「それなら、数人集めてフリートーキングしたらどうですか」

御器谷は、あくまでも孫の融資を認める側としてその席についた。

彼は、強者揃いの企業部側が打ち出してくるマイナス要素に対してひとつひとつ答えていった。企業部が出してくる意見はなかなかきびしかった。

討論は、御器谷が思っていたとおり、企業の将来性に焦点が集まった。しかし、いままでなかった業種のため、だれもが決定的な判断ができない。

御器谷の部下の笠井猛邦が、基本的な質問をその場にいた者たちに投げかけた。

「みなさん、いろいろなことを言われますが、パソコンに触ったことありますか」

御器谷はじめ、だれもが黙りこんだ。御器谷のように知ってはいるが、触ったこともない者ばかりだった。

笠井はつづけた。

「パソコンは静かなブームになっているんです。みなさんはわからないかもしれませんが、わたしに言わせれば有望業種ですよ。うちにだって同好会ができています。わたしもそのひとりです」

企業部長が、笠井に聞いた。

「ほんとうに大丈夫なのか」

「ええ、かならず伸びます」

笠井の発言はその場の流れを一気に変えた。孫自身の人柄は、上新電機の浄弘社長、シャープの佐々木専務の二人が保証してくれている。そのうえに、業種の将来性も明るければ言うことはない。

御器谷は、麹町支店長として本部に孫の融資案件をあげた。利率も、孫が望んだようにプライムレートとした。大企業をのぞいた大部分の貸し付けの場合、プライムレートに〇・五%ほど加える。しかし、レートを〇・五%刻んだところで、そうたいした差はない。そのため、御器谷は孫の希望どおりで申請したのである。ただ、自分が承知しても果たして審査部で承知するか。それだけが心配だった。通るか通らないかは五分五分だろうと見ていた。たとえ融資案件が通ったとしても、利率の変更を言ってくるかもしれない。

ところが、審査部も頭取である村本周三もすんなり許可した。

御器谷は思った。

（いくらなんでも、担保なし保証人なしの条件でよく一億円の融資を通したな……）

じつは、御器谷はのちになって知ることになるのだが、シャープの佐々木が、御器谷だけでなく頭取である村本にも電話をかけて孫のことを頼んでいたのである。佐々木の信用が孫に幸運を呼びよせたのである。

村本頭取はみんなに言った。

「シャープの佐々木さんがそこまで言う人物なら、わざわざ個人保証をしてもらわなくてもいいじゃないか。シャープというバックがあるのだから信用しよう」

□

孫がふたたび麹町支店を訪れたのは、それからしばらくしてのことである。

御器谷が表を差し出した。

「失礼ですが、こちらでおたくについて採点させていただきました」

孫はその表を見つめた。事業実績から担保、取引先から将来性にまでおよぶ項目がずらりとならんでいる。それを一項目ずつ合計で一五点満点で採点している。

御器谷は説明をはじめた。

「率直に言うなら、日本ソフトバンクさんはまだ事業実績もない。そのうえ担保もない。これは融資を考えるうえでマイナスポイントになります。どう考えても融資はできない」

「そうですか……」

孫は、さすがに肩を落とした。

御器谷がつづけた。

「将来性の項目以外で計算すると、マイナス一五点にもなってしまいます。ただし、将来性だけは十分にあります。それだけはプラス一五点」

ということは、将来性のポイントとほかのポイントを差し引きすれば、ポイントはゼロになる。孫にとっては希望の灯が見えてきた。

御器谷は淡々としていた。

「それに、孫さんの言われたシャープさん、上新電機さんに問い合わせたところ、シャープの佐々木正さん、上新電機社長の浄弘博光さんがあなたの人物は保証すると太鼓判を押してくれました」

孫は、佐々木と浄弘の二人には、今回の融資についてなにも話していなかった。第一勧業銀行から信用照会の電話が入るはずだと根回ししておけば、相手もいい答えをしてくれる。しかし、あえてしなかった。

それでも、佐々木と浄弘の二人は自分を信用して太鼓判を押してくれた。うれしさがこみ上げてきた。

御器谷は、笑みを浮かべた。

「あとは、わたしの判断ということになりまして……」

孫は身を乗り出した。

「で、どうでしょうか」

「一億円をプライムレートでお貸ししましょう。わたしはあなたの将来性に賭けてみます」

「ありがとうございますッ！」

孫は深々と頭を下げた。

御器谷は、自分がどうしてもやりたかった日本ソフトバンクへの融資を果たすことができてうれしかった。

(五年先、一〇年先、いい会社に成長してほしい)

山に樹を植えたような、そんな気持ちだった。その後、御器谷は孫のことは融資課の部下にまかせた。

部下から報告を受けた。

「うまく運転資金が回りはじめたようですよ」

広がる信用

孫は上新電機のパソコンコーナーを自分の思いどおりにつくりかえた。ソフトも二〇〇〇万円分、一〇〇〇種類を壁一面に置いた。

さらに、「日本一のソフト販売店」を大々的にアピールした。

パソコンコーナーを一新してから、上新電機のパソコン部門の売上げは以前の三倍に跳ねあがった。

それ以後も、全国一位のパソコンショップの座をわがものとする。

孫も、はじめて大きな取引先を確実に手に入れた。

孫は勢いに乗った。

西武百貨店、第一家電といった小売店に飛びこんだ。

(一撃必殺だ!)

担当者に訴えた。

「パソコンの販売店を本格的にやりたいのなら、日本一のソフトが必要でしょう。それなしには成り立ちません。うちは、ハドソンの販売権を持っています。さらに、うちはこれだけの品揃えがあります」

上新電機のソフト販売コーナーの写真を見せると、ほとんどの担当者はおどろきの声をあげた。

孫はたたみかけた。

「おたくの販売店では、まだソフトが十分に揃っていません。一度、大阪の上新電機さんの店を見に行かれたらどうですか」

「そうですか。それならおたくと取引したほうがよさそうだな」

たいていの小売店はその場で取引を決めてくれた。

さらに、パソコンメーカーの営業マンたちが、小売店にソフトバンクを紹介してくれるようになった。

「ソフトバンクに頼めば、ソフトは揃えてくれます」

彼らとしては、ハードを売るためにはソフトがなければならない。ハドソンを押さえている日本ソフトバンクが一番だと、彼らの客に教えるのである。

日本ソフトバンクの評判は、口コミでどんどん広がっていった。売りこみをしなくても相手から注文が入ってきた。

孫は、注文を受けると目抜きのコーナーにかならずハドソンのソフトを全種類置いた。自社の売上げも、ハドソンの売上げも急激に伸びた。

ソフトメーカーからも注文が殺到するようになった。

「ハドソンが、なんで急激に伸びているか」

それは日本ソフトバンクのおかげであるということになったらしい。

日本ソフトバンクは、孫が思っていた以上の効果で雪だるま式に大きくなっていった。

事務所も、わずか六ヵ月後には、千代田区麹町から同じ千代田区四番町の東郷坂の脇にある九〇坪の事務所に移った。前のオフィスの二倍近くの大きさになっていた。商品の棚、簡単な梱包をする機械まで備えつけていた。

□

孫はある日、内外データサービス営業部長の清水洋三に言った。

「パソコンソフトの協会をつくりましょう」

パソコンソフト業界は、業界といえるほどの規模のものではなく、群雄割拠、小雄割拠の時代だった。

さらに、ちょうどそのころ、レコードレンタルをしていたソフマップが、高田馬場にソフトウェアのレンタル店を開こうとしていた。レコードレンタル店がレコード業界にとって脅威となっていたように、これからコンピュータソフトを売り出そうとしている者たちにとって、ソフマップのレンタル店はまさに脅威的存在になることは目に見えていた。ソフトハウスの権利を守るためにも、一致団結して行動する団体が必要だった。

孫は、清水とともにエレクトロニクスショーに参加した一三社に呼びかけた。

一三社の代表たちは、孫の提案にことごとく賛成した。

その呼びかけに応じて、一九八二年五月、「日本パソコンソフトウェア協会（現・日本パーソナルコンピュータソフトウェア協会）」が発足した。

はじめに孫が声をかけてエレクトロニクスショーに参加した一三社を発起人として、約三〇社が加盟した。ほとんどが日本ソフトバンクを主な流通経路としていた会社だった。

会長には、呼びかけを行なった孫が就任した。清水も専務理事として参加することになった。

孫は、清水に言った。

「清水さん、ぼくは会長になったけれども、協会を運営するにおいては、協会会長と会社社長との割合は七対三にします」

協会は、孫をはじめソフトウェアにたずさわる企業のものである。その会長になった以上、協会の仕事をするときは、みなのために動くのが七割で、あとの三割は会社のためになるように動くというのである。孫は、よく何対何という具体的な数字をあげて、自分の行動や考え方をあらわす、いわゆるデジタル表現をいろいろな面で使った。

そして、実際、孫は協会を利用して自分の会社が三分の得にでも一分の得にでもするようなことはしなかった。これが孫の大きな信用のもととなっている。

機種限定雑誌で小さな勝ちを狙う

孫は、日本ソフトバンクが軌道に乗って間もなく、コンピュータ雑誌に日本ソフトバンクの広告を載せてくれるよう頼んだ。

名乗りを上げたまではいいが、事業をもっと広げるためには広告宣伝は欠かせない。「ASCII」「I／O」「マイコン」といったパソコン専門雑誌に広告を出すのがもっとも効率がいい。

だが、はじめから断わられた。

「今月、来月の広告はいっぱいです」

孫は食い下がった。

「じゃあ、再来月は……」

「いっぱいです」

「その次の号はどうですか」

「それも、いっぱいです」

「では、その次は」

「それは、まだ募集していません」

孫は、広告は命と考えていた。

「ふつうの広告料以上払ってもいい。載せてもらえませんでしょうか」

それでも蹴られた。

孫は、首をかしげた。

（おかしい……）

ほかの二誌に頼むと、やはり同じように断わられた。

孫の頭を、確信めいた思いが突いた。

（日本ソフトバンクの広告を載せないつもりだな）

孫の読みは当たっていた。じつは、雑誌を出している会社は、読者が投稿してくるソフトに自分たちのブランドネームをつけて、小規模ながらメーカー販売を手がけていた。彼らには、急激に伸びてきた日本ソフトバンクが競合相手と映ったらしい。それほど日本ソフトバンクの勢いはすさまじかった。雑誌三社は、日本ソフトバンクの広告は載せないとひそかに示しあわせていたのである。孫は、ある筋からそれを聞いた。

しかし、日本ソフトバンクはあくまでも卸を業務としている。メーカーとは業態が違う。競合するはずはない。

（それにしても、広告をボイコットするとはどういうことか。マスメディアは公の器ではないのか。それが、自分の業種と競合するかどうかは知らないが、正当な理由なしに広告を断わるとは）

孫の側で、悪事を働いているから広告を断わるというのならわかる。そうでもないのに広告を断わるというのは、出版人としてのモラル、出版人のよって立つところの倫理からはずれているのではないだろうか。

孫は、アスキー社長である郡司明郎に言った。

「ぼくは、ただ一ページ、二ページの広告を出させてもらえれば、おたくの本業の出版と競合するなんて考えていません。将来はどうなるかわかりませんが、少なくとも現時点では競合しません。このまま、おたくたちが広告を載せないということになれば、むしろ競合を呼びこむことになりますが、いいんですか」

郡司は、余裕しゃくしゃくといった表情で言った。

「どうぞ、おやりなさい」

「I／O」を出している工学社社長である星正明もまた同じ反応だった。

孫は、怒りがむらむらとこみあげてきた。

（よし、それなら、うちがみんなに負けない雑誌を出してみせる。これは正義の戦いだ！）

□

孫は、いずれは出版を、と考えていたが、急遽月刊誌の出版に乗り出すことにした。それまで、「ポケコンライブラリー」やソフトのカタログともいうべき「ザ・ソフトバンク」という季刊誌は出したことがあった。それから一歩踏みこんで、月刊誌という形で打って出ると決意した。

勝負する以上、コンピュータの分野で日本一の雑誌をつくってみせる、と意気込んだ。

戦略を練った。

（日本ソフトバンクの戦いは、ライバルがいなかったから強者の戦いであった。いわゆる、鶴翼の構えで、敵兵をなかに取りこむやり方で、一気に攻めればよかった。今度の戦いは、すでに強力なライバルがある。弱者の戦いだ）

戦略を練った結果、絞りこみで勝負することにした。

（こちらは、出版に関しては兵力が少ない。相手と同じ鶴翼の構えで挑むと負けるに決まっている。こちらは、兵力を絞って攻撃しよう）

敵を徹底的に調べた。敵は、パソコン総合誌として位置づけている。つまり、老いも若きも、さらに機種もＮＥＣから富士通まで一冊のなかで扱っている。

総合誌として打って出るには、日本ソフトバンクは後発でノウハウもなく人材もない。それならば機種を限定し、この月刊誌はまるごとＮＥＣの記事、別の月刊誌はまるごとシャープの記事というつくり方をすることにした。

このころ、各メーカー間では機種ごとにソフトの規格はバラバラで互換性はなかったため、機種限定雑誌に意味があった。

(かぎられた範囲で、確実にこちらが一番になれる！　まず局地戦で勝ちをおさめ、やがて全体で勝ちをおさめていこう……)

が、幹部の立石勝義にそれを告げると、眼をまるくした。

「月刊誌なんてとんでもない。しかも、二冊もですって！」

殿、ご乱心と言わんばかりに反対した。

絞りこむならば、NECかシャープのどちらかにさらに絞りこめばいい。そのほうが経営的な負担にはならないとまで言った。

しかし、孫は強く言い切った。

「いや、それは絶対に駄目だ。なにがあってもゆずれない！」

あえてNECから出しているPCシリーズの専門誌と、シャープが出しているMZシリーズの二誌を出すと決めたのは、日本ソフトバンクという会社の立場上、どうしても必要だった。

ソフトの流通を手がけている以上、コンセプトは中立でなければいけなかった。もしもNECの専門誌だけを発行すれば、NECの色がつきすぎる。NECからは大歓迎を受けるかもしれない。しかし、口さがない者は「あいつはNECのまわし者か」と後ろ指をさすに違いない。

そんな評判が広まれば、本体であるソフト流通の業績にも大きく響いてしまう。

せめて、ナンバーワンのNECとナンバーツーのシャープの出している機種の専門誌を同時に出すのであれば、明確な中立性をアピールできる。それは孫が一貫して貫いてきた方針である。

じつは、日本ソフトバンクは創業当初、上新電機やハドソンから、資本を入れてあげようかと誘いかけがあった。日本ソフトバンクには二〇〇〇万円の金もなかった。そのような話を持ちかけられ、喉から手が出るほど金は欲しかったが、そのときもきっぱりと断わった。

ソフトの流通をやる以上は中立でなければならない。どこかに身を寄せるとか、たとえ身を寄せなくても近寄れば、日本ソフトバンクという業態が成り立たなくなってしまう。そう信じていたからである。

八割返品の山

孫は、一九八二年五月、ＮＥＣのＰＣシリーズの専門誌「Ｏｈ！　ＰＣ」とシャープのＭＺシリーズの専門誌「Ｏｈ！　ＭＺ」の創刊にこぎつけた。

創刊から二ヵ月後、売れ残った雑誌が会社に運ばれてきた。さすがに孫も肝が冷えた。

（こんなにとは……）

言葉がなかった。「Ｏｈ！　ＰＣ」にしろ、「Ｏｈ！　ＭＺ」にしろ、売れていないということは感覚的にわかっていた。ところが、会社に運びこまれた返品は孫の想像をはるかに超えていた。倉庫には大きな山ができあがった。それぞれ印刷した五万部のうち、八〇％にあたる四万部以上が返ってきてしまったのである。すぐさま、夢の島へ運んで焼いた。アスキーの郡司社長や工学社の星社長の高笑いが聞こえてくるようだった。

（ちくしょう！）

孫は、屈辱感に舌打ちした。

案の定、それからというもの、毎月一度、返本の山がごっそりと運ばれてきた。眼も当てられない。一ヵ月の赤字はおよそ二〇〇〇万円。日本ソフトバンクの一ヵ月の売上げをすべて食い潰してしまっていた。

(なぜ売れないのか)

読者アンケートハガキだけが売れていない理由を知っているはずだ。孫は、アンケートハガキを一枚ずつ手にとって読んだ。アンケートハガキは、一誌につき販売部数一万部に満たないにもかかわらず、一〇〇〇枚はもどってきていた。二誌で二〇〇〇枚である。販売部数から考えるとかなり高い確率でもどってきている。熱狂的なファンがいる。マニアには受ける雑誌だったのである。

「このかぎられたサブジェクトで、しかも機種別という仰天すべき思い切りのよさと無謀さにあきれるけれど応援したい」

「潰れずに、がんばれ!」

応援する声、あきれる声、半ばしたようなハガキが多かった。

孫は、思わず目頭が熱くなるのをおぼえた。

その一方で、辛辣な声も多かった。

「雑誌なのに、誤植だらけ」

「色がずれていて、見にくい」

「これは同人雑誌じゃないですよね?」

「値段が高すぎるじゃないか」

孫は激励は激励として片方に分け、ひと言でも批判のあるハガキは、その批判内容によってピンク、青、緑、黄色、紫とラインマーカーで色分けした。

批判は、五つほどに分類できた。

「厚さが薄い」

「値段が高い」

「誤字・脱字が多い」

「表紙が美しくない」

「こんな雑誌があったとは知らなかった」

孫は、自分の机に置いてある五つに分類されたハガキの束を見つめた。

(よし、わかった。すべて、読者の言うとおりにやってみよう!)

読者にすべてを賭けた。それで駄目だったら廃刊だ。

雑誌を発売してから約半年たった一二月のことだった。孫は大博打を打つ決意を固めた。

「Oh! PC」再生作戦

一九八三年もあと一ヵ月ほどに迫ったころ、孫が出版事業部の者たちに言った。

「『Oh! PC』の再生作戦を実行する。判も変えて、テレビCMも打つ。一気に出版事業部の黒字化をはかる」

さらに、孫は息巻いた。

「一二万部から一三万部刷る。そうしないと、出版事業部は生き返らない」

孫は、この賭けを成功させるために「Ｏｈ！　ＰＣ」の編集を橋本五郎にまかせた。

橋本は、一九八二年九月はじめ、自宅のポストから抜き取ったばかりの朝日新聞の求人欄に食いいるほど眼を通していた。貿易関係の専門書を出している出版社を辞めて間もなくのことである。三七歳をむかえた橋本にとっては、これが最後の転職になるかもしれない。それならば、一生をささげるだけの価値のある出版社を探し出したい。気合の入れようはなみなみならぬものがあった。

橋本の眼が、ひとつの囲み記事を拾いあげた。

〝パーソナルコンピュータの専門書を出版〟

募集広告を出している日本ソフトバンクという出版社には、まったく聞きおぼえがなかった。ただ、コンピュータがこれからの産業で重要なポジションを占める可能性を秘めているという直感めいたものはあった。貿易専門書の出版社にいた関係で、よく総合商社には顔を出す機会があった。オフィスでコンピュータが使われはじめたり、何気ない話のなかでコンピュータが話題になっていた。

橋本は九月六日、千代田区四番町の東郷公園のそばにあるという日本ソフトバンクの事務所に出かけた。事務所は半分地下に埋まったようなところであった。ドアを開けると、ムンムンするほどの熱気につつまれた。社員たちがそれぞれの部署で休むことなく動きまわっていた。そのひとりを呼びとめ、面接に来たことを告げた。出版部門はもっとも奥だと教えてくれた。

橋本は奥に入りこんで行った。ところが、オフィスのそこいらじゅうに商品を詰めた箱が山のように積んである。かきわけるようにして進んだ。

出版の責任者の面接を受けた。

出版部門は七、八人で、三〇人ほどいる社員のうちの四分の一にすぎない。その数で月刊誌を二誌出版しているという。

出版部の責任者は言った。

「ちょうどよかった。いまうちは一〇月から新雑誌を出そうとしているんです。それをやってもらいましょう。明後日からお願いできますか」

「明後日からですか」

いきなり採用されてしまった。

新雑誌は「Oh! HC」。季刊で年に四回出す予定だという。エプソンが新たにコンピュータ市場に殴りこみをかける八ビットのハンドヘルドコンピュータ、いまでいうノートブックパソコンの専門雑誌である。まだ原稿も仕上がっていないらしい。

橋本としては、できれば入社を二週間後くらいにしてほしかった。しかし、一〇月に出す雑誌をまかされてしまっては仕方ない。

出版部門の概要を聞けば、少数精鋭でだれもがどんな仕事でもする。橋本がこれまでやってきたことと変わりはない。

技術部門専門のスタッフもいた。コンピュータの知識もそれほどはいらないらしい。まあ、コンピュータについては動かし方も知らないが、読者が求める情報を興味深く表現していくことこそ雑誌編集者の腕の見せどころだ。いくらコンピュータ雑誌といっても、その基本のところは変わりはしまい。

「わかりました」

橋本はその場で即決した。

橋本が初出社したのは面接の翌々日、九月八日のことであった。すぐに「Ｏｈ！　ＨＣ」の出版に向けて動き出した。創刊号は期限どおり、なんとか出すことができた。

出版の責任者が橋本を褒めた。

「『Ｏｈ！　ＨＣ』は、いままでのうちの本のなかで誤りがなくてよくできた」

「そうですか」

橋本は、編集者として当然のことをしたと思っていた。あまりにも意外な褒め言葉にとまどいさえ感じた。あとで聞いたところによると、立ち上げたころの日本ソフトバンクの出版物は誤字や脱字がかなりあったらしい。そんなこともあってか、出版事業部はなかなか黒字にはならなかった。

橋本は、孫が「Ｏｈ！　ＰＣ」の再生作戦を実行すると出版事業部員たちに告げたとき、はじめて孫と顔を合わせた。

（なんと思い切ったことをするんだ）

「Ｏｈ！　ＰＣ」再生作戦に賭ける孫に圧倒されてしまった。たかだか一冊五〇〇円ほどでしかない雑誌に一億円はかかるＣＦを打ち、返品の山が築けるほどの雑誌をいままでの倍以上刷ろうというのである。なみの決断力と行動力では到底できることではない。

橋本五郎は、中綴じのＡＢ判であった「Ｏｈ！　ＰＣ」の判型を平綴じのＡ４変形にし、背表紙がつくような厚さにした。いまの一般的な雑誌のスタイルにしたのである。

孫は、さらに幹部の立石勝義をおどろかせた。

「テレビＣＭを流して、一発逆転を狙うんだ」

立石は、さすがに止めにかかった。

「社長、とんでもないことです。パソコンというのはまだ購買層が限定されています。それだけ市場も小さい。ＣＭを流すなんて、ナンセンスです」

いくらソフトの売上げがあがっているとはいえ、ＣＭを流すほどの余裕はない。立石は真っ向から反対した。

反対したのは立石ばかりではなかった。ほかの幹部たちも猛反対した。

が、孫はまったく耳をかたむけない。

「いや、これはやらなければいけないんだ」

孫は、電通に出かけ担当者にぶちまけた。

「二月のテレビのスポットを一億円分買い取りたい。『Ｏｈ！ ＰＣ』のＣＭを流したい」

そのころは機種別の専門雑誌を知らない人が多く、それが売れない大きな原因のひとつだった。どんなにいい雑誌であろうと、知られていなければ売れるわけがない。もっともアピール効果があるのは、なんといってもテレビだった。それも、中途半端では効果はない。おどろきをあたえるためには、見ている人たちがうんざりするほどＣＭを流すしかない。

電通の担当者も、さすがにおどろいた。

「あの雑誌のＣＭに一億円ですか。それはやめておいたほうがいいですよ。無謀です」

電通としては、一億円ものＣＭ枠が売れるのはうれしい。しかし、雑誌のＣＭを打つのでさえめずらしいのに、読者対象が狭く、大赤字を出している機種別雑誌である。担当者も、いくらＣＭ枠を売るのが商売とはいえ、気がとがめたに違いない。

それでも、孫は、強引に押し切った。

「いえ、なにがなんでもＣＭを打つんです！　お金は払います」

「そうですか」

担当者は、やれやれといった顔で納得した。

孫があえて二月にＣＭを流すことにしたのは、よくニッパチといわれ、二月と八月はＣＭのスポット枠も安くなると聞いていたからだ。同じ一億円分のスポット枠でも、交渉しだいでかなり経費を安くできる。孫は持ち前の強引さで六〇〇〇万円に値切った。

電通との交渉がまとまると、ＮＥＣに行き、宣伝部長にかけあった。

「今度、『Ｏｈ！　ＰＣ』をＣＭで流すことになりました。『Ｏｈ！　ＰＣ』は、おたくが出しているＰＣシリーズしか書いていません。つきましては、ＣＭ料の半分を出していただけないでしょうか。うちだけだったら少ししか宣伝ができませんが、おたくに入っていただければ二倍になります。効果はあると思います」

宣伝部長は、間髪を容れず言った。

「その雑誌は、うちの製品ではない。どうやって金を出せるんですか。言語道断ですよ。どう考えても無理ですね」

けんもほろろに追い返された。

しかし、それくらいでめげる孫ではない。ＮＥＣ副社長で、パソコンに関しては総大将的な存在である大内淳義にアポイントをとった。大内はすぐに会ってくれた。

孫は、現在「Ｏｈ！　ＰＣ」が赤字であるということを正直に話したうえで、ＮＥＣ製品ばかりを取り上げた雑誌は広告宣伝以上の効果があり、そのＣＭを流すことはＮＥＣの宣伝にもなるということをこんこんと説いた。

大内は興味深そうに耳をかたむけていた。

孫の話が終わると、満面の笑みを浮かべた。

「たしかに、そういう雑誌は必要だ。そのＣＭを流すという発想もおもしろい。いいでしょう」

大内は聞いてきた。

「で、ぼくはどうすればいいのかな。会議でこれを議案として出せばいいのかな」

孫は首を振った。

「大内副社長はなにもなさらなくてけっこうです。ぼくが、もう一度、宣伝部長に会いに行きます。そして、話だけでも上にあげてもらうようにします。副社長まであがっていったら、黙ってイエスと言っていただけるだけでいいのです」

もしも大内から議題として提案すれば、孫が宣伝部長を飛び越して大内に言いつけたような形になってしまう。宣伝部長のメンツもある。これからも長くつきあっていくＮＥＣである。小さなことでもゴタゴタは起こしたくはなかった。

孫は翌日、ふたたび宣伝部長に電話を入れた。宣伝部長は明らかに迷惑といった声で電話口に出てきた。

「きみも、なかなか熱心だね」

「ええ、どうしてもあきらめるにあきらめきれないんです。とにかく上にあげてみてくれませんか」

「いや駄目だ。先日言ったように言語道断だ」

「そうですか……でも、ぼくは、あなたが上にあげてくれるまでは、毎日のように電話しますよ」

なかば脅迫だった。

孫の耳に、宣伝部長のうんざりした声が飛びこんできた。

「おい、冗談はやめてくれよ」

もうひと押しだ。孫はたたみかけた。

「冗談で言っているんじゃありません。ほんとうに毎日電話をかけさせていただきます。ただひとつ、ぼくを止める方法は上層部にこの話をあげていただけるということです。しかも、中途半端なところではなく、パソコン分野の総大将である大内副社長に話してください。大内副社長が駄目とおっしゃるのなら、あきらめます。『Oh! PC』はいさぎよく廃刊します。これは、わが社にとっては死活問題なんです。受け入れていただけるかどうかでわが社の運命が決まると言っても言いすぎではないんです。もしも、NECのパソコン専用の雑誌が廃刊になれば、御社にとってももったいないことだと思うんです。駄目もとであげるだけあげてみてください」

宣伝部長は電話口でしばらく考えていた。が、探るように聞いてきた。

「ほんとうに上にあげれば、電話をかけてこないか」

「ええ、約束します」

「そうか、わかった。じゃあ、上にあげるだけあげてみよう」

宣伝部長はさらに念を押してきた。

「大内副社長が駄目と言ったら、もう二度と電話するなよ」

「男の約束は守りますよ」

孫は電話を切ったあと、にやりとした。宣伝部長さえ落とせばこの話は決まったも同然だった。

宣伝部長からの返事は早かった。翌日には電話がかかってきた。宣伝部長は孫に言った。

「なんかわからんけど……通っちゃったよ。まあ、うちの大内もいいと言っているんだから、半分出させてもらいます」

孫が大内と話をしたことを知らない宣伝部長は、まるで狐につままれたような口ぶりだった。どうも納得いかないと言ったまま電話を切った。

孫が買った六〇〇〇万円分のスポット枠の半分、三〇〇〇万円をＮＥＣが出してくれることになった。

□

孫は、その間、ソフトメーカーやハードメーカーに電話を入れた。

「今度の号だけでいいですから、だまされたと思って広告を載せてくれませんか」

あまりにも必死に頼むので、多くのメーカーが広告を載せてくれた。それまで一五〇万円しかなかった広告収入が、一五〇〇万円にもふくれあがった。

孫は、書籍取次大手であるトーハンと日販にも足を運んだ。

担当者に頼みこんだ。

「二月号の『Ｏｈ！　ＰＣ』は、一〇万部を納品させてくれませんか」

「えっ、一〇万部ですか……」

担当者はおどろきのあまり顔色を失った。トーハンにしろ日販にしろ、「Ｏｈ！　ＰＣ」と「Ｏｈ！ＭＺ」のあまりの返品率に、たびたび印刷部数を下げたほうがいいと忠告してきたが、孫は、頑強に耳を貸さなかった。それどころか、今度はいままで五万部発行して一万部も売れない「Ｏｈ！　ＰＣ」を一〇万部刷るというのである。

われにかえった担当者は、ひとつひとつ教えさとすように言った。

「いいですか。言ってはなんですけど、おたくの雑誌はまったく売れていないんですよ。部数を減らすというのならわかりますが、増やすなんて……」

馬鹿だとでも言わんばかりである。

印刷代や紙代も安くはないのだから、日本ソフトバンクの本体も潰れてしまうぞというようなことまで言われた。

孫はそれでも頭を下げた。

「無理を言っているのは承知のうえです。でも、ぼくはこの一回に賭けている。そのためにテレビ宣伝も通常一億円分を六〇〇〇万円で買い占めました。だまされたと思って、一回だけやってください。駄目だったら廃刊します。最後のお願いです」

その担当者は、うんざりしたように言った。

「一回だけですよ。駄目だったらほんとうに廃刊なんですね」

一〇万部が全国の書店に配送されることになった。

一九八三年二月、「Ｏｈ！　ＰＣ」のテレビＣＭが、あらゆるチャンネルでひっきりなしに流された。その週、テレビを見ている人は、かならず何回か見るという状態だった。

大博打はみごとに当たった。一〇万部の雑誌は三日で売り切れてしまった。売り部数、広告収入も一気に増え、あれほど日本ソフトバンクの利益を食い潰していたお荷物が、一気に黒字に転化した。まさに一発逆転だった。

その後も、部数と広告収入は変わらず、毎号黒字となった。

孫のＣＭ戦法に猛反対した立石勝義は、舌を巻いた。

（おれたちとは、考えることのスケールが違う）

販売部数は急激に伸び、橋本五郎が編集長をしているときに一四万部に達した。それまで月に二〇〇万円から三〇〇万円しかなかった広告収入も、一気に二〇〇〇万円から三〇〇〇万円に跳ねあがった。

読者からは、毎号ごとにアンケートハガキが数知れないほど送られてくる。反響は手にとるようにわかる。しかし、社内の者たちからはなにか言われることはまずなかった。それなのに、孫みずからおもしろいと言ってくれたのである。

（読者に支持され、発行人である孫社長にも支持されている）

自信になった。

孫は勢いに乗り、たてつづけに「Ｏｈ！　ＦＭ」「Ｏｈ！　55」「Ｏｈ！　ＰＡＳＯＰＩＡ」「Ｏｈ！16」「Ｏｈ！　ＨｉｔＢｉｔ」と出し、「Ｏｈ！　ＨＣ」「Ｏｈ！　ＰＣ」「Ｏｈ！　ＭＺ」と合わせて月刊誌四誌、季刊誌四誌で、計八誌にまで増やした。

一九八五年には八誌で年間六〇〇万部にまで成長し、コンピュータ分野での雑誌発行で日本一、出版分野だけでも年商二五億円になった。

爆弾を抱えた身体

孫は、創業二年目に入る一九八二年春から、定期検診を社員全員に義務づけた。

そのはじめての定期検診のとき、孫も社員たちといっしょに受けた。

一週間ほどたって、検診の結果がもどってきた。孫は、その結果を見て血の気が引いた。

（まさか……）

自分の眼を疑った。検診結果には「再検査を要する」と非情な一行が書かれていたのである。肝臓のe抗原が健康な人の何倍もの数値を示していた。いつも体がだるかったのは疲労のせいではなく、肝機能が弱っていたからである。

孫は、ある大学病院に駆けこんだ。ふたたび検査を受けたものの、やはり数値は異常に高かった。

担当医師は、孫に無情な言葉を投げかけた。

「慢性肝炎ですね。これはかなりひどいですよ。仕事はすべてキャンセルして、すぐに入院してください。治療に専念してください」

孫は、訴えかけるように言った。

「通院で、なんとかならないんですか」

「残念ながら、ここまで来ると入院していただくしかないですね。命の保証ができません」

孫の眼の前が真っ暗になった。

強気に押しまくる孫も、さすがに担当医師の顔をうかがうように聞いた。

「いったい、どのくらいで治るでしょう」

「治るか、どうかは……。慢性肝炎が肝硬変になれば、あとは死を待つだけですね」

慢性肝炎は不治の病と言われ、決定的な治療法は見つかっていなかった。

孫はふたたび聞いた。

「肝硬変には、どれくらいでなるんですか」

担当医師は、顔をしかめた。

「いや、それは一年かもしれないし二年かもしれない。ま、五年もすればなるでしょう」

孫は、やむなくある大学病院に入院した。

孫の妻優美は、孫の前でこそ明るくふるまっていたものの、ひとりになると涙を流した。

「孫は、三〇歳の誕生日を迎えられないかもしれない……」

孫は、取引先にも融資先にも、ましてや社員たちにも、自分が入院していることをひた隠しに隠していた。「日本ソフトバンク＝孫正義」という評価はコンピュータ業界に定着していた。その孫が病気で倒れ、ましてや命に関わる病気であると取引先や銀行に知られれば信用に関わる。融資がストップし、取引にも支障が出かねない。

日本ソフトバンクが一気に駆け上がってきた険しい坂道を、転がり落ちることにもなりかねない。

事情を知っている立石勝義ら幹部たちは、社員にこう言っていた。

「社長は、アメリカのユニソン・ワールドの残務処理がある。アメリカの仕事に追われているんだ」

まわりを欺くためにはまず身内から。戦いの鉄則でもある。

孫は、入院しているときでも、一週間に一度は病院を抜け出して会社に顔を出した。

孫は歯を食いしばった。

（かならず完治してみせる！）

入院して間もなく、ｅ抗原の指数がやや下がりはじめた。孫は退院を許され、自宅で療養することになった。

孫は、毎日決まった時間に点滴を受けた。その間はなにもすることができない。ただ、点滴の滴が一滴一滴落ちるのをながめているか、天井を見つめているだけである。孫は、滲みのついた天井をじっと見つめた。

（五年か……）

知らず知らずのうちに涙があふれた。熱いものが頬をつたった。先を考えれば考えるほど真っ暗な思いにかられていく。泣いても晴れない哀しさであった。

会社をはじめていよいよというときに。娘もやっと一歳半になったばかりで、もうひとりが妻優美のお腹のなかにいる。

（いっそのこと、来月死ぬと宣告されたほうが何倍も楽だ。どんなに短い間でも最後の勝負を賭けてやる。思い半ばにしても、息絶えるまで理想を追いつづけてやる）

だが、いつ襲ってくるかわからない爆弾を抱えながらでは、恐る恐る細々と生きていかなければならない。そうしても、あと五年しか生きられないのだ。なんのために身を削りながらも生きているのだろう。社員のために、お客さんのために、仕事のために……。自問自答を繰り返すが、自分で自分を救う答えは見つからなかった。自分の問いはいつも闇のなかに消えていった。

「二十七歳の作る天才」と「二十五歳の売る神童」

シャープ専務である佐々木正も、病気の孫のことを心配していた。

「きみが療養中に会社のために必要な人材はないのかい。もしいなければできるかぎり探してあげよう」

佐々木は日本警備保障（現・セコム）の副社長である大森康彦を孫に紹介した。

大森は、孫よりも二七歳も年上である。慶応大学経済学部を出て野村證券に入社。企画部長、国際本部長付部長を経て、一九七五年に日本警備保障に転進。顧問を経て副社長に就任していた。金融関係には明るい。

孫は迷った。

（大森さんを社長に据えて自分は会長に退いたほうがいいのか。それとも、自分が社長のままで大森さんを会長にして経営をまかせたほうがいいのか）

本来の年齢からいけば、大森が会長になったほうが据わりがいい。しかし、自分が療養に専念している間、実質的に経営をする大森が会長ではおかしいのではないか。

迷いに迷ったすえ、孫は決めた。大森に頭を下げた。

「ぼくが退院するまで、社長としてお願いします」

病気が癒えたときには、自分がふたたび社長に復帰する。その前提で頼みこんだ。

日本警備保障といえば、世間的にいえば日本ソフトバンクよりも名が通っている。その副社長を引っ張ってくる孫も孫だが、創業したばかりの日本ソフトバンクに来る大森も大森だ。

孫が大森康彦を社長に据えたのは、経費のかからない経営方法を学びたかったからだ。しかし、もともと証券マンであった大森に経営ができるはずがなかった。大森は無茶苦茶と思えるほどの交際費を使って、人脈を広げることばかりに専念していた。

しかも、大森は孫の前ではいい顔をしているが、孫のいないところでは陰口を叩いていた。日本パソコンソフトウェア協会専務理事清水洋三から見れば、大森は明らかに日本ソフトバンクを乗っ取りにかかっていた。孫が惚れこんだことが、まるっきり裏目に出てしまっていた。

が、大森は仕事を離れると楽しい人物だった。カラオケに行っても、下手でもなんでも一所懸命に歌った。

□

大森が社長に就任してから数ヵ月後、幹部の立石勝義は西日本担当として大阪支社に転勤となった。もしかすると、孫と創立期からいっしょにいた立石を大森がはずしにかかったのかもしれない。

立石は、のちに振り返る。

（大森さんと孫社長は、親子くらいの年齢差がある。しかも、大森さんは野村證券、日本警備保障と大きな会社を渡り歩いてきた人だ。その人から見ると、マスコミで騒がれているとはいえ、経験の少ない孫社長がやっていることは幼稚に見えたのではないか。人間の本質のところで見るか、テクニックのところで判断するか。もしかすると、大森さんはテクニックのところだけで孫社長を判断して、おれがやったほうが早いと思ったんじゃないだろうか）

結局そのことが、日本ソフトバンク内に孫派と大森派といった二大派閥のような要素をつくってしまった。

が、立石は、大森が日本ソフトバンクに来たことはマイナス要因だけではないと思っている。

（日本ソフトバンクは、あれだけマスコミに騒がれたとはいえ、まだ吹けば飛ぶような会社だった。そこに、大森さんという世の中の評価を受けた人が入ってきたことで、日本ソフトバンクに対する世間の信頼は上がった）

大森が社長に就任して一年半ほどたつと、急激に伸びていた日本ソフトバンクの業績も横這いになった。大森が組織づくりや人脈づくりのために莫大な経費を使っているために、社員たちががんばってあげた利益を食いつくしてしまったのだ。

孫は、不満をもらす幹部たちを、あくまでも大森を立てながらなだめすかすしか手立てはなかった。

一九八三年六月一六日、ワシントン州シアトルに本社を持つマイクロソフト社の西和彦副社長が、日本のパソコンメーカーである富士通、ＮＥＣ、日立をはじめ家電メーカー大手一四社の代表をしたがえて記者会見した。

場所は日本工業倶楽部であった。

西和彦は一九五六年二月の神戸生まれで、孫より学年で二年上である。中学時代から電卓を分解、早大理工学部に入ると初のマイコン専門誌「Ｉ／Ｏ」を創刊、大成功させた。しかし、半年後に仲間割れし、今度は「ＡＳＣＩＩ」を創刊、日本のパソコン業界をリードした。

一九七八年二月、西と同じ年齢であるアメリカの天才、ビル・ゲイツ率いるマイクロソフト社に入社し、二年で新技術担当副社長におさまった。この当時、西はアスキー・マイクロソフト副社長、アスキー出版副社長であった。

パソコン業界では、西のことを「二一七歳の作る天才」、孫のことを「二一五歳の売る神童」と評していた。

席上、西は言った。

「マイクロソフト社は、家庭用マイコンの仕様の規格統一ＭＳＸを提案します」

つまり、それまでパソコンに組み入れられるプログラムを効率よく作成するためのプログラム言語になにを使用しているかによって、ソフトを使い分ける必要があった。さらに同じプログラム言語、たとえばそのひとつであるマイクロソフトが開発したＢＡＳＩＣを使っていても、メーカー各社がそれぞれオリジナリティを加えているため互換性がない。そこで、その言語をまったく同じ仕様にすれば、ハードからソフトまですべて互換が利く。その共通のオペレーションシステムとしてＭＳＸを提案したのである。

孫は、入院中の病院のベッドの上でこの話を聞いた。

〈規格統一は認める。しかし、西のマイクロソフト社だけが規格統一で独善的に支配権を握ることは許せない〉

じつは、孫はその一年前から、ＭＳＸの仕掛け人と言われる松下電器の城坂俊吉副社長と会って、八ビットパソコンで各社共通の新しい言語の規格をつくることを話し合っていた。その話を持ちこむのは、西よりも孫のほうが早かった。

孫は、パソコンよりも大事なのはソフトだと考えていた。プログラム言語を統一すれば、各社が出しているハードでだれもがいろいろなソフト制作会社が開発したソフトを使うことができる。パソコン業界の発展にもつながる。

西の提案は、表面的には孫と同じような統一規格を提唱している。しかし、本質的には孫が考えていたこととまったく違っていた。西側は規格統一をはかり、設計図一枚で契約料五〇〇〇〜六〇〇〇円、ソフトハウスに対し、アプリケーションソフト一本あたりのロイヤリティを五〇〇円とか一〇〇〇円とろうという狙いであった。しかも、その統一規格を使えるのは西たちが選んだ会社だけだという。

統一規格はなかば公的規格である。特定のところが牛耳ればそこだけが強くなり、これからもっと発展していくはずのパソコン業界にゆがみが生じる。

(なんとしても食い止めなければ)

孫は、すぐに動けない自分が歯痒かった。

孫にとっては、西ははるか先を走っている存在だった。アメリカのマイクロソフト社という後ろ楯があることも含め、自分は何周も遅れている。出版はダントツで、パソコン業界に対する影響力は圧倒的だった。

ソフトをつくりあげる西と、インフラを提供していく孫では、ほとんど商売的にはぶつかりあうことはない。しかし、業界の新しい流れを提唱していくデジタル情報革命を起こすことに血が騒ぐという意味では、同志でありライバルでもあった。だが、今回のことだけはなにがあっても許してはならない。

孫は、自分よりも大きな西に食らいつく決心を固めていた。

孫は、見舞いがてら西のMSX構想について意見を聞きに来た日本パソコンソフトウェア協会専務理事の清水洋三に言った。

「ぼくは、このMSX構想には断固反対します。しかし、それを日本パソコンソフトウェア協会には持ちこまない。だから、清水さん、協会はこの件では中立でいてほしい。協会がどうするかということをまとめたりはしないでください」

そして、会長の座も退くとまで言った。

清水は制した。

「会長を辞めることはないと思います。ソフトウェア制作会社からロイヤリティを取るのは、パソコンを普及するうえにもソフトウェアをたくさん産み出そうとするのにも大きな障害となります。プラットホームは広く自由に開放され、これに関する情報も公開されないと、だれでもがこの新しい産業に参加できなくなる。アプリケーションをOSが支配するなんて逆行です。ソフト産業の衰退につながります。協会会員のほとんどがこれに反対するでしょう」

孫は、一九八三年六月二一日、雨のなかをこっそりと病院から抜け出した。記者会見の場には颯爽と出て行った。

孫は張りのある声で、集まった二一社のパソコンメーカーに提案した。

「わが社も、統一規格を提案します！」

孫の西側への宣戦布告であった。

西側はその前日、孫に電話を入れてきて仲直りを求めた。が、孫は一蹴していた。

「これから戦争だ。あと一つや二つ、爆弾が落ちるぞ！」

孫は、この戦いはあくまで西側の横暴さに歯止めをかけるもので、統一規格はまだまとまっていなかった。

孫は、西と戦う姿勢を崩さなかった。このことで命が短くなってもいいという決意であった。

西もまた、一歩も引こうとはしなかった。

その間に入ったのは、西と組んで統一規格を進めようとしていた松下電器だった。松下電器の担当部長が会社に孫を訪ねてやって来た。

「あまり喧嘩しなさんな。手を結べばいいじゃないですか」

孫は主張した。

「西さんがクローズドな形でやろうとするからには手は結べません。規格そのものをオープンな形にするというのであれば、ぼくたちだってわざわざ対抗する必要はないんです」

孫は数日つづけて、松下電器の部長たちと会った。会合はいつも夜中三時過ぎまでかかった。爆弾を抱える孫の体にはそうとうこたえた。だが、歯を食いしばっていつも明るい顔をしていた。

一週間後、孫は西と会い、規格統一は認めたが、西側に二つの条件を呑ませた。

「マイクロソフト社が、ソフトハウスに対して、ＭＳＸの規格を使用するに際してロイヤリティをとることをやめる」

「ソフトウェアをつくるに際しての情報は、業界に対してオープンにする」

この条件を西側が呑んだことで、二人ははじめて握手を交わした。

死と取っ組み合うという選択

一九八三年の暮れになっても、孫の病状はあいかわらず一進一退を繰り返すだけで、いっこうに回復には向かわなかった。孫は焦った。そのころ、入院している部屋に父親三憲から電話が入った。

その声は、心なしかはずんでいた。

「正義、もしかすると治るかもしれんぞ！」

「どういうことですか」

「さっき見た週刊誌に載っていたぞ」

三憲の話によると、虎の門病院にいる熊田博光という医者がアメリカの医学界で、これまでになかった肝炎の治療法を発表したと書いてあるという。

三憲はつづけた。

「おまえも、熊田先生に診てもらえ」

が、孫は顔をしかめた。

「でも、ぼくはいまこの病院でお世話になっているんです。命をあずけているんだから、そんなにコロコロと病院を変えるわけにはいきませんよ」

「なにを言っているんだ。それで何年たつ。いろんな可能性をためしたほうがいいじゃないか。駄目でもともとだ。診てもらうだけ診てもらったほうがいい。どんな先生が治してくれるかわからんだろう」

孫は三憲の意見にしたがった。

数日後、虎の門にある虎の門病院に熊田を訪ねた。

虎の門病院肝臓内科の熊田博光の前で座っている孫正義の両手は、膝の上に行儀よく置かれていた。

しかし、その両手で支えている肩は力なく落ちこんでいた。

熊田は、カルテを机に置いた。

「e抗原の数値が二・二六。かなり高いですね。簡単にいえば、肝臓の血液中に二六〇万匹の活動性ウイルスがいるわけです。こいつを退治しないことには治りません」

「はい……」

返事をする孫の声は暗かった。

熊田は、ひとつひとつ丹念に説明していった。

孫はほとんど口を結んだままだった。自分からなにも聞こうともしない。不安を口にするわけでもない。

熊田は、机の上に置いたカルテに眼を落とした。

（精神的に、かなりまいっている。よほど切羽詰まっているのだろう）

カルテには、孫のこれまでの病状や治療状況が書きこまれていた。

孫は、一九八二年春にB型肝炎が発見されてから某大学病院に一度入院した。その後、e抗原の数値が下がったために退院したものの、九月にはふたたび入院していた。その間には何度か肝臓の精密検査を受けている。きっと、インターフェロンをはじめとしたさまざまな治療も受けてきたのだろう。しかし、いっこうに治癒する気配はない。

熊田は、B型肝炎の患者を多く診てきた。たいてい、どんな人でも表情は暗かった。孫の場合、暗いばかりでなく、なんとしてでも一筋の光を見出そうと必死にあがきまわっている悲壮感のようなものが漂っていた。

熊田は、孫の眼をしっかりと見据えた。

「安心してください。ぼくが見つけ出したステロイド離脱療法は、治療条件が合えば七割から八割が治る。短い期間にホルモン剤であるステロイド剤を患者に投与することで免疫力を抑える。その後、ステロイド剤を投与することをやめると、一気に免疫力がつくんです。その免疫力でe抗原を駆逐する」

「……」

「かならずよくなります。チャレンジしてみましょう」

孫はおそるおそる聞いた。

「先生は治す自信があるんですか」

「虎の門病院は、肝臓の患者だけを専門に診ているスタッフが揃っています。肝臓病に関しては自信を持っています」

孫は迷った。不治の病と言われている肝炎がほんとうに治るのだろうか。治ればこれほどうれしいことはない。しかし、治らなければふたたび自分は奈落の底に突き落とされるに違いない。しかもいままで治療してもらった病院にも申し訳ない気がする。さすがに臆病になっていた。

これまで冷静さをよそおっていた熊田の表情が、にわかに微笑みをたたえた。

「どうです。ひとつ、わたしたちに賭けてみてはくれませんか」

孫は、なにか背中を後押しされた気分だった。

いま診てもらっている大学病院では決定的な治療法はないと言っていた。体力をいかにもたせるか、命をいかに引き延ばすかしかないと言っていた。ところが、熊田は八〇%は治るとはっきりと口にしている。

（座して待つか、一発勝負に賭けるか……）

たとえ治らなくても、ただ死と向き合っているだけなら、とにかく死と取っ組みあってみるべきだ。

「時間はどんなにかかってもかまいません。先生にすべておまかせします」

孫は、いったんいま診てもらっている大学病院にもどった。

大学病院には、熊田のもとに行くことはいっさい口にしていなかった。が、転院すると決めた以上、これまで世話になった病院には正直に話しておかなければならなかった。

孫は担当医に言った。

「ぼくの命です。だからそう判断しました」

孫が虎の門病院川崎分院に入院したのは、一九八四年三月一三日、春が間近に近づいているのを感じさせる、雲ひとつない日のことだった。

本格的な治療は三月一七日から行なわれた。

ステロイド剤を投与するのをやめたあと、孫の肝臓に巣くっているe抗原はみるみるうちに減っていった。孫のなかで目覚めた免疫力がe抗原と戦い、殲滅していったのである。それは明らかに数値にあらわれていた。

が、孫の表情はまったく冴えなかった。

診療室で数値が下がったことを報告されても、うつむきかげんのままひと言ふた言口にするだけでほとんどしゃべらない。

熊田が個室になっている孫の病室に行っても、いつもカーテンを締め切り、なかで黙々と本を読んでいた。それほど余裕がなかった。二年近くの間、どんな治療をほどこしても一進一退を繰り返してきただけに、熊田の治療に対しても懐疑的になっていたのかもしれない。

五月のゴールデンウィークが明けたころ、孫のe抗原の指数は、正常のほぼ倍ほどの数値にまで下がっていた。ほぼ二ヵ月で、孫の肝臓をむしばんでいたe抗原は壊滅していた。

孫ははじめて熊田に聞いてみた。

「先生、うまくいきそうですか」

熊田の経験からいえば、これほど順調に数値が下がってくれれば、ほとんど回復すると見てよかった。

「うまくいくよ」

「そうですか……」

熊田の前で、はじめて孫が微笑んだ。

竜馬がゆく

孫は、暗い思いを振り切るようにひとつの時代小説を手にした。司馬遼太郎原作『竜馬がゆく』だった。中学のときに読んで血湧き肉躍ったあの作品である。

ひと勝負賭けて、いまや命の灯し火がいつ消えるかというときに読む『竜馬がゆく』は、将来は明るいと信じつづけていた思春期の孫が読んだときとはまるで印象が違った。

しかし、主人公・坂本龍馬の痛快さ、すがすがしさは少しも変わらなかった。

龍馬は、保守的な土佐藩に見切りをつけ、脱藩する。脱藩は死罪で、罪は親類縁者にまでおよぶ。龍馬を育ててあげた次姉乙女は離縁となり、もうひとりの長姉お栄は自害している。龍馬は北辰一刀流免許皆伝の腕を持ち、千葉道場の塾頭である。土佐に道場を開こうと思えばいつでもできた。が、一介の剣術師で終わる人生には満足できなかった。

龍馬は、表向きは攘夷論者であったが、勤王志士として名を馳せた同藩の武市半平太とは一線を画していた。龍馬は、漠然とながらもっと大きなことを考えていたのである。

龍馬は船が無性に好きで、ペリーが来航すると、厳重な取り締まりのなかを潜り抜け、浦賀まで見物に行ってしまう。この大きな時代の動きにどう乗るかだけを考えていた。

孫も同じ考えであった。アメリカ留学を決意したのも、ただアメリカが見たかっただけである。

孫は、やはり好感を持った織田信長と龍馬をくらべてみる。事業ということからいえば、龍馬よりも信長のほうがはるかにロマンと創造性に富んでいるように思われた。信長は何事も、天下を取るというひとつのビジョンのもとに戦略的に動いている。

しかし、そんな信長も、その志が織田家を栄えさせるという私利私欲の延長線上から逃れることはできなかった。

一方、龍馬は、私利私欲とかエゴイズムといったものよりも高い次元で新しい時代をつくろうとしていた。もともと人間の上に人間がいるというのはおかしい。人間がいろんなものに縛られるのはおかしいという根本的な問題から物事を発想している。

明るくさわやかで、自由に生き抜く龍馬にいっそう惚れこんだ。

孫は、この小説を読むことによって、真っ暗な闇に一筋の光を見出した。

(そうか、人生というのは長さじゃない!)

なにに命を捧げるか、だ。ひょっとしたら、おれは五年よりも長く生きられるかもしれない。六年かもしれない、いや八年、もしかすると一〇年かもしれない。少なくとも、龍馬のように人の手にかかって、ある日突然死ぬようなことはない。じわりじわりと死んでいくんだ。

その間には、自分の理想をほかの後継者に言い残してバトンを手渡すこともできる。限られた人生を思い切り生き抜いてやる。たかが命じゃないか。

一筋の光は一気にふくれあがり、まわりの闇を吹き飛ばした。

「よしっ！」

孫はベッドから起き上がった。

これまでのように、前向きな気持ちになってきた。

□

もし助かって自分の一生を振り返ったとき、あれほど本を徹底して読んだ時期はないと思えるほど本を読破してみよう。大学時代には勉強できる幸せをつねに感じていた。発明や試作機づくり、商売の拡張などで教科書を読みこむことはあったが、小説などを読むことはほとんどなかった。そんな時間がなかった。いまは絶好の機会だ。飽き飽きするほどあらゆる本という本を読んでみよう。

しかも、経験のない大学生時代の読書とは違い、社会に出て経営者として修羅場をくぐっている。読書が観念的なものとして頭に刻みこまれるのではなく、生きたものとして血肉となっていく。めざすものが見つかったとき、孫はいままでになかったエネルギーが体中にみなぎるのを感じた。不思議なものだ。急に楽しくなってきた。

病室に置ききれないほどの経営書や歴史書、戦略書といったあらゆるジャンルを並行して乱読しまくり、闘病中に読んだ本の数は、およそ四〇〇〇冊にもおよんだ。

それまで、突っ走るばかりで、じっくりと自社の財務諸表に目を通す暇さえなかった。

（神が与えたもうたいい休息なのだ。この際、じっくりと財務諸表も見て、会社全体の経理面をじっくり研究し、二一世紀の戦いに備えよう）

孫の二乗の法則

孫は、病院のベッドの上で、退院したあとどのような経営方針でのぞむか、経営法則としている「孫の二乗の法則」もつくった。

自分の名と、自分の尊敬している中国の兵法家「孫子」の孫を掛け合わせ、二乗にした法則である。

一　流　攻　守　群
道　天　地　将　法
智　信　仁　勇　厳
頂　情　略　七　闘
風　林　火　山　海

一流攻守群は、孫の言葉である。

「一」は、まず、何事も一番でなくてはならない。

「流」は、流れに逆らってはならない。

「攻」と「守」のバランスがたいせつだ。

「群」は、単品で勝負してはならない。絶えず全商品および事業部門との関連における群として考えよ、という意味である。

二行目の「道天地将法」と三行目の「智信仁勇厳」は、「孫子」の兵法から引用した。

四行目の「頂情略七闘」も孫の言葉である。

「頂」は、事を起こすにあたって、小さなところ、つまり山麓からではなく、山の頂上から見下ろすように全体を見なくてはならない。

「情」は、孫が日本ソフトバンクを興すときに四〇もの選択肢のなかから選んだときのように、あらゆる情報を集め、検討しなければならない。

「略」、すなわち戦略から選ぶべきだ。

「七」、しかも七割以上の勝算がなければ「闘（戦）」いに出るな、という意味である。

五行目の「風林火山」は、武田信玄も旗印に使った「孫子」の有名な言葉だが、この最後の「海」は孫の言葉である。

「海」というのは、戦いに勝っても、勝ちっぱなしでは駄目だ。一度、海のように呑みこみ、平らにして治める。そうしないとふたたび荒れ、戦いが起こる……という意味である。

一〇億円の借金

孫は、一九八四年六月九日、ついに虎の門病院川崎分院を退院することができた。が、主治医の熊田が完全に治り切ったと判断したのは、それから一ヵ月後のことだった。

退院すると、まずは週に三、四日だけ出勤することにした。体力が回復するまで待つといった悠長なことはいってはいられなかった。

二年以上、溜めに溜めていたものを一気に爆発させなければおさまらなかった。

経営会議で発言した。

「将来、かならずコンテンツ（番組ソフト）の時代が来る。そのなかでも、データベースが鍵を握る。いまから種を蒔いておくべきだ」

役員たちは、猛反対した。

「それは、日本ソフトバンクの事業領域とは違うのではないか」

孫がどんなに説得しようとも、大勢が変わることはなかった。

「そうか」

孫は言った。

「それなら、ぼく個人のリスクでやってみよう。もしみなさんが言うように立ち上がらなかったら、ぼく自身で赤字をかぶればいい。立ち上がったら、ぼくは利益はいらない。資本金そのもので日本ソフトバンクに買い取ってもらう。資本金そのもので買い取れば、日本ソフトバンクがはじめからやったのと変わらない。それならどうだ」

役員のひとりが言った。

「そこまで言うなら、日本ソフトバンクにも損になる話でもないし、いいのではないか」

孫は資本金一億円を投じて、データネットを設立した。

ただし、データネットの仕事は夜にすると決めていた。昼間は日本ソフトバンクでの仕事をこなした。回復してから、いきなり二つ分の仕事を抱えたのである。

孫は、ショッピングなどの情報を満載した「TAG」という雑誌を創刊した。コンピュータでデータベースをつくりあげ、情報提供は雑誌をはじめとしたペーパーメディアで出すことにしていた。

ところが、「TAG」はまったく売れなかった。立ち上がりからいきなり一億円もの赤字が出た。

その後、広告宣伝にも力を入れた。しかし、三ヵ月たっても上向く気配はまったくなかった。

データベースといえば、NTTのキャプテンシステムが出たばかりで、それほど普及はしていなかった。端末も全国に五万台設置されているくらいでしかなかった。

デジタル情報社会はかならず来る。孫にとっては、データベースは一〇年、二〇年も先を見据えた戦略にもとづいた展開のひとつではあったものの、データベースを活かし切れる時代はまだ先のことであった。受け入れられるまでには時間がかかった。

孫は、社員たちに告げた。

「もしも、六ヵ月目、つまり六号を出しても駄目なら廃刊にする」

孫をはじめスタッフたちはさまざまなアイデアを出し合った。

それでも、半年たってもなお好転しなかった。孫はついに廃刊を決めた。

「残念ながらこの号で廃刊にする。しかし、債務はぼくがすべて責任を持つ。みんなには迷惑をかけない」

それまでの半年間で六億円もの赤字を出し、残務処理に四億円を費やした。孫は、締めて一〇億円の借財を背負うことになった。社員たちはみな孫がかぶった借金の額を知っていた。文句を言うものはひとりとしてなかった。

孫は、新宿区納戸町にある家にもどると、めずらしく妻の優美の前で溜め息をついた。

「大変なことになった。一〇億円もの赤字を背負ってしまったよ」

「え、一〇億円も……」

「日本ソフトバンクもやっと一億円ほどの黒字が出はじめたばかりだ。その会社に迷惑をかけることはできない。ぼくが持っている日本ソフトバンクの株式を売却しなければならないかもしれない。娘たちも、私立の幼稚園ではなく公立の幼稚園に、家ももっと家賃の安いところに引っ越さなければならないかもしれない。この借金は一生かけても払わなければならない」

病気が癒えたと思えば、今度は抱えきれないほどの借金……。一難去って、また一難。妻の優美から見ても悲壮感が漂っていた。

が、孫はあきらめていなかった。

（なんとか一〇億円の借金を返済する方法はないものか）

例によって、脳味噌がちぎれんばかりに考えた。

発明という原点回帰

一〇億円の借金の返済に悩む孫は、ふと思い立った。

（原点に返ってみよう）

孫の事業家への道のはじまりは発明であった。そのときでさえ一億円を手にすることができた。いまはさらに事業家としての眼もかなり確かなものになっている。

孫は優美に言った。

「一〇億円くらい稼げる発明をしてみせる！」

孫は意気込んで発明品を考えはじめた。ところが、二日たっても三日たっても、一〇億円を稼げそうな発明品は思いつかない。

孫は視点を変えてみた。

（どんなところにその発明品を持ちこめば、一〇億円を稼げるだろう）

かといって、いくら発明をしても金を持っている人たちにメリットのあることをしなければ儲けにはつながらない。事業として発明をするのであれば、マーケットサイドから考えなければならない。どんなすばらしい発明だとしても、小さな業界の小さな会社相手の発明では到底一〇億円は無理だ。もっと大きな業界で大きな企業を相手にできるようなものを考え出さなければならない。

日本一大きな企業はなんといってもＮＴＴだ。しかし、ＮＴＴは電電公社時代から考えても一〇〇年もの歴史がある。そんな企業にそれほど大きな開発分野があるとは思えなかった。

では、どうするか。孫はNTTに対して旗をあげた新電電に眼をつけた。一九八五年四月に電電公社が民営化される。電電公社が独占していた電話サービスに民間会社も参入することができるようになった。第二電電、日本テレコム、日本高速通信といった会社が名乗りをあげていた。新聞記事によると、それらの新電電は開業に向けて年間に一六〇〇億円もの投資をするという。

孫は考えた。

（新電電の人たちは、なにを欲しがっているだろう……）

なんらかの形で問題点を解決していけば、一〇億円から二〇億円は投資するに違いない。新電電の資料を取り寄せた。

（このままだったら、ぼくが客であっても使わないな）

新電電は、設備を整える一方で顧客獲得に動いていた。営業マンが足を使ってNTTよりも電話料金が安くなるという触れこみで顧客を集めているという。

しかし、安い料金の回線を使うためには、相手先の電話番号の前にさらに四桁の数字を回さなくてはならない。わずか四桁でも使う側としてはダイヤルするのが面倒くさい。

さらには、いくら市外電話が安くなるといっても、地域によっては新電電の回線がつながっていなかったり、回線がつながっていたとしても新電電を使うよりもNTTを使ったほうが安い地域もあった。

新電電に入会しても、顧客は電話をかけるときにNTTと新電電三社の回線のうち、どれがもっとも安いかをわざわざ調べなければならなかった。そのわずらわしさをとりのぞかないかぎり入会者は増えないのではないか。

また、会社が法人入会したとしても、その会社の社員一人ひとりにはなんのメリットもない。会社の電話料金は会社で払ってくれる。ＮＴＴの回線を使おうが、新電電の回線を使おうが、自分たちの懐が痛むわけではない。

はじめのうちは経理や総務の人たちが口やかましく新電電を使うように指導するために、四桁多く回して市外電話をかけるかもしれない。だが、二、三ヵ月もすればまたもとにもどってしまうだろう。会社でも新電電の回線は使われなくなる。たとえ法人契約は取れたとしても、それに比例した売上げをあげることはできないだろう。

孫はにんまりとした。

（ということは、新電電にとってのデメリットであるダイヤルを多く回す面倒や、どの回線が安いかを探す面倒をとりのぞけば、新電電は顧客を確保することができるはずだ）

これまでの電話番号の前に四桁を回さなくても、これまでどおりダイヤルすれば自動的に新電電会社のうちもっとも安い回線を見つけだして接続する。そんな機能を持った電話にとりつけることのできるアダプターさえあれば問題は解決する。

つまり、アダプターをつくりあげれば新電電からかならず一〇億円から二〇億円の売上げをあげることができる。

□

孫はアイデアを考えつくや、特許事務所に連絡した。

「このような機械があるかどうか、調べてください」

事務所はただちに調べてきた。

「つくられていません。すぐに特許の出願書を出してください」

孫は、その日一日で細かなアイデアを書いた特許出願書を十何件分書き上げた。

一方では新電電の幹部に聞いた。

「新電電の四桁回すのは面倒くさいですね。新電電にとってはそれをどう克服するかが競争に勝ち抜くポイントとなりますね」

「そうなんだ。うちは、○○××という四桁を回さなくても、受話器に四桁だけを発信する簡単なブザーのようなものをつけるようにしようかと思っているんだ」

「しかし、それではどこからどこまでがNTTが安くて、どこから先が新電電が安いかといったことはわかりませんね。ましてや、ほかの二社も合わせればより複雑になりますね」

「それは早見表をつくるしかないな」

「そういうのをいちいち使う人たちは見ますかね」

幹部は聞いてきた。

「孫さんにはなにかアイデアでも?」

「アイデアはあります。でも、秘密保持契約書にサインをしてもらわないと詳しい話はできません。秘密保持契約にサインしてもらえるならお教えしましょう」

孫は詳細を紙に書いて説明した。

「二ヵ月半でつくってみせます」

約束の二ヵ月半後、孫はアメリカにもなかった世界ではじめてのアダプターをついに完成させた。

音声つき電子翻訳機をシャープの佐々木のもとに持っていったときと同じように、アダプター試作機を風呂敷に包んで新電電まで持っていった。

新電電の技術責任者は言った。

「できたのかい」

「ええ、できました」

孫は風呂敷包みを広げた。

責任者は眼を剥いた。

「おい、いったいなんだ。この配線の化物みたいなのは」

試作機はすべて手づくりだったため、プラグが角のように突き出て、どこがどこにつながっているのかわからないほどにこんがらかり、ワイヤーはフォークで巻き寄せたスパゲッティのようにぞんざいに巻かれていた。

孫は黙ってアダプターを電話機にとりつけた。

「では、見ていてください」

孫はプッシュ式のダイヤルを押した。アダプターは信号を認識すると、自動的にどの回線がもっとも安い回線かを選び出し、その回線に回す四桁の番号を電話番号の頭につけて回線につないだ。次に、ダイヤルパルス方式の古い黒電話にもつないで全自動で新電電につながることを証明してみせた。

さらには、料金体系が変わったときにも全自動でホストコンピュータ側ですべて操作すれば、電話回線を通じて端末を自動的に書き換えることができる仕組みになっていた。

孫は、当時電話の最先端の技術者でさえ考えもつかなかったことを実際に試作機をつくって実証してみせた。

新電電の技術責任者や、いっしょにいた営業の責任者たちは、溜め息まじりに声をあげた。

「これはすごい。しかも、こんなにコンパクトにできたなんて。これなら四桁を余分に回さずとも安い回線に回すことができる」

孫のアイデアを採り入れた新電電はその客をかならず固定化できる。まさに新電電の経営の鍵を握る発明であった。

孫がつくった自動的に安い回線を選択する機械「ＮＣＣＢＯＸ」は、最初に話を持って行った新電電では結局類似品をつくるだけに終ったが、別の新電電が買い取ってくれた。ＯＥＭ契約を結び、そのブランドをつけて販売した。

さらに、第二弾としてワンチップ化にも成功し、電話機や交換機、ＦＡＸにも内蔵できるようにした。

孫は一〇億円の赤字を埋めることができ、これまでの累計で二〇億円以上の利益をあげている。

このアイデアを活用しアダプターの取りつけ合戦をした新電電二社は、当初の事業計画よりかなり早く、サービス開始早々にして黒字になった。なお、この孫の特許出願は、知的所有権先進国のアメリカでは数件の特許権が成立した。

はじめて見せた涙

日本ソフトバンク本社会議室での経営会議で、役員のひとりが資料を手にしながら強い口調で言い切った。

「この際ですから、出版事業部を廃止したほうが、のちのちのためにいいかと思います」

日本ソフトバンクが、事業の拡大にともなう事業部制を敷きはじめて半年がたとうとしていた。その間、日本ソフトバンクの柱ともいうべきソフト事業部と出版事業部のうちの出版事業部の業績がみるみるうちに下がり、赤字に転落していた。損金はおよそ二億円。その数字は、日本ソフトバンクの業績を十分に下げていた。

出版事業部を今後どうするか。このことはこの日の経営会議でもっとも重要な案件となっていた。

会長である孫は、社長の大森康彦と隣り合わせに座り会議の行方を見守った。

会議の大勢は、出版事業部という重荷を切り捨て、ソフト事業の推進力を高めたほうが得策であるという意見に大きく流れた。

大赤字を出した責任者である大森によって新しく任命されたばかりの出版事業部長までもが、さも当たり前のように言った。

「出版事業はどんな手をつくしても見込みはない。あきらめたほうがいい」

その発言は、むしろなんでこんなボロカスの事業をおれがやらされなくてはならんのだと文句を言わんばかりである。

孫は、発言する役員たちを射るような眼で睨みすえた。ぎりぎりと奥歯を噛みしめていた。

(やすやすと切り捨ててくれるじゃないか)

いずれデジタルが次の時代のパラダイムシフトとして一気に立ち上がってくる。そのときにかならず出版もそのひとつの柱となる。

孫にとっては、日本ソフトバンクの事業部どれをとっても心血注いだ結晶である。その事業を切り捨てることはみずからの手でみずからの肉を削ぎ、みずからの骨を断つのと変わらない。とくに出版事業は、書籍の大手取次であるトーハン、日販、さらには電通や大手コンピュータメーカーNECまで巻きこみ、苦労して苦労して立ち上げたものである。より強い思い入れもあった。

孫は、ついに口火を切った。

「出版事業を切るのは、なにがあっても反対だ」

大森をはじめ役員たちがいっせいに孫に視線を向けてきた。

孫はさらに吼えた。

「出版事業部門は一年前までは立派に黒字を出していたじゃないか。事業形態が悪いわけではない。マネージメントの手法が悪いだけだ。出版部長が担当したくないというのなら、おれが担当しよう。立派に立て直して見せる。しばらく時間をくれ」

孫は、みずから出版事業部長に就任し、陣頭指揮をとることになった。

孫には持論があった。

(思いがまずありきだ。どうしても黒字にしなければならない、スタッフ一人ひとりが強烈にそう思えば、アイデアはいろいろと浮かんでくるものだ)

漠然とではなく、具体的にどうすればいいのかも考えていた。

□

孫は、出版事業部立て直しに向けて執念を燃やしていた。

さっそく編集長クラス、経理関係者を集めた。

橋本五郎はこのとき出版部の一部長であった。病気の孫のかわりに大森が社長に就任してから、窮屈で仕方がなかった。出版事業部の部長になったのはいいものの、その上に局長がいる。さらにその上に出版事業部長がいた。すべてを自分で決定することができなかった。

橋本が担当している「Ｏｈ！　ＰＣ」は黒字だったが、もうひとつの雑誌は赤字になるか黒字になるかの線上にいた。あと六誌が深刻な赤字にうめいていた。

孫は、橋本らに詰め寄った。

「なぜこんなに赤字を出したのか。自分たちが直接タッチしていないから関係ないとは言わせない。同じ出版事業部のものとして考えてほしい」

さらに言った。

「赤字を解消しなければその雑誌は廃刊にする。とにかく、販売部数が少なければコストを削減するしかない。入ってくるものに出ていくものを合わせる。まず、それをするのが確実だろう。これからは、利益管理はすべて編集長にやってもらうことにする」

そう言うと、孫はひと呼吸おいた。

そして言い放った。

「まずはコスト削減のために、人員削減を断行する」

橋本らは顔を見合わせた。

ひとりが立ち上がり、食らいついた。

「それは、これから努力しても業績が上がらないときにこそするべきではないですか。いきなりなんてそれはないでしょう」

しかし、孫はきっぱりと言い切った。

「いや、ここでやるしかない」

「利益が上がればそれでいいのか！　社員たちは、駒にすぎないのか」

孫も真っ向から対峙した。

「おまえたちはなにを言っているんだ。自分が生み出した子どもたちが血を流しているのを見て、悲しがらない親がどこにいる！」

が、橋本はじめその場にいたものたちは聞く耳を持たなかった。

「話にならん！」

その場を立ち去ろうとした。

その背中に孫が浴びせかけた。

「話が終わってもいないのに、なんで出て行くんだ！　どうしても出て行くなら出て行ってもいい。出て行くなら二度と帰ってこなくていい。そしたら、これが最後の別れになるかもしれないので、いまここでとことん話をしようじゃないか」

橋本はその言葉に、頭から水をぶっかけられた気がした。

（いまのような言葉は、なかなか言えるものではない）

たいていの人は、決裂したときには頭を冷やす意味もふくめて日時を変えて仕切り直して話をする。

ところが、孫はなんのためらいもなく相手を席につかせようとしている。

孫は、みなが座ったのを見届けるとつづけた。

「自分の案が過激だというのであれば、こうしようではないか」

より歩み寄った案を提示してきた。

橋本は感心した。

(この人は、ほんとうにおれよりも年下なのか)

橋本は、孫よりも干支でいうとちょうどひと回り、一一歳の年の差がある。しかし、そんな年齢差など感じさせない。喧嘩の仕方、喧嘩の呼吸がわかっている。

孫は言った。

「みんなが誤解すると困るから言っておく。ぼくは守りばかりの人間だと思われると困る。いまは赤字だから経費を削減しろと言っているだけだ。これが黒字に転換したら、どんどん積極的にやる。それは信じてくれ」

□

孫は、週に一度はかならず出版経営会議を開いた。これから組む雑誌の内容を詰めた。

孫は、橋本五郎らに言った。

「事業部の業績は、悪いときでもいいときでも事業部員すべてが知っていたほうがいい。悪かったらよくすればいいんだ」

孫は、橋本ら編集長たちに利益管理をすべてまかせた。橋本ら編集長たちが小さな事業者になるようなものである。

編集長たちはおもしろい誌面をつくることには熱をあげるが、利益をあげることに関しては関心が薄い人が多い。橋本もどちらかというとそのタイプだった。彼らにとっては、編集長たちに利益管理をまかせるのは革命的なことであった。

孫は徹底していた。

「利益を出さなければ、新しいことはできない」

毎週一度開かれる経営会議では、橋本をはじめとした編集長クラスは粗利や利益をはじめ細かいところまで追及された。編集長たちは、毎日孫から業績について詰め寄られている。そんな気にさえさせるほど孫の追及は厳しかった。

さらに、毎月一度朝礼でどれだけの利益をあげているか報告した。ひとつひとつの雑誌から出版事業部全体まですべて事業部員にオープンにした。一般企業でそれだけ業績をオープンにしたところを橋本は知らなかった。

さすがに孫のやり方についていけず、嫌気がさして辞めていく編集長たちも何人かいた。

橋本は、孫の号令のもとで企業に広告掲載を依頼したり、削れるコストは削ったりとできるだけ出版事業部再建のために動いた。

半年後にはほとんどの雑誌が黒字に転化した。出版事業部も黒字となった。雑誌ではあとひとつだけが赤字だったものの、もう一歩で黒字に転化するために潰されずにすんだ。

孫は、一九八六年の暮れ、出版事業部の忘年会であいさつした。

「みんな、よくやってくれた。目標どおり出版事業部を黒字にすることができた」

そう言ったあと声を詰まらせた。孫が涙を流している。だれもがはじめて見る孫の涙であった。

みんなが孫に対して惜しみない拍手を送った。

孫は、出版部門が黒字になると一気に攻めに転じた。

表計算をはじめとしたビジネス専門のコンピュータ雑誌から、さまざまな雑誌を発行した。

橋本は、孫に反対したことで止めろと言われたことはなかった。

「やってみろ」

かならず後押ししてくれた。橋本はコンピュータのことを知ってもらうための絵本も出したりしてみた。

孫は橋本に言った。

「ソフトバンクの出版事業はいまのままでは終わらない。やりようによっては出版界で名のある出版社にまで大きくできる」

さらに言った。

「出版事業部とは会議でもなんでもやり合えるところまでやった。出版事業部の本音はわかっている」

□

孫は、一九八六年二月二八日、体力を十分に回復し、社長に返り咲いた。

（これから新しい乱世を走り抜くぞ）

孫は、大森康彦に約束どおり社長と会長を交代してくれるように頼んだ。が、大森ははじめのうちは抵抗した。しかし、結局は社長を退き会長に就任した。

そして、社を去っていく。

孫は、いま大森との関係について振り返る。

「ぼくは、あの当時ソフトバンクの未来は明るいと心底信じていた。でも、実際は段ボールだらけの小さな会社にすぎなかった。大森さんはそんなところによく飛びこんで来てくれた。客観的に見れば、彼は大変なベンチャースピリットの持ち主だったのではないかなと思える。それに最近、大森さんは意味のあることを言っていたなと思えるようになった。そのときはぼくは未熟でわからなかった。大森さんのやっていることは見かけばかりとか、無駄遣いだとしか思えなかった。でも、大森さんはとくに監査でのトラブルとか、社員の不正が起きないようにということで組織とか仕組みをつくっていた。けっして無駄なことではなかった。日本ソフトバンクの発展には、とっても大きな意味があって大いにプラスになった。ありがたかった」

第三章

彼を知り、己を知れば、百戦殆うからず

——M&Aでの世界戦略

打倒、ＴＲＯＮ構想

孫は、一九八六年秋、通産省と文部省がつくったコンピュータ教育開発センターの審議会に出席した。小学校、中学校、高等学校など学校教育の現場で使う教育用コンピュータシステムの開発の調査研究機関であるコンピュータ教育開発センターは、その年七月に設立された。すでに、公のＯＳ（基本ソフト）を選びだすためということで、内外のコンピュータメーカーに試作機を出すよう求めていた。

孫は、その席ではっきりと言った。

「そもそも、プロセスが許せない。ＴＲＯＮにばかり肩入れしているではありませんか」

ＴＲＯＮ（トロン）構想は、一九八四年に東大理学部助教授の坂村健が提唱したもので、ＴＲＯＮとは、「ＴＨＥ　ＲＥＡＬＴＩＭＥ　ＯＰＥＲＡＴＩＮＧ　ＳＹＳＴＥＭ」の略である。人間の行動に合わせ、複数の仕事を瞬時に手順よくコンピュータ処理しようという考え方にもとづく、万国共通の設計思想をめざす総合的なコンピュータシステムである。

各パソコンメーカーがつくっているパソコンに組みこめば、各メーカーによる操作性の違いや、互換性のないソフトは使えないといったパソコンの大きな欠点を解消することができる。

パソコンメーカーをはじめとした関連企業は、このシステムを日本人が考えたオペレーションシステム、日本が誇る「日の丸ＯＳ」として迎え入れた。九五にもおよぶ関連企業が参加し、計画推進母体であるＴＲＯＮ協議会をつくり、パソコンの心臓部にあたるＭＰＵ（超小型演算装置）の開発から、パソコン、大型コンピュータまで含めた規格統一、それらをつなぐ通信ネットワークの構築をめざしていた。

このように見ると、このシステムは一見よさそうだが、孫は、ＴＲＯＮコンピュータにはキナ臭さを感じていた。あまりにも「日の丸ＯＳ、日の丸ＯＳ」と旗を振りすぎている。日本で統一企画のコンピュータを使えば住みよい社会がやってくるなどと言っている。たしかに、それが世界の標準規格になれば、ＴＲＯＮはすばらしい発明となる。

しかし、発想の根源には、日本人がつくったものは正しく、外国人がつくったものは間違っているといった、島国日本らしい排他主義的な響きが「日の丸ＯＳ」の言葉には含まれている。

孫はつづけた。

「ＮＥＣさん、松下電器さん、東芝さん、富士通さんといったメーカーがこぞって試作機を提出した。松下電器さんをはじめとした数社は、ＴＲＯＮを標準装備した試作機、ＮＥＣさんはインテル製とマイクロソフト製を標準装備したものを出した。ところが、提出期限を守って試作機を出したのにもかかわらず、ＴＲＯＮ仕様でない試作機は受けつけられない。これはどういうことですか！

日本独自のソフトを使おうという官庁の意図が働いている。国外のものを受け入れようとしないその思想が間違っているし、そのケツの穴の小ささが許せない」

孫の発言に、審議会に出席していた通産省の役人は苦々しく思い、火を噴かんばかりに顔を紅潮させた。

孫は徹底的に攻めあげた。

「こんな馬鹿げた出来レースが、どこにあるんです。国民の税金で組まれた予算で、あとになって出来レースで選んだとわかったらどうなりますか。いまや、日本の国際貿易黒字の問題は経済摩擦となっているじゃないですか。かならずや国際問題に発展しますよ」

孫は、審議会が終わって帰ろうとしたとき、会場にいたある役人に呼び止められた。

役人は、苦虫を噛みつぶしたような表情で吐き捨てた。

「おまえは、通産省に出入り禁止だ！　二度と来るな」

孫はその役人を睨みすえた。杓子定規な物の考え方をする者は大嫌いだった。とくに、目の前にいる役人はもっとも官僚らしい官僚だ。新しいこと、グローバルな規模のことはやりたがらない。そのうえ始末におえないのは、頭の回転だけは早いものだから、さまざまな理由をつけて自己を正当化しようとする。その小賢しさに虫酸が走った。

□

孫はプロジェクトからはずされた。もちろん、ＴＲＯＮの技術を開発する企業に出される研究費も、日本ソフトバンクにはまわって来なかった。

（まあ、いいさ）

どこ吹く風と気にとめなかった。

が、このまま放っておくべきではない。孫は肚を決めた。

（ＴＲＯＮは日本を世界の流れから孤立させ、日本を滅ぼすことになる。遅れているコンピュータ業界がますます遅れていってしまうことになりかねない。潰すしかない）

一九八八年一月、文部省と通産省でつくっている外郭団体コンピュータ教育開発センターが、ＴＲＯ

Nを教育用パソコンの基本仕様とすることを決定し、TRONの推進者である坂村健と覚書を交わした。

その内容は、教育用パソコンの設計図にあたる仕様書の著作権に関するものであった。原著作権は坂村に属しており、その許諾を得てコンピュータ教育開発センターが発行するとの文章を明記することを決めていた。MPUの種類、キーボードや画面表示、フロッピーディスクの仕様、ソフトの互換性の要となるOS機能についても細かく決められていた。

孫は、それから間もなくアスキーの西和彦と坂村健とともにパネルディスカッションの席についた。

西が、まず発言した。

「最近のパソコンは、LSI（集積回路）の開発が主流となって、だんだんおもしろくなくなってきた。組織対組織というような図式ができあがっているため、個人レベルのクリエイティビティがなくなってきたのではないか」

坂村もまた同じような意見だったようである。西に賛同した。

が、孫は真っ向から異をとなえた。

「ぼくはまったくそうは思わない。ますます興味が湧いてきて、ますますエキサイティングになって、ますますダイナミックになっていっていると思う。パソコンは、これからいっそう社会に対して影響力を与える。大革命がはじまる。ぼくは、自分でハンダゴテを握ってちまちまといじりまわすことには興奮をおぼえない。そういう次元の話は、工作少年といっしょではないですか」

西や坂村には技術者的資質が濃い。一方孫は、あくまでも経営者的な立場から発言していた。憮然とする二人を横目に、持論を吐きつづけた。矛先をTRONに突きつけた。

「坂村さん、あなたが提唱しているTRONの大義名分、車のハンドルやブレーキと同じように、パソコンの操作性やソフトの互換性を統一するのはわかります。そして、アメリカの技術ばかりを受け入れていることに忸怩《じくじ》たる思いがあって、日本が開発した技術を広めたいという気持ちもわかる。それはひとつの正義です。ただし、狭い正義です。日本だけで通用して世界に通用しないのであれば、まったくの鎖国にすぎないではないですか。いずれ、世界の流れのなかのスタンダードで自然に統一されます。たとえば、マイクロソフトの製品がそのような形で受け入れられはじめているではありませんか」

坂村は、眼を吊り上げて食ってかかった。

「いや、マイクロソフトは商業主義で、それぞれのハードメーカーのご都合に合わせてつくっている。そんなことは起こりっこない！」

孫は、笑みを浮かべた。

「ぼくはあくまでも性善説なんです。人間の本性は善であると考えています。あなたのような性悪説ではない。世界のユーザーが統一性を求めているのだから、時代はその方向に流れますよ」

鎖国の危機

孫は、関係者に会うたびにＴＲＯＮの危険性を説いてまわった。

ところが、ＴＲＯＮへとかたむいた勢いは、孫ひとりの手ではなかなか食い止められなかった。その間にも、ＴＲＯＮの教育用仕様は着々と進み、一九八九年度からは教育用として全国の中学校で使われることが決まった。

一方では、アメリカの日本への締めつけは日に日に強くなっていた。コンピュータ関連では、日本国内での半導体市場のシェアのうち、二〇％まで海外企業に渡すように要求してきた、いわゆる半導体摩擦やスーパーコンピュータの問題も噴き出していた。

一九八八年には、アメリカ議会は、不公正な貿易慣行国への報復措置とその発動手続きを定めたスーパー三〇一条を制定した。その矛先は明らかに日本に向けられていた。

孫は、一九八九年に入って間もなく、ソニー会長の盛田昭夫を塾頭とする「盛学塾」が終わったあと、盛田に話しかけた。

「じつは、いまとんでもないことが起きようとしています。盛田会長は『日の丸ＯＳ』というのを知っていらっしゃいますか」

「なんだいそれは……」

孫は、パソナの南部靖之、ミズノの水野正人らとともに勉強会を開いていた。講師は盛田昭夫と京セラの稲盛和夫。盛田が講師のときには盛学塾といい、稲盛を講師として迎えるときには「盛友塾」と名づけていた。

孫は、ＴＲＯＮコンピュータのあらましを語ったあと、強い口調で言った。

「日本の国益を守るべき通産省が、政策として海外のコンピュータ製品を締め出そうとしています。これはまさに鎖国です。いまの国際状況にそぐわないばかりか、日本の技術が遅れてしまいます」

盛田は経団連にはたらきかけ、日本が世界で孤立しないように日夜努力していた。孫の言っていることをすぐに理解した。

「たしかにまずい。ぼくは、そんなことが行なわれているなんて、まったく知らなかった。おそらく、通産省の上層部も知らないのではないか。日本を大所高所から見ることができる人間ならすぐにわかることだ。きみは有力な媒体でそれを発表しなさい」

孫は首を振った。

「たしかに、そういう媒体で扱ってもらえればインパクトはあるかもしれません。でも、それはかえって通産省や文部省に恥をかかせることになるだけです。彼らは頭が固い。ますます依怙地になるでしょう。ぼくは、騒ぐことを目的としているのではなく、政策を転換させるのが目的なんです」

「じゃあ、どうしたいんだ」

「通産省のトップと真摯に話をすれば、きっとわかってもらえると思います」

「じゃあ、すぐに会いなさい」

「でも、ぼくはいま通産省から出入り禁止となっています。それに、ぼくくらいのレベルでは、通産省次官は雲の上の人で会えるわけがありません。会長の筋で会ってもらえる手立てをつくってもらえないでしょうか」

盛田は、深くうなずいた。

翌日、さっそく盛田から電話が入った。

「機械情報産業局長の棚橋祐治君に電話を入れた。彼も、ぜひきみに会いたいと言っている」

孫はその日の夕方、棚橋局長と会った。

棚橋局長は、あらためて孫から話を聞き眉をひそめた。

「こいつは、ちょっとやっかいですね。どうしたらいいでしょう」

孫は言った。

「ぼくに転換させるいいアイデアがあります。方法論については後日お話ししますから、ちょっと待っていてください」

「わかりました。では事務方については林という課長がいますので、そのものと話を詰めてください」

孫は、林良造情報処理振興課長と話を詰めた。

いよいよ通産省の幹部を巻きこみ、TRON壊滅へのレールが敷かれはじめた。

そんな矢先の一九八九年四月二八日、アメリカ通商代表部が各国ごとの貿易障壁を調査した「貿易障壁報告」を発表した。

日本に対しては、たばこ、アルミニウム、農産物、医薬品・医療機器、電気通信・無線・通信機器、自動車部品、流通制度など三四項目がヤリ玉にあげられた。そのなかのひとつにTRONも含まれていた。

孫が危ぶんでいたように、TRONを小・中学校に導入しようとしているのは、政府による市場介入だとする懸念を指摘していた。「貿易障壁報告」はスーパー三〇一条の参考となる。つまり、TRONは、スーパー三〇一条の対象となっていた。

孫は、日本の報道機関が発表する前に、その情報を手に入れていた。

（それ見たことか！）

孫が、林課長に電話を入れようとしたとき、林のほうから電話が入った。

林の声は上ずっていた。

「えらいことになりました」

孫はにやりとした。

「いえ、そうでもないですよ。このときこそ千載一遇のチャンスです。この機を逃したら、予算もなにもつけて動いている国家的プロジェクトを潰すチャンスは二度とないでしょう。スーパー三〇一条を楯にすれば、相手も矛をおさめやすい。これを口実に一気にＴＲＯＮを潰したほうがいいです」

「そうだ。きみのいうとおりだ」

通産省は、小・中・高校におけるＴＲＯＮ仕様を中止した。教育機関にＴＲＯＮが蔓延するのをまさに波打ち際で止めることができたのであった。

シンプルに見る

孫は、まだソフトが大型機向けばかりでパソコン用が少なかったころから、いずれパソコンが普及し、パソコン用ソフトも出回るのを予測してソフト流通を手がけた。

その狙いはずばり当たり、日本ソフトバンクはパソコンマーケットの成長とともに流通ビジネスを拡大してきた。が、ここにきて、ソフト流通業同士での戦いが熾烈となり、ソフト価格の値下げ競争にまで発展していた。そのあおりを受けたのである。

孫は、自分の社が扱っている商品ひとつひとつを、なにが利益をあげてなにが赤字を出しているのか、なにが原因なのかを細かく点検した。

孫は決断した。

〈流通は毎日が勝負だ。月次決算を見ても、一ヵ月前の数字ではなんの役にも立たない。その日その日

で決算をしたほうが、なにかと役に立つに違いない）

孫は、どこの企業でも行なっている月次決算を捨て、独自の日次決算をつくる作業にとりかかった。試行錯誤を何百回と繰り返しながら、ついに経営の革命ともいうべき日次決算のソフトをつくりあげた。決算作業は、社員ひとり当たり約三台割り当てられているパソコン網で、日々の売上げなどをはじめとしたデータを集めている。

これに加えて、担当者が一日に一度特別なデータを入力しさえすれば、会社全体の日次決算のための作業は終わる。

コンピュータに入力したデータは、さらにひと目でわかるようにグラフ化することにした。数字だけでは、なにが特徴か、あるいはなにが重要かが見えてこない。グラフにしてこそひと目で理解できるのだ。

孫はつねづね言っている。

「儲けを出すのはそうむずかしいことではない」

粗利－経費＝利益。利益をあげる公式はわずか一行ですむ。粗利以上に経費を使わない。この単純な原則だけを頭に入れておけばいい。その月の経費はいくらで、それ以上に粗利が上がれば利益となる。経費以下であれば赤字となる。赤字を出すのであれば、経費を削減するか粗利を上げるしかない。会社全体のあらゆる事業を見て答えを出そうとするからむずかしくなる。エリア、顧客、商品と個別にかぎって見ると、かなり単純になる。物事はシンプルに見ることが大事だ。

孫は、一〇人以下の単位の独立採算制のチームをつくった。一チームをあえて一〇人としたのも、それだけの人数であれば、だれにでも統率できると踏んでのことだった。

一〇〇〇人を使える社長は、比較的かぎられている。一万人を動かせるのは一流の経営者でないとできない。ところが、中小企業の経営者となれば、五人から六人は使っている。その人たちは、かならずしもバランスシートや資金繰り表を読めるわけではない。それでもなお、立派に会社を潰さずに経営している。七、八人を統率するのに特殊な能力はいらない。

その一〇人の事業チームごとに、売上高から原価や販売管理費、金利を引いた経常利益を毎日カウントするのである。さらにはグラフ化するようにした。

そのデータは、社員のだれもが自分たちのコンピュータを中央コンピュータに接続すれば見ることができ、ガラス張りとなっている。自分のチームがどれくらい業績が伸びたか。あるいは落ちたか。落ちたのはなにが原因なのか。社員は、グラフ化されたデータと睨み合いながら、どのようにして多くの利益をあげればいいかを考えることができる。

孫は、その検討結果をもとに次の行動を起こす権限を九人を率いるチームリーダーに与えた。予算から人事、事務所の場所までチームリーダーが決める。

なお、この制度が日本で初の「ストックオプション方式」の導入となっていく。

孫は自負している。

(わが社は、五万種類にもおよぶソフトを販売している。しかし、このノウハウの詰まったソフトだけは売らないぞ)

このシステムが動くには、三つの条件が必要である。

・業績や損益を一人ひとりがいつでも見えるようにすること。
・行動を起こす権限を持たせること。
・行動を起こした結果としての報酬を多く出すこと。

この三つが連動してはじめて回転する。

孫は、若い社員たちのかぎりない能力を信じている。

(だれにでも隠された能力や、かぎりなく伸びる能力がある)

脳細胞が一五〇億個あったとして、人間が実際に活用しているのはそのうちの七、八%、つまり一〇億から一二億個でしかない。残りの一四〇億個近くは使われないまま死んでいく。

やる気が出る仕組みをつくってまかせさえすれば、いま持っている能力を二倍から三倍に拡張できる。

日次決算により、流通ビジネスはみごと立ち直った。一九九四年三月期の連結売上高に占めるソフト流通の比率は八四%である。利益率は五六%にもおよんだ。

□

孫は、かねてから導入したいと考えていたインセンティブ制度の実施に踏み切った。利益を伸ばした社員たちがきちんとした報酬をもらえる制度である。極端にいえば、自分のチームが伸ばした利益分だけすべて報酬として渡す。

しかし、さすがにそれだけは、資金的な問題もあって社内で物議をかもし出した。

孫は、宮内謙ら幹部に説明した。

「三つのことを明確化しよう。ひとつは利益目標、ひとつは利益結果、そしてインセンティブ制度による利益配分。そのためには、一〇人という小さなチームにもソフトバンクがいくら儲かっているのかをいつでも見られるように、情報をオープンにしよう。そして、月次決算ではなく日次決算としよう。その日その日、まわりのチームがどれくらい儲けているかを見せることでお互いに競争意識も高まる。それがひいては会社の利益にもなるんだ」

孫のシステム改革は、宮内らがおどろくほどの効果をもたらした。宮内が統括する営業本部の社員たちは、一般企業の三倍はするのではないかというほど仕事をする。

宮内が入社したときの勢いと活気が、システム改革によって蘇ったのである。

孫も、社員たちに声をかけるようになった。

「無理するなよ。ほどほどにしておかないと体を壊すぜ」

が、社員たちは、自分たちのためにがんばって働く。報奨金としてなんと年間一億五〇〇〇万円ももらった四五歳の常務もいる。

そのようにしておけば、社員たちの仕事意識はグッと上がる。社の帰りに焼鳥屋に立ち寄り、上司の悪口を言うようなことはなくなる。日本ソフトバンクは社員たちにやる気を出させ、それを実行するかぎり利益が伸びつづけるシステムをつくりあげた。まさに、これこそ日本ソフトバンクの最大の財産である。

システム的孫流ゴルフ術

孫は、退院してまもなくゴルフをはじめ、のめりこんでしまった。

（どうせやるなら、本格的にやろう）

孫は、みずからの経営と同じくシステム的に目標を達成することにした。

ゴルフをはじめた最初の日に、まず目標を決めた。

（一年以内に九〇台で回るようになる。二年目には八〇台。三年目には七〇台で回り、かならずやパープレーを達成する）

一八ホールを回って、トータル七二で回れば、プラスもマイナスもないパープレーである。

孫と高校時代からの知り合いであった岩屋毅は、一九九〇年二月一八日の総選挙で初当選を果たして間もなく、孫とともに東京の芝公園近くのゴルフ練習場に出かけた。たまたま連絡をとりあったときに、いっしょにゴルフの練習をしようと約束したのである。

二人はゴルフ練習場の打席に隣り合わせで練習をはじめた。

岩屋はひとつボールを打ってどこに飛んでいったか確認すると、つづけざまにボールを打った。

岩屋は、ふと隣の孫に眼をやった。岩屋と同じに打ちはじめていたのに、まだボールはそれほど減っていなかった。孫は、ボールをひとつ打つとクラブヘッドをじっと凝視している。

「駄目だ、ちょっと芯からずれてる」

いま打った打ち方をちょっと変えて打ってみた。

今度は、まっすぐに飛んだ。

「うん、これは芯に当たっている」

そう言いながらヘッドを見つめた。

じつは、孫のクラブヘッドにはシールが貼りつけてあった。そのシールを貼っておけば、ボールがどこに当たったかが一目でわかるようになっているのである。

孫は、五球打つと別のクラブに替えて、また一球一球丹念に打っていった。

岩屋と孫は、ひと汗かいたあとベンチに座った。岩屋は、首筋に噴き出た汗を拭いながら言った。

「おまえは、ひとつひとつ丹念に打っているな」

「それはそうさ」

孫は晴々とした顔で言った。

「練習っていったって、ただやみくもに打っても仕方がない。おれは練習のメニューをきちんと決めているんだ」

孫は、打席に立つ前から練習のメニューは決めているという。そして、ひとつのクラブで五球ごとに打つか目標を決めて打っている。打てないときにはどうして打てなかったのか、クラブヘッドを見ながら考えるのだという。

孫はよく岩屋に言っていた。

「何事も脳味噌がちぎれるくらい考えるんだ」

つまり、そのことで頭がいっぱいになって、まさに発熱するくらいまでテンションを上げて、さまざまなことを考えなければならないと言うのである。そうしないと、これでいいと思ってもまだ無駄が残ってしまう。孫はゴルフでもなんでも、もっとも短時間に目標を達成するために懸命になって考えている。

しかし、孫が目標にしているパープレーで回るにはそれだけでは足りなかった。

ゴルフをする人たちの間ではよく言われていることがある。

「ハンディキャップがシングルになるには、仕事も家庭も捨てなければできない」

つまり、仕事も家庭も忘れて日夜ゴルフの練習に没頭しなければならないというのである。それほど、ゴルフは奥深いスポーツでもある。さすがに、孫にはそれだけの余裕はない。

孫は、ゴルフのうまい人たちに聞いた。

「だれのフォームがいちばんきれいなのか」

かなりの人が、スペインのセベ・バレステロスだと答えた。四大メジャーのうち全英オープン三回、マスターズ二回を制している世界屈指のプロゴルファーである。

孫はさっそくセベのビデオを買ってきた。三ヵ月くらいは、毎晩寝る前に一〇分間ほどかならずそのビデオを見た。いいスウィングとはどんなものかを自分の眼に焼きつけた。

さらに、いいフォームだと言われるプロゴルファーのビデオを何本も見た。そのうち共通項が浮かびあがってきた。

まず、軸がぶれない。それから、クラブのヘッドスピードをy、時間をxとした方程式であらわすと、y＝axの二乗になる。エネルギーの法則と同じだ。yが大きくなればなるほどボールを遠くに飛ばすことができるようになる。下手な人は、振りおろすときに力んでしまうから、ヘッドスピードがあがらず飛距離も出ない。つまり、クラブを振りおろすときのスタートはゆっくり。ボールの置いてある最下地点でヘッドスピードが最大限になるように振れば飛距離も出る。

そして、ゴルフボールに刻まれている二百数十個もあるディンプルと呼ばれる月のクレーターのようなくぼみのうち、ひとつだけに焦点を合わせる。

打つときに頭がぶれれば、体の軸がぶれてボールがあらぬ方向に飛んでいってしまう。ひとつのディンプルだけを凝視することで、頭を動かさないようにしたのである。

アイアンを打つときには真上のディンプルに、ドライバーを打つときにはやや右斜め上のディンプルに焦点を当てた。このようにして、じつにシステム的な孫流のゴルフ術を完成させた。

そして予定どおり一年目で九〇台、二年目で八〇台、三年目で七〇台を出した。

ネットワーク事業進出へ——日本ビジネスランド設立

孫は、ビジネスソフトが軌道に乗ると、さらにネットワーク事業にも手を広げることにした。一九八八年七月にソフトバンク・アメリカを設立していた。

（第一の狙いは、アメリカ企業向けのソフト、ハードを販売しているナンバーワン企業ビジネスランドだ！）

日本では、LAN（ローカル・エリア・ネットワークの略、構内情報通信網）を中心としたネットワーク事業はまだ発達していない。が、いずれは回線をつないだネットワークが当たり前になると踏んでいた。

LANは、オフィス内、ビル内など限られた範囲のコンピュータ同士を接続し、データをやりとりできるようにすることで、各種のサービスを実現するネットワークシステムである。

サーバーを経由して、LANに接続されているハードディスクやプリンター、モデム（アナログ通信回線を通じて、データ通信などを行なう信号変換装置）などをクライアントのパソコンから利用できる。電子メール、グループ・スケジューリングなどの各種のグループウェアも利用できる。

そしてビジネスランドと組み、そのノウハウを手に入れれば、LAN導入の兆しが見えてきた日本でどこよりも早く先陣を切ることができる。

孫は、一九八九年秋、ソフトウェア事業部商品部長の宮内謙、ソフトウェア事業部営業本部長の矢部孝行とともにアメリカに飛んだ。

孫は機内で宮内に話した。

「ビジネスランドの躍進の秘密は……」

ビジネスランドは、一九八二年に彗星のごとくあらわれ、創業以来毎年七〇%もの成長をつづけ、いまや年間二〇〇〇億円も稼ぎ出していた。

孫は、その躍進の秘密を四点あげた。

「LANの重要性に一番早く気づいた」

「徹底的な教育投資を行なった」

「マーケティング戦略がすぐれていた」

「営業マンをはるかに上回るSE（システム・エンジニア）などの技術者を擁し、トータルソリューションをユーザーに提供した」

孫は、ビジネスランド会長のデビッド・A・ノーマンと会うのを楽しみにしていた。

そしていよいよ本人と会った。

が、デビッド・A・ノーマンは素っ気なかった。「早く帰れ」と言わんばかりであった。じつは、ビジネスランドは独自で日本に進出することを画策していたのである。

孫は、それでも粘り、思いのたけを訴えた。ノーマン会長は、孫がおもしろいやつだと思えてきたに違いない。にやにやしはじめた。

孫は、ノーマン会長に打ち明けた。

「日本でも、LANのテクノロジー、製品を普及させていこうと思っている。そのためにアンガマンバスと手を組みたい」

ノーマン会長ならば、アンガマンバスの社長と知り合いのはずだ。紹介してもらえればありがたいと思っていたのである。

が、彼は大きく手を振った。

「アンガマンバスはやめておけ。それならノベルとつきあえ」

「ノベルってなんですか」

ノーマン会長はあきれたように聞いた。

「おまえは、あのノベルを知らないのか。パソコンLAN用OS（基本ソフト）で六五％のシェアを誇るネットウェアを開発・販売している企業だぞ」

ノーマン会長は、仕方ないなというように微笑みながら、ノベルについてあらましを話してくれた。

ネットウェアは直販ではなかった。卸業者を介して販売店で売っていた。日本的な流通経路をとっているという。

孫は身を乗り出した。

「それはいいことを聞いた。それはすばらしい。これまでノベルについては考えたこともなかった」

孫はその場で提案した。

「わたしたちと組んで、日本でノベルのネットワーク事業をやりましょう。日本のメーカーを集めてジョイントベンチャーをつくりましょう。日本の大企業にも資本参加してもらって一気に立ち上げたほうが、おたくにとっても利益になるはずです」

ノーマン会長は、さっきまでアンガマンバスと言っていたのに、なんと方向転換の早いやつだとばかりに苦笑した。

「考えてみよう」

孫は数日後、彼の自宅を訪れた。ノベル社長のレイモンド・J・ノーダを紹介してくれるというのである。

ノーマン会長は、夕食をともにしながらノーダ社長に孫を紹介した。

「おもしろい男だから一度つきあってみてくれ」

孫は、夕食のあとソファでくつろぎながら、ノーダ社長に日本でもネットワーク事業を広げていきたいことを話した。

ノーダ社長も、まだコンピュータネットワークが発達していない日本をこれからの市場として狙っていたらしい。孫の言うことにひとつひとつ大きく相槌を打った。

孫は、ノーダ社長からいい感触をつかんだ。いずれは手を組めるに違いない。

が、その場では、その話はあえて切り出さなかった。

孫は、ノベルについて綿密な情報を集めるだけ集めた。踏みこむ基準を成功率七割と決めている。八割、九割、それ以上を求めていてはかならず後手にまわる。むしろ、九割を求めるものは大成しないとさえ考えている。その業界ではナンバーワンにはなれない。

成功率五割、六割で勝負を賭けるものはその場では勝てるかもしれないが、長くはつづかない。ここ一番というときには、かならずといっていいほど敗れる。ほんとうに長く勝負をしつづけることができるのは七割くらいのところだ。

孫は、日本に帰国するとNEC、富士通、東芝、キヤノン、ソニー、大塚商会に、ビジネスランドの日本法人設立に当たって出資しないかと声をかけた。と同時に、ノーマン会長も口説いた。

お互いをいっぺんに説得しつづけることでかなりの効果があがった。

ノーマン会長も孫の手腕に感心した。しだいに乗り気になってきた。

一九八九年一二月一日、日本ソフトバンクはビジネスランドと手を組み、日本ビジネスランドを設立した。資本金は四億二〇〇〇万円。出資比率は、日本ソフトバンクが三二％、米ビジネスランドが六八％であった。

日本ソフトバンクが、企業機関であるネットワーク事業にいよいよ進出する、その宣言でもあった。

そして、世界に羽ばたく下地を築きあげた。

一瞬を取り逃がすな

孫の立ち上げた日本ビジネスランドに対して、大塚商会をはじめとした取引先が猛反発した。

「競合相手を連れてくるとは、けしからん！」

日本企業だけでシェアを争っていた日本市場に、突如としてアメリカ資本が乱入してきた。幕末、鎖国下にあった日本に、アメリカ軍艦四隻を引き連れてペリーがやってきたときの、日本人たちが受けたのと同じような衝撃だったに違いない。

それから一ヵ月もたたない一九八九年の暮れ、孫にある情報が飛びこんできた。

「日本の商社兼松がノベルと仮契約を結んだ」

まずい。孫は即座に秘書に命じた。

「いまからアメリカに発つ。今日の予定はすべてキャンセルしておいてくれ」

トヨタのセンチュリーに乗りこむと、自動車電話で秘書に電話を入れた。

「いまから、アメリカのノベル本社に行くために成田空港に向かう。ノーダ社長にアポをとっておいてくれ」

コンピュータ業界の動きはおそろしいほど速い。勝機は、急流を流れる木の葉のごとく一瞬にして流れていってしまう。その一瞬をとりのがしてはならない。孫は、もしもアポイントメントがとれないときには、会ってくれるまで何日でも粘る決意だった。

(この話は、なにがあってもひっくり返してやる!)

孫が、ノベル本社があるユタ州のソルトレイクシティー空港に降り立ったときには、幸運なことにノーダ社長と会えるようになっていた。

ノーダ社長に会うと、いきなり核心を突いた。

「あなたも日本に進出したいのなら、わたしたちと手を組みましょう」

「ノー。それはできない」

ノーダ社長は、首を横に振った。

「兼松と、すでに仮契約まで交わしてしまっている。いまさらそっちに移すことはできない」

孫は、そうですかとは引き下がらない。わざわざノーという答えを聞きにきたのではない。食い下がった。

「あなたがたは、組む相手を間違っている」

「なんでだ」

孫は大きく身振り手振りをつけながら、相手を説得にかかった。

「こんなことを言ってはなんですが、いまおたくが組もうとしているのは商社です。とても立派な会社で資金もある。人材もいる。信用もある。世界的にも名の通った大企業だ。しかしながら、コンピュータのことはよくわかっていない。われわれは、コンピュータ業界でコンピュータ流通のノウハウを持っている。流通のチャンネルも持っている。それにパートナーだっている」

孫は、さらに攻勢をかけた。

「これは、あくまでもジョイントベンチャーにするべきです。日本のパートナーをぼくが紹介する」

孫は、ジョイントベンチャーのパートナーになってくれそうな企業をいくつかあげた。

ノーダ社長は、困惑げに眉根を寄せた。眉間に深い皺が刻まれた。孫の言うことひとつひとつがボディーブローのように、重くじわじわと効いていた。

「たしかにきみの言うとおりだ」

「とにかく、パートナーになる企業を紹介するから日本に行こう」

「そうだな」

いまや、ノーダ社長は動こうとしている。孫は一気呵成に攻めあげた。

「じゃあ、明日行こう」

「明日だって！」

彼は、さすがにおどろきの声をあげた。

「いくらなんでも、明日は駄目だ」

「いや、話は早いほうがいい」

「そうか……」

ノーダ社長は立ち上がり、自分の机の上の電話機に手をかけた。

「副社長を呼んでくれ」

副社長が会長室に入って来た。

ノーダ社長は孫に言った。

「わたしは、いくらなんでも明日行くというわけにはいかない。そのかわり副社長を連れて行ってくれ」

孫は、翌日副社長とともにアメリカを発った。

それまでの間に、日本ソフトバンクの取引相手であるNEC、富士通、東芝、キヤノン、ソニーといった企業の担当役員に電話を入れた。

「明日、ノベルの副社長を連れて行くから会うだけ会ってほしい」

どこもすぐに応じてくれた。

ノベルの副社長は舌を巻いた。

「たしかに、孫さんの言われるように商社ではこんなことはなかった。こういう次元の話ではなかった」

副社長はすぐにノーダ社長に電話し、一瞬にして兼松との仮契約をひっくり返してしまった。

ネットワーク事業のさらなる足固め——関連企業からの出資交渉

孫は、いずれは多くの企業を取りこんだジョイントベンチャーにするつもりであったが、とりあえずは日本ソフトバンクとノベルの二社で提携し、一九九〇年三月にノベル株式会社を設立した。資本金は一億六八〇〇万円。米ノベルが七四・四％、日本ソフトバンクが二五・六％を出資した。

異なったパソコン機種を接続し、情報を共有できるようにするLAN用OS「ネットウェア386」を日本語化し、国産パソコンメーカーや情報システム会社に販売するのを目的としていた。

ネットウェア386の日本語化の開発には、NEC、富士通、東芝、キヤノン、ソニーが参加することになった。

孫は、一九九〇年六月六日、日本ビジネスランドの資本金を三二億円に増資した。そのとき、ネットウェア386の開発に参加した企業のうち、NEC以外の四社から、日本ビジネスランドの資本金の五％にあたる一億六〇〇〇万円ずつを出資してもらった。

翌月の一九九〇年七月には、社名をこれまでの日本ソフトバンクからソフトバンクに変更した。

一方、大塚商会は日本ビジネスランドとの対決姿勢を明らかにしてきた。八月一日にはNECと三菱商事の二社を引きこみ、ネットワールドを設立した。

パソコンメーカーであるNECにしても、東芝、富士通、キヤノンといったライバル会社が〝TNC包囲網〟とでもいうべく手を組み、ネットワーク事業に参入してきたことは脅威であった。ネットワークが広がれば、これまで一台ずつ売っていたパソコンが、回線でつながるために複数売れることになる。

パソコンメーカーはＬＡＮに重点を置きはじめていた。そんなパソコンメーカーのシェアの凌ぎ合いも絡み合っていた。孫は、あまりの反発にさすがにおどろいた。

（これは、ちょっとやりすぎたか）

が、真っ向から勝負に出た。ネットウェアを普及させるための体制づくりをはじめた。

ディーラー一〇〇社に絞りこみ、それらのディーラーを「ネットワーク・ショップ」と名づけ、ソフトや周辺機器はソフトバンクが供給する。

ソフトを扱う社員研修、設置や運用、保守の指導は、ソフトバンクが四九％出資しているネットプロ・コンサルティング（現ソフトバンク・テクノロジー）、システム開発の指導にはソフトバンクの一〇〇％の子会社であるシステムバンクがあたる。つまり、三位一体となって供給から保守、開発まで行なう体制を整えたのである。

また一方で、業務拡大とネットワーク事業推進のために、ソフト流通専門の物流会社ソフトバンク物流、マルチメディアなど新しいパソコン分野の調査・研究を行なうソフトバンク技術研究所といった新会社を設立した。

□

孫は、ネットワールドに対抗し、日本国内のネットワーク事業にさらに食いこむためにはもっと強い足固めをしなければならないと、ＮＥＣ、富士通、東芝、キヤノン、ソニーといった関連企業にノベルへの出資を持ちかけていた。

ソフトバンクとノベルとの合意では、ノベルが五十数％、ソフトバンクが二十数％、ほかが五％ずつという持株比率と決めていた。日本ビジネスランドの持株比率と同じだった。ＮＥＣ以外はそれで合意した。

ＮＥＣは持株のパーセンテージにこだわっていた。ＮＥＣは、ほかのパソコンメーカーとくらべると圧倒的なパソコンシェアを支配している。ＮＥＣとほかのパソコンメーカーがどうして同じ持株比率なのかと言いたかったのである。

孫は担当役員をなだめた。

「ＬＡＮの市場は新しい市場だと思っています。はじめからシェア割りができているなんておかしいですよ。パートナーシップでやっていきましょう」

「そんな条件は呑めないよ。こっちとしては、比率を上げてくれなければなにがあっても入れない」

ＮＥＣの担当役員は納得しなかった。

一方で孫は、ノベルに参加する会社の役員たちにはこう言っていた。

「社長にするにふさわしい人材がいたら、紹介してください」

どこも名前を出してこないことは、はじめから計算ずくだった。

そこでもうひと押し提案した。

「ＮＥＣホームエレクトロニクス専務の渡辺和也さんならどうでしょうか。渡辺さんはパソコンの立ち上げのときの総責任者です。ノベル日本法人の社長としてはもっともふさわしいと思いますが……。もっとも、ＮＥＣさんにも渡辺さん本人にも、まだ了承はとっていませんが」

孫はそう言いながら、出資会社の役員たちを見回した。渡辺和也は業界の世話役としてパソコン普及に奔走していた。

ひとりが言った。

「渡辺さんなら、たしかにいいね」

「そうだな」

反対の声はあがらなかった。

孫は内心ホッとした。

(渡辺さんはNECも含めたノベル日本法人の切り札だ。ひとつ間違えれば、NECの出資どころか、おれがNEC寄りだと見られてほかの会社が手を引いてしまうところだった)

渡辺にノベル日本法人の社長就任を依頼した。渡辺は、イエスかノーかはっきりとした返事はしなかった。しかし、内心ではかなりよろこんでいて前向きに考えてくれている。その手応えを感じとった。

(あとは関本さんだけだ)

孫は、当時NEC社長であった関本忠弘に電話を入れて会ってもらうことにした。こうなったら直談判しかなかった。

孫は、関本社長に会うなり切り出した。

「LANは、パソコンにはなくてはならないものだというのはおわかりになると思います。ぜひ、NECさんにはノベルの日本法人に出資していただきたい」

関本は眉をしかめた。

「LANはたしかに大事だ。しかし……」

関本も、やはり出資比率にこだわっているらしい。

孫は言った。

「ひとつ、アイデアがあります」

「アイデア？」

「ノベルの社長は渡辺さんにお願いしたいんです。渡辺さんならパソコンをはじめに立ち上げた総責任者ですから、だれも文句は言わないでしょう。出資比率は変わりませんが、ＮＥＣさんから社長を出すことで、ＮＥＣさんのメンツも立つんじゃないですか」

孫は、何回もＮＥＣに出かけて関本社長を口説いた。が、あまりにもＮＥＣの肩ばかり持てば、ほかの会社の機嫌をそこねる。バランス感覚を持ちながら交渉を進めなければならなかった。

その苦心のすえ、孫はＮＥＣに五％という出資比率を呑ませることができた。

激論の結末

一九九〇年二月の総選挙で大分二区から出馬し初当選を果たしていた岩屋毅は、あるとき孫から電話を受けた。

「朝日ソーラーの林さんを、知っているか」

「ああ、知っているもなにも、とてもお世話になっているよ」

林武志は、太陽熱温水器市場の五〇％以上の販売シェアを占める朝日ソーラーの社長である。大分県出身で、岩屋はなにかと世話になっていた。合理主義者である孫とはまるきり反対の、根性で押していくタイプの経営者である。会社は食うために興したといってはばからない。孫はどこかで林の存在を知ったらしい。岩屋に紹介してくれと言ってきたのである。

岩屋は、林が上京してきたとき孫に会わせることにした。その当日、岩屋と林は引っ越したばかりの港区高輪のソフトバンクに出向いた。

ところが、孫は約束の時間になってもあらわれない。二人は応接室で待たされた。岩屋は林を横目で見た。林がいらついているのが明らかにわかった。林は時間には厳密である。しかも、後輩にあたる孫が声をかけておいて、どういうことだと思っていたに違いない。

「おれは、もう帰るよ」

そう言わんばかりであった。

いらだたしげに、たばこを何本も吸った。

孫は、そんなこととは露しらず、いつものようににこにこと入ってきた。

「すいません、遅れてしまって……」

ふだんであれば、その笑顔は人を魅きつける。その魅力に修羅場をくぐり抜けてきた経営者たちでさえ骨抜きになる。オジンキラーと呼ばれるゆえんでもある。ところが、相手が怒っているときには、むしろ〝遅れておいて、なんたるやつか!〟と火に油を注ぐようなことになる。

案の定、林は腹に据えかねると言わんばかりに顔をゆがめた。岩屋は、冷や汗をかいた。

(まずいな……)

孫は、高輪に本社を移したばかりだった。来る人来る人に、本社ビルを見せたくて見せたくて仕方がなかった。子どものようにはしゃぎながら、林にここは社長室で……と案内して言った。

林の目はますます怒りに燃えた。林は会社でもあまり社長ぶらない。けじめはつけるが、ふだんは社員たちと気軽に話をしている。それが新たなアイデアを生むことを知っているのである。

（生意気なやつだ）

会社を見せてまわる孫のことをそのように思っているに違いない。

岩屋は、孫が自分を大きく見せようとして見せているのではないことを知っている。そんな男ではないが、とりようによっては尊大に見えてしまう。林はいまにも火を噴かんばかりの形相であった。

岩屋には、いつもは楽しくのめりこんでしまう孫の話もさすがに上の空だった。

（これは会わせないほうがよかった）

が、ここまで来たら仕方がない。どうにでもなれとばかりに肚をくくり、まずい雰囲気を引きずったままいっしょに食事をしようということになった。

岩屋も林も口数が少ない。

孫が言った。

「林さん、ぼくは将来かならず一兆円を稼ぐ企業にしますよ」

林が、その瞬間、皿に向けていた眼をぐいとあげて孫を睨みつけた。溜まりに溜まっていたものがついに爆発した。

「孫、おまえにはそんなことはできはせん。せいぜい二〇〇〇億円までだ！」

林は、どんな人に会ってもはじめから相手を呼び捨てにする。そういうクセを持っている。

孫も、みるみるうちに顔を真っ赤に染めた。

「ぼくの夢を、あなたにとやかく言われる筋合いはない！」

まわりのテーブルで食事を楽しんでいた人たちが、いっせいに岩屋たちの座っているテーブルのほうに振り向いた。岩屋は、孫がこれほどまでに高ぶった声をあげたのを見たのははじめてだった。頭を抱えこんだ。

（もう目茶苦茶だ……）

まさか、初対面の二人が互いに食ってかからんばかりにぶつかり合うとは思ってもいなかった。

孫と林は激論を交わしつづけた。

岩屋は肚をくくった。もう止められない。あとは、自然鎮火するのを待つだけだ。沈黙を守りつづけた。が、ふしぎなことに口論をかさねるごとに、二人の表情がしだいにやわらいでいく。ついには笑みまでこぼれた。

別れ際は、笑顔で別れた。

岩屋はある日、孫と連絡をとった。

すると、林の話がごく当たり前のように飛び出した。

「この前、大分に行って林さんに会ってきたよ」

二人は、その後よく行き来しているらしい。まったく違うタイプの経営者同士で、お互いにないところが刺激となっているに違いない。

はじめこそはどうなることかと肝を冷やした岩屋は、しかし、いまは二人を会わせてよかったと心から思っている。

孫は、「日次決算システム」だけは、どこにも販売しないと言っていたが、林とはよほどウマが合ったのか、林にかぎって「日次決算システム」を導入させている。

三人の天才

出版事業部の橋本五郎は、一九九〇年三月、孫とともにニューヨークに飛んだ。世界一のコンピュータ出版会社であるジフ・デービスが発行している「ＰＣＷＥＥＫ」の日本語の版権を手に入れたのだ。その契約のためである。

ジフ・デービスことジフ・デービス・コミュニケーションズは、アメリカ・ニューヨーク州にある。出版部門はコンピュータ関連雑誌の発行では世界最大手である。展示会部門は、情報ネットワークの世界最大級の総合イベントであるインターロップを企画・運営する、孫が手に入れようとしているコムデックスの最大のライバルである。年間売上高が約九〇〇〇万ドル、ざっと約九〇億円である。

孫が「ＰＣＷＥＥＫ」にこだわったのは、じつは、マイクロソフトＣＥＯ（経営最高責任者）のビル・ゲイツの影響が強かったからだ。

一九八七年、ソフトバンクに改称する前の日本ソフトバンクで出版していた雑誌「Ｏｈ！16」で、ビル・ゲイツ本人のインタビューを含めてビル・ゲイツの特集を組むことになった。ところが、日本ソフトバンクには英語を流暢に話せる人材はいなかった。

「よし、おれがやろう」

孫みずから、ビル・ゲイツのインタビュアーを買って出た。孫は、ワシントン州シアトル郊外にあるマイクロソフトのCEO室にビル・ゲイツを訪ねた。部屋にはパソコンが何台もならんでいた。

ビル・ゲイツは孫にソファを勧め、自分の席に座るといきなりテーブルに置いてあった雑誌を手にした。

「『PCWEEK』は、読んでいるかい」

「いや、英語版だから毎回は読んでいないが、ときどき眼を通しているよ」

「そうか」

ふちなし眼鏡の奥にあるビル・ゲイツの眼が、きらりと光った。

「ときどきでなく、毎号読んだほうがいいんじゃないか。あらゆる出版物があるけど、ぼくは『PCWEEK』だけはなにより真っ先に見ている。第一面になにが載っているか、それでこの業界がその影響を受けて勢力図が一気に変わることもある」

孫は、インタビューよりもはじめに聞いたビル・ゲイツのその言葉を胸に刻みこんだ。その「PCWEEK」の日本語の版権を手に入れることができたのだ。

ニューヨークでは、ジフ・デービス社の社長、ウィリアム・ジフと会談した。その時間は一〇分間と決められていた。

孫は、流暢な英語でジフに、ソブトバンクのことやジフ・デービス社の出版をどう進めていくかを滔々と話した。会談時間はすぐに過ぎてしまった。

秘書が、ジフのそばに寄ってきて耳元でそのことを告げた。ジフは眉を曇らせた。

「わかっている。いいから聞いていろ」

会談時間は一時間にもおよんだ。ウィリアム・ジフはそれほど孫を買ったのである。

孫は、五月から「ＰＣＷＥＥＫ」の日本語版を毎週五万部ずつ発行した。

その翌年、ジフが来日した。孫はホテルニューオータニにある日本料理店「なだ万」に彼を招待した。

橋本も同席した。

ジフが言った。

「I met three geniuses」

「わたしは三人の天才と出会った」と言ったのである。

彼は具体的にその名をあげた。

ひとりは、マイクロソフトのビル・ゲイツ、もうひとりはアップルの創業者のスティーブ・ジョブズ、そして三人目が孫正義だと言っていた。

その帰り、車にゆられながら孫は橋本にもらした。

「五郎ちゃん、いずれはジフ・デービスを買いたいな」

橋本は、孫があくまでも夢を語っているのだと思っていたが、じつは野心を語っていたとは、のちに孫が本格的にジフ・デービスの買収に乗り出したときに、はじめて気づくことになる。

自分の計画をどこまで把握しているか

一九九一年（平成三年）四月、高校を卒業した孫の弟の泰藏は、お茶の水にある駿台予備校に通うために上京した。

高校三年の一年間、努力したものの受験には失敗した。

泰藏はそんなあるとき、兄正義の家に遊びに行った。正義は言った。

「おまえは、まだまだ努力がぜんぜん足りん」

泰藏は素直にその言葉を受け止めた。

「じゃあ、ぼくは肚をくくって気合を入れて勉強する。そのために、まずこの一年間のスケジュールをつくる。兄ちゃん、そのスケジュールを見て、兄ちゃんの基準に達しているかどうか見てくれ。あわよくば兄ちゃんの上を行くくらいやってみる」

泰藏は、一週間のなかでも、一ヵ月のなかでも、一年間のなかでも、バランスよく勉強できて確実に学力が上がるようにすべてを組みこんだ一年間のスケジュールをつくりあげた。つまり、一ヵ月後の五月一五日午後八時には、どの出版社のどの教科の参考書の何ページくらいをやっているか。受験を目の前にした一月八日には、なにをしているかがひと目でわかるようになっていた。

もちろん、すべてがうまくいくとは限らない。そのときのために予備の時間を空欄で空けておいた。

泰藏は、正義にその計画を持って行った。意気揚々と見せた。

「これはどうやろう」

正義はひととおり眼を通した。

「たしかにいいけど、たとえばここでうまくいかんかったらどうするんか」

泰藏は息巻いた。

「なにがあってもやるっ！」

正義は苦笑した。

「やるとかじゃなくて、体調がどうしても駄目だとか、熱を出して一日寝こんでしまうときもある。そうしたらどうするん。全部ガタガタやん。そのときのために知恵を絞らなくては」

「そうか」

泰藏は兄のアドバイスを素直に受け取り、いざというときの準備の日という意味の、「バッファー」という日を設定した。さらに、毎回同じようなことでは飽きてしまうため、単語大会を一日開くといったように、自分でメリハリをつけて計画を立て直した。

泰藏はスケジュールをつくり直すたびに正義のもとに持っていった。

正義はそのころ、コムデックスの買収をはじめさまざまな買収に乗り出していた。一分一秒でも無駄な時間はなかったに違いない。しかしそれでも、計画表と参考書を突き合わせながら泰藏の計画を見てくれた。

「この参考書はどれ？」

泰藏が渡すと、ページをめくりながら言った。

「これはいいねっ」

一ヵ月たって計画表をつくりあげた。何度も何度も繰り返し練りあげただけに、なんとも言えない愛着が湧いた。

（ときどき、進行状況を兄ちゃんに見せに行こう）

泰藏は、五月から計画にしたがって実行していった。計画どおりに進んだところは緑色のペン、途中までしかできなかったところは黄色のペン、サボッてしまったところは赤いペンで印をつけていった。

が、寝る時間以外の一八時間はほとんど勉強に費すことになっている。はじめのうちは緑色が多かったが、しだいに黄色が増えてくる。

（クソッ、兄貴は緑が多かったんやろうな）

悔しさがこみあげていた。正義のところに行ったときも、なにもないかのようにシラッとしていた。

ところが正義が聞いてくる。

「泰藏、成績は何番やった」

「計画表持ってきたか」

泰藏が仕方なく計画表を見せると、正義はいきなり声を荒らげた。

「これじゃあ駄目だ。おまえは勉強ちゅうもんがわかっとらん！」

黄色いペンで印をつけていたところを指さしていた。泰藏には、なにを言われているのかまったくわからなかった。

正義がつづけた。

「赤だとか、サボッたということは責めはしない。できんこともあるやろう。重要なのはこの黄色いところなんだ。一八ページの第二問までとか、どこまでやったかしっかり書かんといかん」

緑のところは、じつは自分でも楽に設定していて、できて当たり前のところである。むしろ大変なのは黄色く塗ったところで、できるかできないかギリギリのところにある。自己管理などの自分に対する評価が含まれている。そこを把握しているかどうかが勝負の分かれ目になる。正義はそう言った。

泰藏は、なるほどそういうものかと素直に受け取り、言われたとおりに、翌日からは何ページまでやったかを計画表に書きこんでいった。

そのうち、自分で自分の計画をより把握できるようになった。学力が着実に上がっていくのに比例して欲も出てきた。ひとつでも多く緑にしようとがんばりはじめた。自分のなかで拍車がかかった。他人ががんばっているからというのではなく、自分自身との戦いが繰り広げられた。

一日に一八時間、鬱病になる寸前までいっていた。途中で二倍の量に上方修正するほどの勢いがついた。泰藏は朦朧としたなかで思った。

（兄貴が自分より勉強したやつはいないと言い切れるっていうのは、ここまでやったからなんだな）

自信が湧き、成績が上がるのもわけはなかった。気がつくと、偏差値が七五、全国の模擬試験でも四位に入るほどになった。

正義もさすがにおどろいた。

「おまえすごいな」

泰藏は計画をすべて達成した。東大にもみごと入学できた。

正義は泰藏に言った。

「ようがんばった。その計画表は宝になるから一生とっておけ。息子や娘たちに見せろ」

このようにして泰藏は、浪人時代をきっかけに兄正義と少しずつかかわりができはじめた。

自分の失敗は自分で負債を抱え込む

孫は、システム・インテグレーター事業、いわゆるSI事業を進めるペローシステムズコーポレーション（以下、ペローシステムズ）との資本提携に動いていた。

ＳＩ事業は、ユーザーの抱える業務上の問題を合わせて総合的な情報システムの構築、保守と運用に必要な業務を一括して行なう。システムの計画、立案にはじまり、システム設計、アプリケーション・プログラムの開発を行ない、ソフトウェアを選定してユーザーに提供する。ネットワーク事業とともに、これからネットワーク化されるコンピュータになくてはならないものだった。それでいて、日本にはＳＩ事業を手がける企業はひとつもなかった。

しかし、そのノウハウを手に入れようとする野村総合研究所、ＣＳＫ、ＮＴＴ、新日鐵が、ペローシステムズに提携を求めて会長であるロス・ペローのもとに日参しているようだった。

孫は、ただちにロス・ペローと本社会長室で会った。孫は、自分と組むことがどんなにペローシステムズにとって有効なのかを熱っぽく説いた。

ロス・ペローは不敵な笑みを浮かべた。

「もしも孫さん、あなたとわたしが組んだら持株比率はどうなる。こっちが六〇％、あるいは七〇％でいいのなら考えてもいい」

ロス・ペローは、あくまでも大株主となり、つまりマジョリティーをとって経営権や主導権を握ろうとしているらしい。

孫ははっきりと言った。

「あなたの意図はよくわかります。しかし、マジョリティーはこっちがとらなければ困る」

ロス・ペローはソファに深く座り直した。

孫はつづけた。

「あなたは日本を知らない。そのうえ、日本にしょっちゅう来られるわけではない。代わりの部長クラスを日本に出向させる気なんでしょう」

「……」

「あなた自身は、ぼくよりも経営能力が上かもしれない。だけど、その部長が日本語がしゃべれないとなれば、経営能力はかならずしもぼくより上かどうかはわからない。ただ、少なくともぼくには肚をくくる覚悟がある。サラリーマン的にほんのちょっと出向するというのとは違うのです。でも、ぼくをそこまで信頼してもらえないならこの提携はやらないほうがいい」

　ロス・ペローはにやりとした。

「おもしろいことを言うな。これまでパートナーになりたいと言ってきた日本の企業はいくらでもある。おまえのところよりもずっと大きな企業ばかりだ。そういうところは、少なくとも五〇％ずつ、あるいはこっちがマジョリティーをとってもいいと言っている。自分がマジョリティーをとるなんていうのは、おまえくらいなもんだ」

　孫は、ロス・ペローの眼を見据えた。

「たしかに、うちは小さくてなにもない。でも、あなたもスタートしたときはなにもなかったでしょう。それなのに、ここまで大きくなれたのはなんでですか。大きな会社が持っていなかったなにかをあなたが持っていたからでしょう。あなたがパートナーとして交渉している別の会社とうちをくらべてみてください。ほかの大企業が持っていないものを、ぼくはカケラくらいは持っているかもしれませんよ。そのところを感じてもらえるなら、お互いにパートナーとしてやっていける。でも、それを感じてもらえないならやる意味がない。あなたがマジョリティーをとるならとるでかまわない。そのかわり、やるのなら責任を持ってやってください」

孫は、お互いによく考えましょうと言いおいてその部屋を出た。

孫は車に乗りこんだ。

「空港までやってくれ」

わざわざ言うまでもなく、運転手はすでに空港への道を滑り出した。孫は過ぎ去る景色をぼんやりと見つめていた。

(あれだけ言ったんだから、駄目となれば駄目となったで仕方ないさ)

孫の肚は決まっていた。

そろそろ空港に差しかかろうとしたときである。自動車電話がけたたましく鳴り響いた。電話の主は、なんとロス・ペローだった。

「もどってこい。もう一度、ミーティングをしよう」

いったいなんの用だというんだ。

孫は、ペローシステムズにもどり会長室に入った。ロス・ペローは、椅子に座ったままで孫に鋭い視線を送ってきた。

「おまえ、さっきの主張は変わらないんだな」

「もちろんです」

「そうか」

ロス・ペローは、もたれかかっていた体を起こすと、立ち上がって孫に手を伸ばしてきた。

「おまえの言う条件でやろうではないか」

一九九一年四月、ソフトバンクはペローシステムズと正式に資本提携をした。

□

ソフトバンクとペローシステムズとが資本提携してから一年ほどたったとき、ロス・ペローがアメリカ大統領選挙に出馬するという噂がにわかに湧き上がってきた。孫は、ペローシステムズのナンバーツーの人物に、その噂がほんとうなのかどうかを電話で確かめた。

その人物は言った。

「出るつもりらしい」

孫は、まずいことになったと思った。

（インフラ事業を営む側としては、あくまでも中立の立場をとっていたい。選挙に勝つ勝たないは別として、とくに政治色は出したくはない。勝ったときはなおさら金銭関係があるのではと、痛くもない腹を探られるのも不快だ）

いっしょに仕事をしているというだけで、もしかするとロス・ペローの選挙に迷惑をかけるかもしれない。

（これは一回、清算しておいたほうがいい）

さらには、SI事業は日本ではすこし時期が早かったということもあった。孫はペローシステムズとの関係を解消した。その際には、ペローシステムズの保有している株式もすべて買い取り、創業赤字をすべて償却することにした。

孫は、ソフトバンクの経営者会議で素直に頭を下げた。

「今回はぼくが熱くなりすぎた。悪かった」

孫は、ソフトバンクの成功した実績は自分だけの力ではなく、みなの力があってこそ成し遂げることができたものだと思っている。しかし、失敗した例は孫が熱くなってのめりこみすぎたものばかりだった。

孫は、自分の失敗はすべて自分で負債を抱えこむ。ソフトバンクは、自分が興した会社だが自分個人のものではない。会社や社員たちに迷惑をかけるわけにはいかない。そのことだけはいつも肝に銘じていた。

ビジネスランドの場合もペローシステムズの場合も、創業赤字は孫興産つまり孫個人で借金をして償却した。その額はなんと大森に払った一〇億円、ビジネスランド、そしてペローシステムズの合計で、四〇億円にものぼった。

さすがにそこまで負債を抱えこむと、銀行の担当者も顔をしかめた。

「株式を公開したら返してくださいよ」

孫は、約束したとおり株式を公開すると、すぐにその借金は自分の保有する株式で返した。

世界一の展示会・コムデックス買収に向けて

一九九三年秋、孫は、ラスベガスで開かれている世界一の展示会であるコムデックスの見学に出かけた。

孫は、展示会の会場でコムデックスが売りに出されるという話を耳にした。あくまでも噂にすぎない。

しかし、世界に飛び出すためには、世界一の展示会であるコムデックスを手にするのがなによりも早い。

（とりあえずは名乗り出ておこう）

約束の時間が迫っていた。コムデックスのミーティングルームまで走った。

マサチューセッツ州に本拠を持つインターフェイス・グループは、ラスベガスの有名なカジノを持つサンズホテルをはじめ、航空機部門、コムデックスなど五つの事業部門を持っていた。シェルドン・G・アデルソン会長とは、一九八五年八月に日本ではじめて会い、同じアントレプレナー（起業者）として気が合っていた。

アデルソン会長やインターフェイス・グループ社長であったジェイソン・チャドノフスキー（現・ソフトバンクコムデックス会長）はビジネススーツを着こみ、七人のコムデックスの役員たちとともに孫が来るのを待っていた。

アデルソン会長をはじめ、チャドノフスキー以外の役員は六〇歳代の人たちばかりで、そろそろ引退したいとだれもが考え、コムデックスを売りに出す決意を固めていた。

それを正式に発表したわけではなかったものの、どこから聞きつけたのか、リード、ミラーフリーマン、投資会社であるレイアン、ブレンハイムといった会社が買収したいと名乗りをあげてきた。

コムデックスは、あくまでもコンピュータ関連の会社に売りたいと思っていた。名乗りをあげてきた会社は異業種で、そこには売る気にはなれなかった。そんなおり、ソフトバンクの孫正義がコムデックスを買いたいと言ってきた。孫は、コムデックスにとってはお客さんだった。チャドノフスキーは、孫がコムデックスが開く展示会でいいブースをとろうと列にならんでいるのを眼にしたこともあった。

ところが、ミーティングルームに入ってきた孫の姿を見てだれもがおどろいた。オープンシャツでネクタイもしていない。ズボンもカジュアルだった。ほんとうにコムデックスを買う気があるのか、一瞬疑いたくなるほどのラフなスタイルだった。しかも、広い額からは汗が噴きこぼれている。

孫は席についてハンカチで額を拭った。

アデルソン会長は、そのあとふたたびおどろかされた。

「わたしは、このコムデックスを所有することになります」

孫がいきなり言い出した。

交渉どころか、売る側の条件や買う側の条件も話していない。買収に関しては、まだお互いの頭のなかは白紙だったにもかかわらずである。

アデルソン会長が聞いた。

「十分な資金はあるのか」

孫ははっきりと口にした。

「まだありません」

アデルソン会長やチャドノフスキーは、孫の考えが測りかねた。アデルソン会長も困っているようだった。チャドノフスキーに視線を送ってきた。

コムデックスとソフトバンクの資本規模をくらべてみると、明らかにコムデックスのほうが大きかった。そこに孫が乗りこんできて買収するという。しかも金はない。困惑と不安に満ちたなか、アデルソン会長が聞いた。

「あなたはどうしてコムデックスを？」

「パソコン業界が好きなんです」

その孫のひと言は、役員たちにいい印象を与えた。さまざまな業種から買収の話を受けていたが、彼らはコムデックスをパソコン業界でうまく展開できる企業に渡したかった。孫ならばそれはできるのではないかと思わせた。

孫は冗談まじりにつづけた。

「資金はないが、事業を展開していくうえで、わたしは中立なインフラを提供していきたい。コムデックスはその考えにまさに合っている。売る気持ちがあるのなら、よそに売らないでぼくに売ってくれ。資金はないが、わが社の名はソフトバンクだ。いかにも金の入りそうな名前でしょう」

今度は、孫が質問した。

「コムデックスは、どうしてラスベガス以外に出てどんどんショーをやって大きく展開しようとしないのですか」

アデルソン会長が自信を持って答えた。

「すでに成功していて、十分な利益をあげている。これより大きくなることには関心がない」

展示会を開けば、世界各国のビジネスマンがラスベガスに足を運んできた。わざわざ世界各国にコムデックスのほうから出向く必要はない。そう感じているようであった。

孫はその考え方を否定した。

「ラスベガスは、あなたがたが思っているほど大きくはない。むしろ、世界から見れば小さい。そんなところに世界中の人たちが来られるわけがないではないですか。ぼくが買えば、コムデックスを世界規模で展開していきます」

孫はデータを片手に熱弁をふるった。

「客を待っているのではなく、こちらから攻めて行って、インフラやほかのサービスを提供しなければならない。そういう努力をしないのは企業ではない」

そして、自分の経営スタイルである権限を委譲して仕事の責任を明確にすること、担当者が責任の概念のもとに仕事をやっていくこと、その動機づけのためにはどういうインセンティブ制度が必要かを説いた。

アデルソン会長は、おもしろいことをいうやつだといわんばかりににやりとした。

孫は一気にたたみかけた。

「そのうち金が用意できるから、人に売らないでほしい。ぼくはかならず名乗りをあげるから」

アデルソン会長は笑みを浮かべた。

「おまえの話はよくわかった。金ができたらまたおいで」

孫はゆっくりと席を立った。

「いずれ、買収資金を持ってもどってきます」

孫は、たしかな手応えを感じた。

（はじめてにしては上出来だ）

別れ際のアデルソン会長の表情を見れば、適当な条件であればこちらに声をかけてくる。少なくとも、正式に売る前に自分に声をかけなければならないという印象を与えたに違いない。

チャドノフスキーは、コムデックスの世界展開に野心を燃やす孫の考え方に惚れこんでしまった。

（アデルソン会長も、孫さんと同じように大きな夢を見る人だ。しかし、その規模が違う。アデルソン会長は数億ドルくらいの夢だったが、孫さんの場合は数十億ドル。同じ夢を打ち上げるのだが、孫さん

のほうがもっともっと大きい)

大きな夢を語る孫は、チャドノフスキーにとっても頼もしかった。ただ、資金だけが大きな問題だった。その問題さえ解決すれば、孫に売るのがもっともいいと考えていた。

(まさか、ギャンブルのメッカ、ラスベガスだからといって、この買収がギャンブルになってしまうことはあるまい)

業務改善の「千本ノック」

孫は、社内管理に心を砕いていた。日次決算ができるまでにしたのに、それだけでは満足しなかった。

(孫子の兵法にあるごとく「彼を知り、己を知れば、百戦殆うからず」だ)

多くの企業が己を十分に知っていない。まず己について、もう少し徹底的に分析すべきだ。孫は、なんと一〇〇〇種類もの指標をグラフ化することにした。

(ふつうの企業でも五〇や一〇〇はつくっているかもしれない。しかし、それだけの指標ではほんとうに分析したことにはならない。一〇〇〇個やってみて、はじめてどこに問題がありどこを直すかがわかる)

粗利に対する広告の割合をはじめ、さまざまなデータをグラフ化したものを過去五年分入れた。それらのグラフをつき合わせて見るだけで、今度の予算はこのへんにしたいといったことが判断できる。孫はこれを「千本ノック」と名づけた。経営幹部は、「千本ノック」で瞬時に経営内容をつかみ、己を知ることができる。

孫は、日本ソフトバンクを設立したときから言っていた。

「経営には、飛行機でいうと有視界飛行、つまり操縦桿を握ってセスナのような飛行機を飛ばすのもあれば、ジャンボジェットのように二〇〇〜三〇〇個の計器で飛ばすものもある。さらに、スペースシャトルのような超計器飛行、つまり地上にも何人ものスタッフがいて、二、三年かけて計算して飛ぶ方法もある。

その三つの飛行の形態のうち、自分が一番得意でやりたい形態は超計器飛行だ。スペースシャトル型だ。創業間もないいまは、仕方がないから、みずからアクロバット飛行も行なっている。しかし、本来自分の力が一番発揮できて、一番よろこびとダイナミズムを感じるのは超計器飛行だ。したがって、一〇億円のときよりは一〇〇億円規模の会社のほうが自分にとってより快適な飛行ができるし、一〇〇億よりは一〇〇〇億、一〇〇〇億よりは一兆円のほうが、本来の自分がめざすスタイルに合っている」

孫は、いまや超計器飛行に入り、業務の仕組みを改善する「千本ノック」というシステムの実行にかかった。

業務上の仕組みをいかに変え、利益を上げる方向に持っていくか。テーマの洗い出しと改善を一〇〇〇回も行なっているのである。

孫は業務改善の「千本ノック」について説明する。

「それぞれのテーマごとに担当責任者を決め、いつまでにという期限を切って、だれがやるかを決める。責任者は部下に項目をふりわける。責任者や部下たちは週間単位で年間のスケジュールを組む。それもまたパソコンに入力され、だれがいつまでになにをどうするという計画が一目でわかる」

たとえば、在庫が多いという問題があったとする。一ヵ月分あった在庫を〇・八ヵ月分にするにはどうすればいいか。大項目である『在庫の削減』という課題を、〇・八ヵ月分まで削減するという中項目の課題にまでおろす。それから、そのために仕入れ、納品、倉庫、運送、返品といった流通ルートをひとつひとつ細かく切り、担当者が方法論を検討していく。

問題が、納品のスピードにあるということがわかると、そのシステムを変えるようにする。これまでは電話とファックスで発注していた。それを電子メールにすればより確実に素早く伝達ができる。

そのためには、取引先との約束ごとで電子メールを正式な発注書とする取り決めをしなければならない。すべてクリアしてはじめて改善が実行される。責任者たちは、改善計画がどのように行なわれたかを自己採点する。それを役員たちの前で報告する。役員たちはそれに対してさらに点数をつける。

本人の点数と本人の報告と、まわりのみんなの点数が総合計となる。孫も、いっしょに加わって点数をつける。

孫は社長だから、孫のつけた点数はその二倍に数えられる。総合計の多いものはその点数に合わせて報酬をもらえる。このようにして、年間に一万の改善が行なわれれば、一〇年間に一〇万もの改善ができる。これをやりつづけていくことによって、企業運営の仕組み、つまりＤＮＡのようなものが進化していく。これが企業ＤＮＡ進化システムだ。

孫は、どんなアイデアが出てくるか楽しんでさえいる。そのことが会社の活性化にもつながる。

ほかの会社ではほとんどの場合、社長が担当役員に命じる。

「在庫をなんとしてでも減らせ」

担当役員は〝努力します〟といったようなことを言う。それで終わってしまう。いくら口を酸っぱくして言っても、システムを改善することが自分に跳ね返ってこないかぎりつづかない。精神論の域を出ない。

人の評価方法も、社長が鉛筆を舐めながらひとりで採点する。

（あの役員は、眼が光っている）

数字ではあらわせない心情的なもので判断している。孫は思っている。

（従来の大企業は、会社全体としてはわかるが、自分の部門が利益が上がっているかどうかがまずわからない。なにかの拍子で見えたとしても、自分が変える権限を持っていない。たとえ変えられたとしても、自分にはなにも報酬がもどってこない。やる気を削ぐような組織立てになっている。それでは、利益があがるものもあがりはしない）

当たり前への挑戦——電子稟議の導入

孫は電子稟議も実行した。稟議書は、日本では役職の低い順番に二ヵ月かけてハンコを持ちまわりでやっている。コンセンサスを得るというのはいい。日本的で非常にいいことだ。日本企業は、一度決めるとすごい爆発力を発揮する。しかし、決めるまでに時間がかかりすぎる。

欧米の経営者たちは、うんざりしている。

「あいつらとは時間のペースが合わない」

稟議書こそ、その一番の弊害となっている。

孫は言い出した。

「じゃあ、電子稟議にしよう」

起案者は、順番にハンコを持っていくのではなく、承認を受けなければいけない社長、事業部長、営業部長、財務部長、総務部長と一気に電子メールで稟議書を送る。一瞬にして全員に伝わる。

孫は、いくつかの意思をあらわす種類のハンコを持っている。「絶対にノー」という拒否権をあらわすハンコ。「だれがノーといってもイエスだ」というハンコ。「条件つきイエス」というハンコ。その条件というのは「説明して納得したらオーケー」とか「金額を半分にしろ、そしたらオーケー」「担当部長にもっと説明して、その部長が納得したら八割まで認める」というようなものだ。四つ目のハンコとして、「みながよければ、ぼくもオーケー」というハンコがある。

孫は、いちいち細かいところまで立ち入りできない。担当部長をはじめ権限者の同意がすべて揃えば、それに従うという意思をあらわしている。孫が押すハンコのうち九〇％近くはそれである。

稟議書は目を通す人にいっぺんに電子メールで送るため、孫がもっとも早く目を通すこともある。孫がイエスと言ったら、ほかの人はノーと言いづらいところがある。孫はそこを配慮している。

日本の稟議制度というよさを取り入れながら、なおかつスピードも妥協しない。四八時間デフォルト制をとっている。稟議書を見るものは、稟議書が送られて四八時間以内にイエスかノーかを判断し答えなければならない。もし意思をはっきりさせなかった場合には、自動的にイエスとなる。

そして、自動的イエスを三〇回もした責任者は稟議の輪から外す。責任者は、海外出張していてもいつもパソコンを持っていていてインターネットに接続して稟議に参加する。

孫は、日本の企業が当たり前と思ってつづけているさまざまなことに挑戦しつづけている。（大きな革命もあるし小さな革命もある。しかし、ことなかれ主義でみんなのコンセンサスをとれたら、おっとり刀でやるとか、みんなの納得を得てはじめてやるというのでは、後手に回ることになる。それは世界の二番にはなれるが、一番にはなれない）

ストックオプション・ウルトラC

孫は、一九九四年五月、コンピュータと周辺機器の接続を制御するソフト制作の最大手であるフェニックス・テクノロジーズの出版部門を三〇億円（三〇〇〇万ドル）で買収した。孫にとって、はじめての海外企業買収であった。

孫は、はじめての外国企業であるフェニックス・テクノロジーズの買収を機に、ストックオプション方式をソフトバンクに採り入れることを考えはじめた。

（アメリカで一般的になっているストックオプション制度を採用しなければ、アメリカ人社員は雇えない）

ストックオプションは、経営者や従業員に自社株を一定価格で購入する権利を与える制度である。業績向上へのインセンティブを与えるのが狙いだ。

権利を与える時点での株価が一万円とすれば、それと同等か九八〇〇円などやや下回る水準に権利価格を決める。そのうえで、三、四年間経過した段階で権利が行使できるようにするのが一般的である。

この間、株価が一万五〇〇〇円に上昇していれば、それを九八〇〇円で買えるわけだから五二〇〇円の儲けとなる。もし七〇〇〇円に下がっていれば、買わないでその権利を放棄すればいい。社員が損をすることはない。

アメリカのシリコンバレーでいえば、経営陣の年俸のうちの三分の二以上はそのストックオプションである。年間一億五〇〇〇万円もらっている経営者であれば、五〇〇〇万円は企業からもらい、残りの一億円はストックオプションで得た利益である。アメリカで日本式の給与体系をとっていてはシリコンバレーでは戦えない。

孫はさらに思った。

（それなら、日本でもストックオプションを取り入れよう）

アメリカのソフトバンクグループ会社にだけストックオプションを与えては、同じようにソフトバンクグループのためにがんばっている日本の社員たちに申し訳ない。

ところが、日本の商法ではストックオプションは許されていなかった。前提である企業の自社株の保有が認められていないなど、法律上の壁は厚かった。

（そんな馬鹿なことがあるか）

孫は、大蔵省官僚や通産省官僚にも、マスコミにも大経営者にも訴えた。

「会社の価値が増えたら、社員が分かち合うのは当たり前じゃないか」

日本企業の社員はただ給料をもらっているだけで、いくら会社が利益を得て会社の価値が上がろうと、そのよろこびを分かち合うことができない。

たいていの人は孫の言葉に耳を貸そうとはしなかった。

「日本人は銭金の欲で仕事をするんじゃない。もっと高級な精神で仕事をするんだ」

明治時代から戦後、高度経済成長までの、欧米に追いつけ追い越せといった日本国中の目標を持っていた時代ならば、「欲しがりません、勝つまでは」式に国民が一心不乱に突撃していけたかもしれない。ところが、いまや経済大国のひとつにあげられるほど豊かになった日本で、経営者がいくら愛社精神を持てと頭ごなしに吼えたところで、ついてくる社員は少ない。むしろ、孫にはナンセンスにさえ思えた。

(日本の経営者をはじめ、さまざまな人たちは、じつは資本主義の本質をわかっていないのではないか)

日本の若者が命懸けで仕事をしようというスピリッツをかき立てることもできない。

孫は宣言した。

「たとえ、商法は改正されなくても、法律に違反しないで法律にのっとった形で事実上のストックオプションをやる」

孫は、合法的にストックオプションができる途を探った。

孫は、あるとき自分の家に遊びに来ていた東大生の弟泰藏に言った。

「日本でストックオプションをするウルトラCを考え出したよ。おれが持っている持株をうまく配分するんだ。シミュレーションしてみると、会社の業績が伸びれば時価総額が増加するから、自分の株を与えつづけても大丈夫だ。これなら法的にもおかしくないし、ルールを守ったうえでストックオプションができる。日本でもかならずストックオプションは解禁される」

維新を起こすときは、自分の財産をなげうってでも革命を起こすぞという気概がないとけない。目先の損得勘定でやっては革命は起こせない。だれかが先鞭をつけるのを待って、革命的なことにだれかが成功するとそれに飛びつく者がいる。自分はまったく怪我をしないで新たなやり方を手に入れ、まねる。

孫は、そのようなずるい真似だけはしたくはなかった。

自分が所有しているソフトバンク株の三割にあたる株をなげうって、日本でストックオプションを実施することにした。

功績をあげた日本人社員たちに一年目で総額一〇億円与えて、二年目、三年目で総額一〇〇億円を与えた。

(自分の腹を痛めても、社員がよろこび、ソフトバンクの業績が伸びるなら大いに結構だ)

ストックオプションを取り入れるべきだという議論は次々に起こってきた。半年ほどのちには、ソニーがワラント債(新株引受権)を発行して、そのワラント部分を役員報酬の一部に充てるといった擬似ストックオプションともいうべき制度を実施する動きに出た。

ある新聞の調査によると、店頭公開企業のなかでストックオプションを実施したい企業は三分の二にもおよんだ。

孫がストックオプションのようなものをはじめて三年たった一九九七年には商法が改正され、ストックオプションがはじめて認められた。

戦わずしてシェアをとる——日本シスコシステムズへの資本参加

一九九四年七月二二日、ソフトバンクは店頭市場に株式公開。孫は株主公開の前に発言した。

「われわれのビジョンに賭ける人たちのためにも、できるだけ安い価格ではじめたい」

可能なかぎり高値でスタートさせたいと考えるのがふつうである。孫の発言は周囲をおどろかせた。

借入金返済を目的とした公開公募も行なった。入札九五万株、募集九〇万株。公募価格は一万一〇〇〇円であった。初値はそれでも一万八九〇〇円をつけ、二一四億円を調達した。

孫は、個人名義のソフトバンク株などを合わせて約二〇〇〇億円もの株式長者となった。

□

一九九四年夏、友人のゲーリー・リーシャルが孫のもとを訪れた。

「今度、シスコシステムズに移ることになりました」

孫は、シスコシステムズのジョン・チェンバース社長に接触したいと思っているところだった。ゲーリー・リーシャルに頼んだ。

「シスコに移るのならちょうどいい。チェンバース社長に伝えてほしいことがある」

「なにをですか」

「これからはインターネットの時代だ。それも世界中に広がっていく。シスコは間違いなく伸びる。しかし、日本でシスコの業績を伸ばしたいのであれば、競合相手になるようなところを株主に入れてしまえばいい。そのお手伝いは、ぼくがしましょうとね」

シスコシステムズは、ルーターと呼ばれる接続装置の最大手メーカーである。ルーターは、複数のＬＡＮを接続するにはなくてはならないものである。ＬＡＮの分岐点に設置し、送信用に小さく分割されたパケットと呼ばれるデータの塊を、いくつかある経路のうち、どの経路で流せばいいかを判断する。が、シスコは、一九九三年に一〇〇％の子会社である日本シスコシステムズをすでに設立していた。

孫は、まずチェンバース社長と電話で話した。が、彼はあまり乗り気ではなかった。

「うちはすでに日本シスコをつくっている。売上げも三〇億円はあげている」

孫は言った。

「まあそう言わず、一回会って話を聞くだけ聞いてください」

孫は、シスコシステムズの本社があるカリフォルニアに飛んだ。チェンバース社長に会いたいと告げた。

「戦わずして勝ったほうが、なにかと得ではないですか。日本の産業を見てください。はじめのうちは、自分たちに技術がないから外国製品を買っている。だけど、そのうちそっくりのものをつくってしまうでしょう。しかも、安くていいものを。そうすれば、シスコで六割のシェアがとれると思っていても、悪くいけば三割から四割で終わってしまう。しかも、競争がそれだけ激しくなったら利益率も低下する。戦うということはそれだけで利益が減るんですから、シェアとは、戦わずして一気に行なったほうがいいと思います。もっともいい勝ち方は戦わずして勝つことです。ぼくはすでにビジネスランドとノベルの二回、そういうことをしている。実績はある。やってみる価値はあるんじゃないですか」

孫は、チェンバース社長を日本に呼び、提携してくれそうなメーカーを回った。アポイントメントはすぐにとれた。チェンバース社長は、それだけで孫を信用してくれた。

が、そこから先がノベルやビジネスランドのときとは違った。メーカーの担当役員は顔をしかめた。

「稟議がなかなか通らんよ。孫さん、シスコの日本法人を時価総額一〇〇億円と評価しているようだけどそれは無茶だ。ということは、一%につき一億円でしょ。バブルの崩壊でそれだけの資金を出すことはむずかしい」

「……」

「それに、うちでは競合品をつくっていて、さらに力を入れようとしている。前回のビジネスランドは販売で、本業とは違った。むしろ、販売先となってプラスだった。ノベルのときには、自分のところはつくっていないものだった。しかし、シスコシステムズの場合は、自分たちも競合品をつくっている。金銭以上にむずかしいね」

孫は、それでもなお執拗に説得しつづけた。それでも、「今度ばかりは……」という答えしか返ってこない。孫が思っていた以上に壁は厚かった。チェンバース社長とともにうちひしがれた。

が、それでも次から次へと説得にまわった。はじめに乗ってきたのはNTTデータ通信の藤田史郎社長（現・会長）だった。

「たしかにそれは必要だ。いろいろとこちらもやっていますが、手を組んでみましょうか」

次に最大の取引先であるNECの関本忠弘社長に話し、高山由常務に誘いかけた。

「NECさんが乗ってこられなくても、いずれはやります。だったら、せっかくこれまで取引が最大でノウハウを積み上げてきたのに、乗らなかったらシェアが落ちるかもしれません。乗らないという防御の方法もあるかもしれませんが、いずれぼくがやりそうだというのはわかるでしょう。だったら積極的に入ったらどうですか」

孫はさらにつづけた。

「もし乗っていただけるのであれば、NECさんとNTTデータ通信さんだけは出資金額を二・五%ずつにさせていただきます」

今回は、ひとつの会社から四億円も五億円も出資してもらえそうにない。どこの企業もバブル崩壊であえいでいた。それならば、一％ずつ、一億円ずつを出してもらい、多くの出資者を募ったほうがいい。

孫はつづけた。

「先に決めるのであれば二・五％。むしろ、早く肚をくくったほうがいいのではないですか」

じつは、NECはすでにシスコシステムズと手を組み、シスコシステムズがつくった通信システムであるルーターをNECの名前で販売する、いわゆるOEM契約を結んでいた。あらためてシスコシステムズの日本法人に参加する必要はなかった。孫はそのことを知らなかったに違いない。

高山は思った。

（孫さんが見聞きし肌で感じたものだ。かなり意味が大きいと感じているに違いない）

思い返してみると、NECはシスコシステムズの通信ソフトを市場支配しているわけではなかった。トータルな意味でシスコシステムズをバックアップすることは必要だった。

高山は、シスコシステムズと技術的につながりのある技術者をはじめ、社内折衝に力を注いだ。高山は、孫以外の人が申し出てもそこまではしなかったに違いない。孫にとっても、高山が積極的に動いてくれるのは大きかった。

（NECが参加してくれれば、ほかの企業も参加しやすくなる）

NECはついに話に乗ってくれた。

NTTデータ通信とNECが参加すると、ほかの企業もやっと話に乗ってきた。その二社を含め一三社が出資すると名乗り出た。

一九九四年一〇月、日本シスコシステムズへの資本参加は成功した。ソフトバンクは、日本勢では最大の一二％の株主となった。

日本シスコシステムズの売上げは、初年度年商三〇億円だったものが、一二〇億円、四〇〇億円、八〇〇億円と年々すさまじい勢いで伸びた。

その功績もあって、チェンバースは社長兼CEOとなった。そして取締役を外部からひとり入れることにし、孫を指名してきた。孫は、米国のシスコシステムズ本社の取締役となり、毎回朝九時から夕方にかけてぶっつづけで行なわれる取締役会に出席している。

彼はよろこんだ。

(取締役会に参加することはノウハウを得る意味で非常に役立っている。人脈的にも相当プラスになっている)

買いのチャンス!

孫は、世界に羽ばたくビッグチャンスをつかみかけていた。一九九四年六月、秘書からFAXを受け取った。すかさず眼を通した。

(これは絶好のチャンスだ!)

送り主は、ソフトバンク・アメリカ社長のテッド・ドロッタであった。

「『PCWEEK』の出版元であるジフ・デービスが、出版部門と展示会部門を売りに出す。会長であるウィリアム・ジフは病気がちで、息子に継がせたいと思っていた。が、息子のほうは、財産を使ってインベストメント・バンカーをやりたいといって、まったく継ぐ気持ちはないらしい。ウィリアム・ジフは、仕方なく売りに出す」

それといっしょに、「ウォール・ストリート・ジャーナル」に載った記事も送られてきていた。どうやらガセネタでもなさそうだ。ジフ・デービスは入札方式で決めるという。

ビル・ゲイツとのインタビューで「ＰＣＷＥＥＫ」は毎週眼を通しておくべきだと言われて以来、ジフ・デービスの出版部門はいつも孫の頭の片隅から離れなかった。一九九〇年三月に「ＰＣＷＥＥＫ」の日本語版権を手に入れた。が、もっと深くかかわりたいという気持ちがより強くなっていた。できるなら、ジフ・デービスの出版部門を買収したいとまで思うようになっていた。そのジフ・デービスが、いよいよ売りに出るというのである。孫は決意を固めた。

（いまこそ、買いのチャンスだ！）

はじめに買収したフェニックス・テクノロジーズ出版部門とはその規模が違う。はじめての大型買収である。

（かならず成功させてみせる）

いつも以上に力が入った。

すぐさま入札の準備にかかった。世界一の投資銀行モルガン・スタンレーと、会計監査では世界で一、二を争うプライス・ウォーターハウスを味方につけた。

入札はあくまでも情報戦である。競合相手がどれくらいの金額を注ぎこむかをつかんだうえで、それよりもやや多めの資金を投じる。それが理想的な入札である。

孫は、あらゆる情報網を駆使してたんねんに調べあげた。会社が発表している数字、会社の中身、売上げの伸び、その分野についての調査、交わしている取引先との契約内容など、ありとあらゆる情報をかき集めた。

そのさまざまなデータをもとに、のれん代の償却からソフトバンクへの影響など利益収入計画を、みずからパソコンを駆使し、何百回もはじき出し、プリントアウトすると、データの総ページは二万ページにもおよんだ。

さらには、バンク・オブ・ニューヨーク、チェース・マンハッタン、シティ・コープといったアメリカの銀行に融資を申しこんだ。

おどろいたことに、三行ともに一週間で一千数百億円もの資金を無担保で融資すると回答してきた。

孫は、あまりの素早さに舌を巻いた。

(一度も取引がなかったのに、こんなに簡単に出してくるとは)

アメリカでは、M&Aは当然の経済活動として行なわれる。さまざまな経験とノウハウがある。ソフトバンクを調査し判断するにしても、一刻も早くしなければならないことも常識として知っていた。

孫が、そのうちのひとつの銀行を選べば、その銀行がシンジケートを組み一千数百億円を調達してくれることになる。

孫は、バンク・オブ・ニューヨークを選んだ。

担当者は、孫にコミットメントレターを渡した。

「入札の際には、これをジフ・デービスに渡すんです」

つまり、資金調達ができる保証書である。

孫は、買収に関してほとんど知識がなかった。はじめてそのようなものがあることを知った。

その後もジフ・デービスへの入札をひそかに進めていた。ところが、どこで聞きつけたか日本経済新聞にスクープされてしまった。その記事が出てすぐ、孫が展示会部門のコムデックスを買いたいと申し入れていたインターフェイス・グループ会長のシェルドン・G・アデルソン会長の使者が、孫に会いたいとやってきた。

使者は言った。

「会長は、『もしジフ・デービスの展示会部門も買収するというなら、われわれといっしょに買収しよう。孫さんと競合するよりはいっしょに買収したほうがいい』と言っていました」

孫は言った。

「たしかに、コムデックスの最大のライバルはジフ・デービスの展示会部門でしょう。コムデックスがジフ・デービスの展示会部門を手に入れれば、アメリカの展示会市場の七五％を押さえることになりますからね」

使者はつづけた。

「あなたは、資金ができたらコムデックスを買うと言っていたが、その気持ちに変わりはないのか」

「ない。しかし、ぼくにとって一番重要なのはジフ・デービスの出版部門です。もしもそれが落札できなければ、そのときにはコムデックスを買収しにいきます。いっしょにジフ・デービスの展示会部門を買収するという話は心に留めておきましょう」

さて、ジフ・デービス出版部門買収のために残った課題は残りの数百億円の調達だけだった。

孫は、これまで取引していた日本の銀行に融資を頼んだ。

日本の銀行はアメリカの銀行と違い、M＆Aには慣れていない。判断するのに時間がかかった。

担当者は言ってきた。

「入札期限に間に合うように、返事はします」

孫は、競合相手がどれくらいでジフ・デービスを買うか徹底的に調べあげていた。そのうち、関係者たちの声が聞こえてきた。

「この入札にもっとも熱心なのは、ソフトバンクだ」

孫にとってはまさに追い風だった。

孫は、入札を五日後にひかえ、ニューヨークに足を踏み入れ、現地のチームと最終的な詰めに入った。しかし、内心おだやかではなかった。

(いくら入札価格が決まっても、日本の銀行がゴーサインを出してくれなければ不可能だ)

さすがにじりじりしていた。

時を経て、融資する銀行の回答がニューヨークの孫のもとに送られてきた。

入札当日の一九九四年一〇月二五日の夜明け前、すべての銀行が融資を決定した。残りの調達もめどが立った。孫はまったく疑いもしなかった。

(これで、ジフ・デービス出版部門はおれの手に入ったようなもんだ)

孫は、投資銀行であるモルガン・スタンレーの事務所で、ソフトバンク財務担当役員の小林稔忠投資アドバイザーとともに入札価格の詰めにかかった。

事務所では、ほかに二〇名近くがあと数時間に迫った入札までの準備にとりかかっていた。空気が張り詰めていた。

正午の時報を聞いて間もなく、ジフ・デービス側の投資銀行であるラザード・フレールの社員から孫に電話が入った。

「ちょっと問題がある」

「いったいなんだい。こっちはもう資金は調達できた」

「フォーストマン・リトル社が単独交渉権を得て、この入札は終わった」

孫は、いったいなにを言われたのかさっぱりわからなかった。入札が打ち切られることがあるとはまったく予想だにしていなかった。

「どういうことだい、いったい」

「単独交渉権をフォーストマン・リトル社が得た。それで買収が終わった」

孫は、その名に聞きおぼえがなかった。あとで知ったのだが、フォーストマン・リトル社はアメリカきっての投資会社である。

ラザード・フレールの社員の話では、同社会長であるテッド・フォーストマンはジフ・デービスのオーナー、ウィリアム・ジフを部屋に閉じこめ、自分たちの金額を提示して迫ったという。

「おれたちは現金で出す。それを呑んで入札をやめるか、それとも、蹴って入札を予定どおり行なうなら自分たちは参加しない。少なくともおれたちのオファーはない」

もしも回答せずに部屋を出たら、その時点で交渉は終わりだとまで口にしたらしい。テッド・フォーストマンは、入札の前に勝負に出たのである。

もしも入札になれば、世界一のアドバイザー陣営を誇り、しかもやる気満々のソフトバンクに競り負けるかもしれない。それならば、ソフトバンクが資金調達が間に合わないかもしれないということをウィリアム・ジフにちらつかせ、確実なほうを取るか、それとも不確実なほうを取るかの選択を迫ったのである。

ウィリアム・ジフは確実性を取った。フォーストマン・リトル社は、ソフトバンクのアキレス腱を突いた、まさに百戦錬磨の巧妙な手口を使ったのだ。

孫はそれでも食い下がった。

「いったい、フォーストマン・リトルはいくら出したんだ」

「それは言えない」

「金額を言えないなら言わないでいい。それに一億ドル上乗せしよう」

「それでも駄目だ」

「ではさらにあと五〇〇〇万ドル」

じつは、フォーストマン・リトル社は一四億ドル（一四〇〇億円）でジフ・デービス出版部門を買い取っていた。入札さえしていれば、一六億ドル（一六〇〇億円）を用意していた孫はかならずジフ・デービスを買収することができたのだ。

ラザード・フレールの社員はわずらわしそうに言った。

「話は終わったんだ」

とりつく島もない。

孫はさすがに声を落とした。

「そうか……」

こんなやり方があるのか。まるで狐につままれたような気分であった。

孫は事務所にいたスタッフたちを集めてそのことを話した。スタッフたちは、孫がニューヨークに入ってからというもの、ろくに眠らず一丸となって入札に向けて突き進んでいた。一瞬にしてゴールを失い、唖然とした。

ひとりが、手にしていた書類を床に叩きつけた。

「入札がなくなるなんてどういうことだ！」

怒りの雄叫びをあげるスタッフ、がっくりと肩を落として涙を流すスタッフ、それぞれが悔しさを噛みしめていた。孫は一人ひとりの表情を眼に焼きつけた。

孫は、みなの気持ちが落ち着き、ふとその場が静まり返ったとき笑い声をあげた。

「アハハハハ」

結局は終わってしまったのだと落ちこんでいたスタッフたちは、孫を見つめた。

（孫社長は、ショックのあまりついに頭がおかしくなったんじゃないか）

本気でそう思ったスタッフもいた。

が、孫は楽しそうに言った。

「これは、ひとつのドラマだ。なんとドラマチックな結末なんだ。どうせ負けるなら、あと五〇億円出せばとか三〇億円足らなかったといって悔やむよりは、ぜんぜん予想だにしていなかった結末のほうがおもしろいじゃないか。でも、これはこれで学んだよ。いままでのプロセスのなかでアメリカ式M＆Aを学んだ。そして、すべての過程を体でおぼえたこと自体がソフトバンクにとっては大きな財産だよ。今回のように､取った取られたはこれからいくらでもある。してやられたようだけど､いい勉強になった」

負け惜しみではなかった。孫は心からそう思っていた。

スタッフたちにも少しだけ明るさがもどってきた。孫はにっこりと笑った。

「ぼくの力が足りなくてたまたま勝てなかったけど、みなさんの努力には心から感謝している。いいつながりもできた。この関係は大事にしていきたい」

孫たちはまだ昼食を食べていなかった。残念会もかねて、チャイニーズ・レストランに繰り出した。

スタッフたちはすっかり立ち直り、冗談を飛ばした。孫も腹を抱えて笑い合った。

ジフ・デービスの出版部門の買収に失敗したが、落ち込んでばかりはいられなかった。

（ジフ・デービスの出版部門は駄目だったが、インターロップなどを行なっている展示会部門の入札はどうなっているのだろう）

まっさらになっていた孫の頭脳が、いきなり音をあげて動きはじめた。

（待てよ。二週間前にインターフェイス・グループから使者が来ていた。インターフェイス展示会部門コムデックスは、うまく行けば手に入るかもしれない。それに、ジフ・デービスの展示会部門も手に入れておけば）

ジフ・デービス展示会部門は情報ネットワークの国際的な総合イベントであるインターロップを主力としている。年間売上げ約九〇〇〇万ドル（九〇億円）。展示会には、世界から二〇〇〇社もの企業が参加し、アメリカでコムデックスとならんで一位、二位をわけあっている。コムデックスとジフ・デービスの展示会部門を手に入れれば、アメリカでの展示会市場の七五％を手中におさめ、圧倒的ナンバーワンになる。

（ここで敗戦気分をひきずってむざむざ帰るよりも、まずジフ・デービスの展示会部門を手に入れたほうが世界的な展開にもはずみがつく）

孫は時計の横にある電話に飛びついた。入札締め切りまであと五分しかない。投資銀行であるモルガン・スタンレーのアドバイザーに電話を入れた。

「展示会部門の入札に参加することをジフ・デービスに電話してくれ」

「なに？　おまえはジフにまだ手を出そうというのか」

アドバイザーは入札直前に裏切られたため、ジフ・デービスとかかわり合うのはこりごりといった様子であった。

孫は、有無を言わせなかった。

「時間がない。入札時間を遅らせるように交渉してくれ。出版部門については向こうが約束を破って早めに切り上げたのだから、こっちが展示会部門の入札価格を検討する時間をもらえるように言ってほしい。それくらい聞かないとアンフェアだとしっかり言え。それがすんだら、関係者全員をそっちの事務所に集めてくれ。おれもすぐにそっちに向かう」

「本気か？」

「本気だ！」

アドバイザーが、孫が本気だと知って緊張していくのが電話越しに感じとれた。

「わかった。クレイジーなアイデアだが連絡を入れておく」

孫は、放り投げたままになっていたスーツを手にすると、ネクタイも持たず顔も洗わずに部屋を飛び出した。事務所には、アドバイザーのほかに数人がすでに顔を出していた。

アドバイザーが言った。

「向こうは承知したと言っていたぞ」

「わかった」

孫は、集まった人数でさっそく入札価格の検討に入った。連絡を受けたものたちが次々に事務所に集まってきた。その間に、そこにいるだけの人数で競合相手はいくらで入れてくるか、その金額で入れたらソフトバンクは採算が合うのかどうか、データというデータを素早く検討していった。

孫は、スタートしたばかりの利益が出ていない展示会部門の会場は、自分の個人持株会社ＭＡＣで買い取ることにした。算出の結果、ソフトバンクが一億二〇七〇万ドル、孫の持株会社ＭＡＣが八一三〇万ドルを出資して入札することが決まった。

孫は、そこで茶目っ気を出した。

（これに七・二万ドル足そう）

じつは、この〝七二〟という数字は、後で記すように孫にとって特別な思い入れがあった。端数を足して総計二億二〇七・二万ドル（二〇二億七二〇〇万円）で入札価格を提示した。

短時間で計算したにもかかわらず、競合相手に二〇七・二万ドルの差をつけて、みごとジフ・デービス展示会部門を相手とほとんど差のない効率的な価格差で落とした。孫は、理想的な形ではじめて大型買収に成功したのである。

昼に残念会を開いたばかりだったが、その夜は祝勝会が開かれた。アドバイザーが聞いてきた。

「なんで、最後に七・二万ドルなんて端数をつけたんだい」

孫はにこにこしながら説明をはじめた。

「じつは、半年ほど前に、ゴルフでパープレーで回ったんだ」

「ほう、それはすごい」

「そのスコアが七二だったんだ。だから、七二というナンバーがラッキーナンバーのような気がしてその端数をつけたんだよ」

アドバイザーは手を叩いてよろこんだ。

「そうか、それで七二か。たしかに、七二はラッキーナンバーかもしれない。おかげで、ジフの展示会部門はおまえのところに来たんだな」

孫は一九九四年一一月二日に発表した。

「ジフ・デービス・コミュニケーションズの展示会部門を買収いたしました」

展示会部門を手中におさめることによって、計りしれない影響力を持つことになった。ソフトバンクは、この買収を機にネットワーク事業の実績をアピールできる。顧客拡大にもつながる。

孫は記者たちに語った。

「大型のM&Aのプロセスも勉強した。今度はもっとスムーズにいく」

世界に羽ばたく第一歩を大きく踏み出したのだった。

一九九五年二月二七日、ジフ・デービス展示会部門買収資金調達のために、第一回無担保普通社債を発行して一〇〇億円を調達。利率三・七%、三年債、一〇万円と一〇〇万円の二種類を出した。なお、ジフ・デービス展示会部門は、買収後、ソフトバンク・フォーラムに社名を変更した。

駆け引きなし、一発勝負のコムデックス買収

孫は、世界一の展示会であるコムデックスを所有するインターフェイス・グループのシェルドン・G・アデルソン会長に電話を入れた。

「一年前の約束どおり、コムデックスを買収したい。至急会ってほしい」

スケジュールを合わせた。

孫は、アドバイザーに相談した。アドバイザーは眉をひそめた。

「アデルソン会長はなかなかの食わせものだぞ。最初に言っていた金額をずるずると引き上げていく。ほんとうに売るかどうかはわからないぜ。交渉にしたって数ヵ月は最低でもかかるよ」

「そうか。でも、ぼくはあくまでも買収するよ」

孫は秘策を練っていた。

（相手は名うての駆け引き上手だ。一発勝負だ）

孫は幹部たちに言っている。

「説得する相手として一番むずかしいのは、自分自身だ」

提案者の自分がもっとも欠点を知っている。たとえ自分の製品を説明しても、競合相手の製品の長所（価格が安い、性能が少し上回っているなど）がかならずある。あらゆる角度から見て、自分の言っていることがもっとも正しい。これが一番すばらしいと思えたとき、自分が納得し切ったときには、もう怖いものはない。その道を突き進むだけだ。

交渉の日、コムデックスのミーティングルームには、八人ほどの役員が孫を待っていた。

値段の折衝をはじめ、買収について必要な話が進められた。

孫は、ころあいを見てアデルソン会長に誘いかけた。

「一対一で話し合おう」

ミーティングルームを出て二人だけで話し合うことにした。孫は、アデルソン会長の眼をしっかりと見据えた。

「ぼくは、この金額については駆け引きはしない」

「わかった」

「一回だけ金額を言ってくれ。その金額が高すぎたら、いっさいの交渉なしですぱっとあきらめる。ある程度のリーズナブルな範囲なら、いっさいの値切り交渉なしで決意する。ぼくが思う範囲でちょっとでも高かったら交渉はなしだ。いいですね」

孫は、相手の眼から視線を離さなかった。

「もしかすると、ぼく以外の人でもっと金額を出せる人はいるかもしれない。しかし、あなたは世界一の展示会をつくった。その力と夢を尊重して、あなたの夢を継承していかなければならない。コムデックスは、あなたにとってもっとも大きい事業でしょ」

アデルソン会長はうなずいた。

「もちろんそうだ」

孫はつづけた。

「自分が生み出した子どもともいえるその事業が貧相になったら、あなたがつらいでしょう。ぼくも創業者としてその気持ちはわかるつもりでいる。あなたの夢を継承させることも含めて、トータルで判断してほしい。あなたも知ってのとおり、ぼくはジフの出版部門がもっとも欲しい。フォーストマン・リトルに取られたけどまだあきらめていない。ここで揉めるなら、むしろ金や余力を残してふたたびチャレンジしたいと思っている。だけど縁があるなら、ジフの展示会も買収したからこっちをさらに強化していきたい。これが正直な現状と正直な本音だ。さあ数字を言ってください。そのかわり、さっきも言いましたが一発回答だ」

アデルソン会長は孫をじっと見据え返してきた。〝この男は駆け引きでなく本気で決意している〟と感じたのか。

孫も相手の目を見据えた。アデルソン会長の眼がかすかにやわらいだ気がした。

「よし、八億ドル（八〇〇億円）だ」

孫が睨んでいたのは七億五〇〇〇万ドルから八億五〇〇〇万ドルであった。

孫は、握手を求めてだまって手を差し出した。

アデルソン会長はその手を握った。交渉は成立したのである。

アデルソン会長は、ミーティングルームにもどると役員たちに笑顔で話した。

「コムデックスは、孫に売る」

役員たちはびっくりした表情を見せたが、ひとりも異論をとなえる者はいなかった。

□

ソフトバンクは、コムデックス買収資金八億ドル（八〇〇億円）を調達するために、一九九五年三月一七日、公募価格九六九六円（スプレッド方式）の時価発行増資を行ない、一八一億円を調達した。残りは普通社債一〇〇億円の発行と銀行を中心とした借入でまかなうと発表した。そのとたん、孫のもとに銀行から融資させてほしいという話が殺到した。なかには、電子メールでメッセージを送ってくる銀行関係者までいた。

孫は、日本の銀行からの協調融資でまかなうことに決めた。日本興業銀行、第一勧業銀行、日本長期信用銀行などから、計五三〇億円を異例の無担保・無保証で借りることにした。

じつは、孫がジフ・デービス出版部門買収に名乗りをあげていたとき、アメリカの投資銀行は無担保・無保証で一二〇〇億円を融資すると決めていた。それも、わずか一週間で総資産五〇〇億円にも満たないソフトバンクに融資を決めてしまったのである。日本の銀行とは大変な違いだった。このことが、それまで有担保主義をとっていた日本の銀行団にひとつの風穴を開けた。

ハイテクほど興奮する業種はない

一九九五年四月、孫はインターフェイス・グループ展示会部門のコムデックスを買収した。

NECの高山由常務は、孫がコムデックスを買収したと聞き、興奮をおぼえた。

孫はいくつもの買収をエネルギッシュに行なっている。それは、デジタル情報インフラを押さえようとしている孫にとっては当たり前のことと見ていた。

が、コムデックスだけは性質が違う。毎年ラスベガスで開かれるコムデックスのパソコン見本市は、世界中から注目を浴びる。

ビル・ゲイツをはじめ、世界のパソコン業界の先端を走る人々がやってきてはスピーチをする。孫が買収した以上、孫がその人たちを紹介して壇上にあげる。ソフトバンクという会社ではなく、孫正義個人が世界から注目を浴びることになる。

高山は孫に電報を打った。

「ツイニ　モクヒョウヲ　タッセイシマシタネ」

コムデックスは買収後、一九九五年期には売上高九〇億円、営業利益四〇億円と利益率五割近くをあげた。さらに、インターロップなど、買収したアメリカの子会社から配当金だけで年間三五億円は入ってくる。利益もかなりあがっている。

買収した事業の業績が孫の自信を裏打ちした。

なお、コムデックスは世界のＶＩＰが一堂に会し、数千億円もの商談が行なわれる場である。そのブランド効果は抜群だった。以前は会うことも大変だった有力者が、いまは向こうから〝会いたい〟とアポイントメントを入れてくるようになった。

コムデックスは、前社長のジェイソン・チャドノフスキーが会長となって率いることになった。ソフトバンクからはひとりの役員も入れなかった。

孫は、まずコムデックスにコンピュータを導入した。それまで、コムデックスには数台のパソコンはあったが、電子メールにしてもボイスメールにしてもきちんと使い切れていなかった。

孫が中心となって、パソコン操作に必要なトレーニングや教育を進めた。ソフトバンク独自のシステムである「千本ノック」もまた導入した。それまでのコムデックスにはなかったまったく新しいシステムだった。

会社が買収されたときには、いままでの体制に固執した人たちが辞めていくのがふつうである。ところが、コムデックスがソフトバンクに買収されたときにはひとりも辞めなかった。二七三人がそのまま残った。

従業員にも変化があらわれた。一〇ドル稼いだなら二〇ドル稼ぐ、一〇〇ドル稼いだら二〇〇ドルと、拡大拡張するためにがんばろうとした。みんながより高いレベルの成長を考えるようになった。

規模も拡大した。四ヵ国でしかイベントを開いていなかったのがグローバルに拡大し、一九九九年には二〇ヵ国にまで広がっている。

孫はあるとき、コムデックスが開く展示会の会場づくりの現場に姿をあらわした。各企業の人たちが汗をかきながら、おのおののブースづくりに励んでいた。

孫は、近くにいた者に言った。

「みんなのためにコーヒーとピザを買ってきてください」

孫は、みなのために一五万ドルを費やした。

いくら自分の会社が主催する展示会とはいえ、そこまでする必要はない。それまでのコムデックスではこのような例はなかった。ジェイソン・チャドノフスキー会長は、孫の細やかな配慮に感心した。

□

一九九五年五月二〇日、赤坂プリンスホテルのロイヤルホールに、ソフトバンクグループの米国子会社社長はじめ、新卒社員まで全社員八〇〇人が集まった。このように新卒社員まで入れて全社員に対して会社の戦略を示すことは、ふつうの会社ではないことだ。

まる一日かけて中期経営計画が発表された。孫は、スクリーンにさまざまな事業部のグラフ化した目標を次々に映した。そして、事業部ごとに発破をかけた。

「この事業部はいまの倍は売上げを伸ばせる」

「この事業部は伸び率がいいからといって安心しては駄目だ。まだまだ業績は伸ばせる！」

そのようにして目標を高く掲げた後、声を張りあげた。

「ゲット五〇〇！」

なんと西暦二〇〇〇年の五年後に経常利益を五〇〇億円にしようという計画であった。ただし、前期の経常利益は四七億円である。つまり、五年間で一〇倍の成長がないとこの目標数字に届かない。

チャドノフスキー会長も、その中長期経営会議に出席し、データにもとづいた計画に感動した。

チャドノフスキー会長は、孫の評判をよく耳にする。

「ミスター・ソンは客の声を大事にする。顧客重視だ」

チャドノフスキー会長は、孫がコムデックスを買収した前と後とではどう違うかを語った。

「ゴルフをおぼえなければならなかったのが大きなことです」

ひとつ冗談を飛ばしたあと真剣な眼で答えた。

「ソフトバンクグループには、出版社であるジフ・デービスの展示会部門から改称したソフトバンクフォーラム、コムデックスを改称したソフトバンクコムデックスがある。そういう組織体が一丸となり、もっとも高いレベルで全体としてまとまっている。グループとして大きな夢を実現しようという方向性で突き進んでいる。それがやはり心強い。これまではコムデックス単体だったが、グループであればあるほどIBMや大きな企業ともよりすばらしい関係ができる。このたび日本で展示会コムデックスを開催することになったが、そのときでも一丸となって環境づくりができるようになる。それに、孫さんの吸引力で、自分と同等かそれ以上に聡明な人と一堂に会して話し合うことができる。それはすばらしいことです」

ジェイソン・チャドノフスキーは、つづけて、前会長と孫との違いについて語った。

「アメリカの企業家というのは、三年先を見ていれば長期的にものを見ていると言われる。したがって収益しか追求しない。孫さんは長期的に客のことを理解しようとしている。アメリカのアントレプレナー（起業家）は感情的な人が多い。でも、孫さんの場合は実務家的かもしれないが、その一方で夢を追いかけたいという思いが非常に強い」

彼はつづける。

「コムデックスは業界の成長を反映する。ソフトバンクは、あくまでもサービス・プロバイダーとして業界が成長できる過程を提示する。一九八〇年代に入ってパーソナルコンピュータが登場して一大革命が起きた。われわれはその波をうまく航海してきている。いまはインターネットを中心としたさらなる革命が起きている。

孫さんが頭がいいのは、ひとつの会社ではなく、コムデックス、ジフ・デービスといったように同じコンピュータ業界のなかでも性格の違ったさまざまな会社を持っていることです。そういうものを持っているからこそ、いまの時代背景のなかでさらに成長することができる。いろんな業種があるが、ハイテクほど興奮する業種はない。世界中には、中国をはじめとしてまだコンピュータが十分に導入されていないところが多い。そういう未開のマーケットも残っている」

自分の人生を燃やすにたる企業

ソフトバンクがコムデックスを買収して間もない一九九五年四月下旬、ちょうどゴールデンウィークに入る直前のことである。野村證券事業法人三部長の北尾吉孝は、打ち合わせのために、当時中央区日本橋浜町に移っていたソフトバンク本社を訪れた。

孫もまじえて社長室で打ち合わせをしたあと、北尾が腰をあげた。孫が人差し指を一本立てながら北尾を引き止めた。

「北尾さん、一分だけ時間をいただけますか」

「いいですよ」

用件はなにかまったく見当がつかなかった。北尾は、いっしょに連れてきた部下たちに眼で「先に出ていろ」と合図を送った。部下たちが出ていったのを確認したあと、ソファにふたたび腰かけた。

孫が、小首をかしげるようにしながら聞いてきた。

「CFO（財務執行役員）としてうちに来てくださいませんか」

「はあ……」

まさかそんな話が切り出されようとは思ってもみなかった。どう答えていいものかさすがに言葉が出なかった。証券会社最大手である野村証券を辞めてほかの企業に移ろうと考えたことはなかった。

孫は財務経理の専門家を探していた。その候補として北尾に白羽の矢を立てたのである。

北尾は言った。

「わかりました。一〇日ほど考えさせてください」

北尾が孫とはじめて顔を合わせたのは、一九九四年七月二二日、ソフトバンクが株式公開した運命の日であった。

その日孫は、世間をアッといわせているM&Aについて語りはじめた。

「あくまでもデジタル情報インフラを押さえようと思っています。それ以外の領域には興味を持っていません。そのインフラとは、流通インフラ、ネットワークインフラ、情報インフラ、サービスインフラ、そして、展示会インフラです」

それから、業績が長期的にも短期的にもしっかりしていることなど、買収合併する企業のいくつかの条件を滔々と話した。

北尾は、次々と新たなことにチャレンジしつづける孫をマスコミを通じてしか知らなかった。若いのに積極的に動く経営者やなと感心していたが、孫に会ってさらにその思いを深めた。自分よりも六歳若い孫を惚れ惚れと見ていた。

（自分の意見をここまで明確に整理して語れる経営者は、日本に数少ない。世界でビジネスができる逸材だ）

一九五一年生まれで孫より六歳年上の北尾は、イギリスやアメリカでの留学や勤務で一〇年にもわたって海外で暮らし、その間、欧米のCEO（経営最高責任者）と呼ばれる人たちとつきあってきた。欧米企業を引っ張るリーダーたちは強烈なリーダーシップを持っていた。どんな人をとっても非常に能力が高かった。

コンピュータは自分で操作できて当たり前。会計に関しての知識も持っている。フランスの経営者でもドイツの経営者でも英語が話せる。スピーチをするにしても、あらかじめ用意した原稿を読むわけではない。自分のビジョンや意見、考え方を明確に自分のストックとして持っていた。

一方、日本企業のリーダーにはそのようなタイプは少なかった。日本企業はひとりのリーダーが引っ張るのではなく、組織全体が合意したコンセンサスを得てはじめて動くことができる。そのトップに立った者の多くは、たいてい全体の意見が集約できたのを確認したうえで決断する。

北尾が見てきた企業経営者たちとくらべてみた場合、孫は日本的経営者というよりも、むしろ欧米的経営者の色が濃いように思えた。

ただし、たんなるビジネスマンとしての能力に長けているだけでなく、話し方に誠実さがあらわれ、温かみも持ち合わせていた。北尾は親近感を感じた。

孫も、北尾のことを信頼してくれたに違いない。北尾に言った。

「北尾さんならいつでも会うから、言ってください」

孫が、いつもマスコミや財界人たちの前で口にしていることはいったいどういうことなのか。あるいは、まわりはソフトバンクをどう評価しているか。ソフトバンクが拠って立つコンピュータ業界はどうなのか。北尾は深いところまではよくわからなかった。

さっそく、野村総合研究所にあるソフトバンクに関する雑誌や新聞をかき集めた。それまで手に触れることのなかったインターネットやマスメディア関係の本を二〇冊以上も買いこみ、読みあさった。

北尾は確信した。

（この業界は、まだまだ伸びるぞ）

孫は類まれなる経営手腕を持つすばらしい経営者で、拠って立つデジタル情報産業の規模や成長度は計りしれない。

北尾は、一度きりしかない人生を思いきり燃焼させたかった。

が、野村證券は、一九九一年に野村證券の大口顧客への損失補填問題、広域暴力団への融資問題が表面化し、世界に冠たる証券会社として君臨できるのかどうか、むしろ「世界の野村」になる可能性はゼロに近いと、北尾は判断していた。

野村證券は、自分の人生を燃やすにたる企業ではなくなった。北尾が、まわりを鼓舞する意味もこめて、だれかれはばかることなく体制批判をしてきたにもかかわらず、体制が変わるような気配はまったくない。

孫ならば、このままでは燃焼するにもしつくせないことに苛立っている自分に、骨の髄まで灰と化すほどに燃えつきる場を与えてくれるはずだ。コンピュータ業界はそれができるだけの勢いと広がりがある。

（おれの骨の埋め場は、ソフトバンクだ）

北尾は決意を固めた。

北尾は、ゴールデンウィークが明けるとさっそく孫のもとを訪れた。

「家族とオヤジに話して了承をもらいました。こちらでお世話になろうと思っています」

「そうですか。それはありがたい」

孫は心からうれしそうであった。

「ところで、報酬はどうしましょうか」

「おまかせします」

「では、野村證券さんでもらっていた額でよろしいですか」

「結構です」

「業績が伸びれば、インセンティブの方法は考えますから」

「わかりました」

孫は、すべて自分にまかせる北尾の潔さが気持ちよかった。

北尾がひとつだけ聞いてきた。

「ところで、前任の小林（稔忠）部長はどうなりますか。もしも小林さんがはずれて自分が入るのなら、後味がよくありません」

孫は言った。

「安心してください。小林さんには公開のときに非常にお世話になり、恩人だと思っています。だから厚く遇したい。しかし、これからソフトバンクは新しい時代を迎えます。北尾さんのほうが専門家としてより財務部長には適していると思う。小林さんもそのほうがよいと北尾さんを推薦しています。小林さんには新しいポジションとして人事総務部長をやっていただこうと思っています」

「そうですか」

北尾は胸を撫でおろした。それなら安心してソフトバンクに移ることができる。

一九九五年五月、北尾は正式にソフトバンクに入社した。

北尾がソフトバンクとはじめてかかわった仕事は、買収したコムデックスに関してであった。

孫は、買収資金五三〇億円を日本興業銀行を中心とした協調融資団から調達する方向で話を詰めていた。が、協調融資団はソフトバンクに苛酷な条件を突きつけていた。

北尾は、これまで手がけてきたM＆Aの経験をもとに孫にアドバイスした。

「銀行から借りるのはやめたほうがいいです。野村證券で五〇〇億円でも八〇〇億円でも必要なだけ社債を通じて調達しましょう」

孫は言った。

「北尾さんの提案はとてもありがたい。しかし、日本興業銀行はじめ各行がみんな協調融資のために徹夜で奔走してくれている。野村證券さんが融資してくれるようになったからもういいですとは、さすがに言えません」

北尾は無理強いはしなかった。

「そうですか。では、野村證券も責任を持って資金調達をするつもりがあるということを頭の片隅に入れて、銀行と交渉をしてください」

北尾は、銀行より資本市場から直接資金調達をしたほうが合理的に思えた。

が、孫にはコムデックスを買収したあとの展開まで考える余裕はないに違いない。銀行が融資してくれるおかげでコムデックスが買えると、ビジネスよりも情が先に立っていた。

孫が切り札として野村證券を通じた資本市場からの資金調達という手段を懐に握っていれば、協調融資団がどんな苛酷な条件を突きつけてきても突っぱねることができるはずだ。

北尾の忠告は、北尾ができるせめてもの孫への手助けであった。

しかし、孫は協調融資団の条件をほとんど呑んで借りてしまった。

興銀よりも、北やんを五〇〇%とる

ソフトバンクに入社した北尾は、財務資料すべてに目を通した。

(これでは、次のM&Aは無理だ)

ソフトバンクは、コムデックス買収にあたって融資を受けた協調融資団によってがんじがらめにされていた。その契約条項には、ひとつの制限が加えられていた。

「融資残が二八〇億円以上あるうち、つぎに、八〇億円以上の買収をするときには、シンジケート参加各行の承認を受けなければならない」

融資団に名をつらねる、日本興業銀行、第一勧業銀行、日本長期信用銀行などが、ひとつでも承認しなければ買収できない。もしも買収を進めようというのならば、融資分を完済してからにせよという。事実上の、買収凍結条項であった。

コンピュータ業界をはじめとするデジタル情報産業は、刻一刻と世界規模で大きく広がっていた。ソフトバンクは、最先端を突っ走るためにもM＆Aや新規事業進出と、拡大策を推し進めなくてはならなかった。

孫自身、わずか数行の制限事項に頭を痛めていた。

狙いを定めている企業も、いくつかあったのだが、身動きがつかないのである。孫は、さすがに困った。

「マイクロソフトやインテルが時速一〇〇キロメートルで走っているのを、ソフトバンクは時速一〇キロで追いかけているようなものだ。完済するまでの七年間、なにもせずにいたら、世界の動きから永久においてきぼりを食らう。それは、ソフトバンクの死をも意味している」

北尾は言い放った。

「絶対に財務制限条項を撤回してもらわなければいけません。契約してから半年もたたないうちに、契約を撤廃するとなると、銀行さんもきっと怒るでしょうが、そうするしかありません。財務責任条項撤廃に向けて動きます」

北尾は、まず日本興業銀行の担当者と話した。担当課長の反応は、北尾が思っていたとおりだった。

「契約したばかりです。当分、それは無理ですよ」

「契約改訂するには、どうしたらいいですか？」

「返済するしかないですね」

「それじゃあ、社債を発行してお返しします」

「結構ですよ」

担当者は、店頭公開したばかりのソフトバンクが五〇〇億円にもおよぶ社債を発行できるわけがないと決めてかかっていた。そのような例は、過去に一度もなかったからである。

北尾は、その足で、ソフトバンクの社長室へと向かった。

「全額、返済しましょう」

孫は、おどろいた顔で北尾を見た。

「五〇〇億円も、あるんだよ」

北尾は、力強くうなずいた。

「大丈夫です。社債を発行すれば、資本市場から調達できます。返済するだけでなく、ジフ・デービスをはじめとした、社長が狙う企業を買収する資金も調達します」

「調達のほうは、すべて、北尾さんにまかせます」

狭い日本国内の市場だけで戦うのであれば、国内の慣例・習慣にしたがえばいい。だが、世界と戦うために突き進んでいるいま、協調融資団の呪縛は振りほどかねばならなかった。

北尾が財務代理人方式による社債発行を目論んでいることを知った日本興業銀行をはじめとした銀行

の担当者は、さすがにあわてた。海外に出張中の孫に電話をかけた。それだけでなく、帰国した孫を、成田国際空港の到着ロビーで待ちかまえていた。

「おたくの北尾は、とんでもないことをやりますよ」

孫は、銀行の担当者がなにをいっているのか、さっぱりわからなかった。財務条項の撤廃に向けて動くことは、北尾の口から聞いていたが、そのための具体的方策はまったく聞いていなかったのである。

ソフトバンク本社にもどると、そのまま、北尾のデスクへと向かった。

「北やん、これはいったいどうなっとるのかなあ？　いろんな銀行から、ひっきりなしに電話がかかってくる」

北尾は、これまでの経緯を話した。

孫はいった。

「わかった。じゃあ、明日は土曜日だが、役員会を開いて、ほかの役員にも説明してくれんか」

北尾は、翌日の土曜日に開かれた臨時役員会で、財務代理人方式を説明した。北尾のいっていることを十分に理解できた役員がどれだけいたかわからない。おそらくほんとうに大丈夫かといぶかしむ役員もいたろう。

いずれにしても、北尾の提案を、役員たちは了承した。もしも財務代理人方式による社債の発行を、大蔵省が認めないのならば、大蔵省を相手取って行政訴訟を起こすといったところまで突っこんだ話となった。

孫が、会議を締めくくった。

「われわれは、日本興業銀行さんにも、第一勧業銀行さんにも、恩義がある。興銀なかりせば、勧銀なかりせば、ここまで来れたかどうかわからない。恩義だけは決して忘れてはならない。しかし、いまは誤解を受けて嵐のなかに入ったとしても、革命は進めていくべきだ。スピードをゆるめていくべきではない。これからの長いつきあいのなかで、われわれが判断したことが正しかったことを行動で示していくしかない」

役員会が終わり、帰りかけた北尾に、孫が声をかけた。

「北やん、車で送っていくよ」

北尾は、断わったものの、孫は「いいから乗っていけ」と、半ば強引に北尾を車に乗せた。

北尾は、隣に座る孫の顔を見ていった。

「もし、こっちが思うように資金調達できなかったら、ぼくを叩き切って、興銀に詫びを入れてください。『すべて北尾がやったことで、ぼくはアメリカにいたし、知らなかった』そういって、縒りをもどしてください」

「北やん」

孫は、顔を北尾のほうに向けてきた。ひとなつっこい笑みを浮かべた。

「ソフトバンクは、そんなことで潰れはしない。それに、ぼくは、興銀よりも、北やんを五〇〇％とる」

そういってまた、顔を正面に向けた。

北尾は、六歳年下の経営者の横顔をあらためて見つめた。五〇〇億円などたいしたことないといった涼しい横顔に、いいようのない感情が湧き上がっていた。

（六年前、つまり、いまの彼と同じ年のときに、おれは、こんなことを、すらりと口にできたろうか）

底が知れぬほど度胸が座っている。北尾も、外国人ビジネスマンたちを相手に、どのようなぎりぎりの場面でもひるむことなく立ち向かってきた。度胸には、自信があった。

だが、孫のその言葉を耳にした瞬間、自分の度胸は、野村證券という大組織に裏打ちされたものだと思い知らされた。ゼロから起ち上げ、いつ潰れるかわからない暗闇を走りつづけた男に備わった度胸にくらべれば、たいしたことではない。それとともに、これほどでかい男といっしょに仕事ができているよろこびを噛み締めた。自分を育ててくれた野村證券社長であった田淵義久にも感じなかった感慨である。

(ここまでいってくれるのなら、命がけでやろう……)

日本興業銀行をはじめとした銀行は、大蔵省に再三再四、ソフトバンクの財務代理人方式での社債発行を認めるべきではないとの旨を伝えた。財務代理人方式での発行を推し進めようとする野村證券は、商法で発行が認められていることをなぜストップするのかと大蔵省に詰め寄った。

大蔵省は、野村證券と日本興業銀行を呼んだ。

「今回は、黙認する」

このことによって、ソフトバンクは、一九九五年九月に五〇〇億円の無担保普通社債(一二年債)を、当時としてはリーズナブルな、三・九%の利率で発行することができた。それ以後、社債発行のほとんどは、財務代理人方式となった。発行コストも下がり、社債の発行市場も急速に拡大した。

ビル・ゲイツの褒め言葉

孫は、マイクロソフトCEOであるビル・ゲイツとさらに深く手を組むことになった。ビル・ゲイツとともに、一九九五年六月二二日、記者会見にのぞんだ。ビル・ゲイツが開発した「Windows95」は日本でも爆発的な売上げを記録していた。

孫は新聞記者たちに発表した。

「アメリカのコンピュータソフト会社マイクロソフトと提携、スーパーファミコン（任天堂）などのテレビゲーム機用ソフトをパソコンでも動くソフトに移植、販売する新会社ゲームバンクを設立いたします」

コンピュータゲーム業界はこれまで閉ざされていた。あくまでもゲーム機械をつくっている会社が主導権を握り、ゲームソフト製作者はいくらおもしろいと思ってつくったゲームでも、ゲーム機械会社が承認しなければつくれなかった。しかし、コンピュータがゲーム機械と同じような機能を持てばそのようなことはなくなる。

孫は、ビル・ゲイツと手を組み、これまでゲーム機メーカーとして知られていた任天堂やセガに殴りこみをかけた。まさに衝撃的な発表であった。

その影響で翌日の六月二三日、ゲーム機械会社である任天堂とセガの株は下落したほどであった。

孫は、重要なパートナーであるビル・ゲイツとは記者会見以後、二ヵ月に一度か二度会っている。そのたびに、孫はビル・ゲイツの頭の回転の抜群に早いことに舌を巻く。しかも、ものの考え方や思想において自分と共通している部分がじつに多い。話していても疲れない。互いに刺激になっている。

一九九五年一二月初旬、孫はビル・ゲイツから小包を受け取った。ビル・ゲイツの初の著作『ビル・ゲイツ未来を語る』であった。九五年に四〇歳を迎えたビル・ゲイツが、ソフトウェアの仕事をはじめてからの過去二〇年間の経験を書き記した書籍である。

ビル・ゲイツがわざわざ送ってくれたのである。表紙を開くと、直筆のサインとともにメッセージが添えられていた。

「You are as much risk-taker as I am」

つまり〝おまえさんはおれと同じくらい勝負師だな〟ということなのである。孫にとって、ビル・ゲイツのその言葉は最高の褒め言葉であり、なによりうれしい言葉であった。リスクテイカー、勝負師という言葉は、たんにお金を持っているとか頭がいいということとは違う。孫にとってお金持ちとか頭がいいと褒められても、それは当たり前すぎてうれしくはなかったろう。

ビル・ゲイツは、一九七七年一月、名門ハーバード大学をためらいもなく中退した。ソフト会社マイクロソフトを旗揚げするチャンスの扉はこのときを逃したら二度と開かないかもしれないと判断し、人生の賭けに出たという。それ以降も、いくつもの大きな賭けに出ては成功させつづけた勝負師である。

一九九二年、三六歳の若さでアメリカの長者番付の一位の座を得、二〇世紀最大のサクセスストーリーをつくりあげた。その勝負師が孫を〝おれと同じくらい勝負師だ〟と認めているのだ。孫はうれしかった。

（ビル・ゲイツも、おれがいろいろと打っていく手について最近は若干意識しつつあるのかな）

自分の打つ手について、ビル・ゲイツはある意味では一番の理解者かなと、孫は思っている。碁を打っていて、相手がどうしてそこに石を置いたのか、このタイミングでその石を打ってきたということはなにを意味するのか。

「うーん……」

つい眉毛がピクリと動く。お互いに相手の背景を知りつくしていれば、ピクリと眉毛を動かしただけで、言葉を五時間交わし合ったくらい相手の気持ちが奥まで理解できるような気さえする。孫は、そのような間柄だと思っているビル・ゲイツから〝リスクテイカー〟と言われ、深いよろこびを感じたのである。

インフラ制覇へと大きな一歩

孫はコムデックスを買収したあとも、さらに事業を拡大しようと動き回っていた。そして、ある会社を買収しようとしてアメリカに渡った。ところが相手となかなか買収価格の折り合いがつかなかった。

孫は言った。

「利益に対する倍率がかなり高すぎる。これでは買うわけにはいかない。ほかのところを買収に行く」

「そうか」

相手は孫が駆け引きをしようとしているのではないかと踏んだらしい。が、孫は本気だった。その会社を出て移動中の飛行機のなかから、ジフ・デービス出版部門を買収した投資会社フォーストマン・リトルのテッド・フォーストマン会長に電話を入れた。

「至急会いたい」

フォーストマン会長は〝また、おまえか〟と言わんばかりの不機嫌な口ぶりだった。

しかし、孫があまりにも執拗なので会うことを承知した。孫はフォーストマン会長に会うとすぐ切り出した。

「あなたがジフ・デービス出版部門がすばらしいと思っているのはよくわかる。この前の買収はさすがにプロとしてみごとだった。ぼくはジフの出版部門が大型買収としてははじめてだった。あなたの手腕には敬服する」

フォーストマン会長はソファの肘掛けに肘をつき、孫がなにを言い出すのかとくに興味もないといった顔で見つめていた。

孫は、コムデックスのアデルソン会長を口説いたときのように、フォーストマン会長の眼から少しも眼を離さなかった。

「しかも、あなたは立派に経営するに違いない。しかし、いずれ売るんでしょう、いつまでもずっと持っておくというのではなく。投資会社としての宿命だからそれは当然です。ぼくは売り買いでいくら儲けるということではなく、人生のなかでどうしてもこの分野は避けて通れない。しかも、ウィリアム・ジフがつくった偉大なる出版社に共感をおぼえています。しかし、あなたが持っている五年か六年という間に、別の形で手を加えたものには興味がなくなるかもしれない。それよりは、ありのままの姿でできるだけ早い段階で引き継げるなら、時間を買うという意味と、あなたのみごとな手腕に対する敬意も含めて、少々プレミアムをつけて買収価格に上乗せしてもいい」

フォーストマン会長は、ただ黙って耳をかたむけていた。

孫はつづけた。

「ぼくのジフの出版部門に対する愛情はだれにも負けない。もちろん、あなたにもそれだけは負けないつもりでいる。それはジフの社員にとっても、ジフの出版部門にとっても大事なことではないか。まだ売れないという要因が金銭面のことであれば、条件の話くらいはさせてほしい」

フォーストマン会長がはじめて口を開いた。

「そんなことを言っても買ったばかりだ。採算をとらなければならない。いま買うと言ったら相当上乗せしてもらわないと売れないよ」

「わかりました。五、六年後に売るときの価格の満額とは言えないまでも、そのうちの何割かをあなたが買収した価格に上乗せして払う。買ってから半年でそれだけを手に入れられるというのは、あなたにとっても悪い話ではないと思いますが」

「わかった。また明日の夜に話をしよう」

フォーストマン会長は、孫が立ち上がる前にソファから腰を上げた。

孫はたしかな手応えを感じていた。

（ついに、テッド・フォーストマン会長が動いた！）

孫は最後の詰めにかかった。

□

孫は、翌日の夜、ニューヨークのフォーストマン会長の自宅を訪れた。独身でプレイボーイの評判高いフォーストマン会長は、アメリカにいくつも住まいを持っている。そのうちのひとつがマンションの最上階にある。摩天楼が一望のもとにあった。

孫は、照明を落としたやや暗い室内で、フォーストマン会長と向かい合った。孫は訴えた。

「とにかく金額を言ってください。ぼくは最大限にそれを呑む。ただし現金で持つのは負担が大きい。それに、いくら実績があるといってもまだ利益の出ていない新しい部門は、ソフトバンクとして評価するのはむずかしい。だから、一部はソフトバンク株で、さらにスタートして間もない新規部門でまだ利益が出ていないものは、ぼくの持株会社ＭＡＣで払う。それでよければ金額を言ってほしい」

「わかった」

孫はさらにつけ加えた。

「ただし一発回答だ」

「わかった」

フォーストマン会長はぎらりと眼を光らせた。

「二一億ドル（二一〇〇億円）」

孫はにっこりした。

「オーケーだ」

二人は固い握手を交わした。

テッド・フォーストマン会長が提示した金額は予想外に膨大というわけではなかった。むしろ孫の読みどおりであった。フォーストマン・リトルはあくまでも投資会社である。投資するときには、投資組合方式でさまざまな投資家たちから資金を集めて投資する。その投資で得た利益はメンバーに還元する。

孫は、その時点ですでに投資家たちへの還元率や五、六年後の利益高を計算して算出していた。

アメリカのM&Aはほぼ利益の八倍から一二倍というのが相場である。二一億ドルというのは通り相場の基準内であった。

孫が世界でナンバーワンのアドバイザーであるモルガン・スタンレー、会計監査の分野では世界一のプライス・ウォーターー・ハウスと手を組んでいることも大きかった。フォーストマン・リトルは、ほかの案件ではモルガン・スタンレーをアドバイザーとしてつけることもある。互いに相手の手の内はわかっている。

もしも、テッド・フォーストマン会長がふっかけるような数字を口にすれば、たちまちのうちにモルガン・スタンレーにはわかってしまう。フォーストマン会長は孫の布陣を見て思ったに違いない。

（これは買収のプロたちの戦いになる）

おいそれとへたな数字を出すわけにはいかない。剣道でいえば、互いに正眼に構えたときに相手がどれくらいの腕だかすぐわかる。まったくそれと同じであった。

フォーストマン会長が出した数字が孫の読みと変わらなかったのは、そのような事情があったのである。

孫は、一九九五年一〇月一九日、ジフ・デービスの出版部門を買収したことを発表した。同年一一月一七日、ソフトバンクはジフ・デービス出版部門買収資金調達のために、公募価格一万四七五〇円（スプレッド方式）の株式二八〇万株を増資して六六五億円を調達した。

一二月一九日には、第三回無担保普通社債を発行。利率一・六五%、三年債で二〇〇億円を調達。第四回無担保保普通社債を発行。利率二・六〇%の五年債で二五〇億円を調達。同月同日、第五回無担保保普通社債を発行。利率三・一五%、七年債で二五〇億円を調達。さらに、一九九六年一月二六日、第一回無担保転換社債を発行。利率〇・五%の六年債、転換価格二万五一一五円で七〇〇億円を調達した。

いずれもジフ・デービス出版部門買収のためである。

孫は、ビル・ゲイツに教えられてからおよそ八年、念願であったジフ・デービスの出版部門のジフ・デービス・パブリッシング社を手に入れることができた。デジタル情報革命のインフラ制覇に一歩近づいた。

孫はのちに語る。

「M&Aの一番はじめにテッド・フォーストマン会長のようなプロと対決したことは、大きな財産となった。それにあとになって彼にはいろいろな人も紹介してもらった。ものすごく仲良くなった。それこそいい試合をさせてもらったという感じだ」

第四章

命がけで情報を集めよ

――インターネット革命の始まり

とてつもなくすごい時代の到来

孫は、買収後はじめての、ラスベガスで開かれるコムデックスショーにのぞんだ。ショーはラスベガスのコンベンションセンターなど八ヵ所を借り切って、一九九五年一一月一三日から五日間の日程で幕を開けた。

初日の午前九時から、アラジンホテルのシアターホールで開幕を告げるキーノート（基調講演）が行なわれた。

孫にとってコムデックスを買収して初の檜舞台だった。孫は、三〇〇〇人の聴衆を前に主催者として英語であいさつした。原稿も持たない。

孫は一〇分間のあいさつを終え、いよいよキーノートを行なうＩＢＭ会長兼ＣＥＯのルイス・ガースナーの紹介にかかった。超大物を紹介することにより孫のイメージはアップする。孫は声を張りあげた。

「キーノートスピーカーを紹介します。一九九三年四月、彼はＩＢＭ会長兼ＣＥＯに就任したとき、同社を産業界のリーダーに返り咲かせるという大変むずかしい命題を要求されましたが、わずか二年半で現実のものとしました」

ガースナー会長の基調講演がはじまった。

ガースナー会長の基調講演が終わると孫は、演壇で彼と握手した。

この講演後、孫はコンピュータ業界の関係者とコムデックスの新しいオーナーとして握手攻めにあった。孫が世界のコンピュータ業界にひとつの地位を築いた歴史的瞬間でもあった。

なお、コムデックス開幕前日には、孫はビル・ゲイツと近くのゴルフ場でゴルフに興じた。そのとき、インターネットに関しての互いの意見を確認しあった。

孫は、コムデックスショーの最中、ジフ・デービス社長であるエリック・ヒッポーに言った。

「これから間違いなくインターネット革命がはじまると思う。ソフトバンクはこの革命の入口のところでこれから伸びるであろう会社一〇〇社ほどに資本参加したいと思っている。まずそのうちの一社を絞って選ぶとしたらどの会社だと思うか。ジフ・デービスではインターネットに関する何千にもおよぶ膨大な記事を書いているはずだ。それをぼくがひとつひとつ読んでいる時間はない。そのなかからソフトバンクとして投資するべき会社をひとつ絞りこんでほしい。これがジフ買収の重要な理由のひとつなんだ」

ヒッポー社長は答えた。

「だとするとヤフーだね」

ヒッポー社長は、眼を輝かせた。

「これはおもしろい会社だよ。インターネットの検索サービスをする会社だよ。インターネットにはなくてはならないものだ。ジフ・デービスも業務提携しようと思っているが、われわれだけでなく、ソフトバンク本体も力を入れたほうがいい」

インターネットはもともと研究者の間で利用されていた広域のオープン・コンピュータネットワークだったものが、電話線利用で世界中の情報を利用することができるようになり、ネットスケープをはじめとした閲覧用ソフト・ブラウザや接続サービス、検索サービスが普及したことで、いまや世界で四〇〇〇万人が利用するまでに普及していた。

二一世紀には三億人が利用するとまで言われている。アメリカでのインターネット関連ビジネスは、一九九四年に八億ドル（およそ八〇〇億円）だったのが、一九九七年には四二億ドルにまで広がるとの試算も出ていた。

孫も興味があった。

孫は、カリフォルニア大学バークレー校時代に、〝インターネット〟という具体的な形ではなかったが、それに似たイメージをおぼろげながら抱いていた。

キャンパス内はコンピュータでネットワーク化され、先生と学生が電子メールのやりとりをしている。データベースも、ホストコンピュータによって管理され、先生や先輩たちが過去につくったソフトも蓄積されていた。コンピュータを扱う者ならだれでも、自由に取り出せた。

孫は、その環境を、もっと広く考えてみた。

（個人個人が安価で使いやすいコンピュータが開発され、電話回線を使ったネットワークが、狭いキャンパスだけでなく世界中に広がればどうなるか）

ネットワークにつながった人たちは、無限大に加わっていく新たな知識、新たなコンテンツを自由に見ることができる。

（とてつもなくすごい時代が訪れる）

打ち震えんばかりの感動に襲われた。

当時、ジフ・デービス全体の時価総額は一八〇〇億円。インターネット検索会社であるＺＤネットが、三〇〇〇億円。ジフ・デービスは、いまだにZDネットの株八割、つまり時価総額にして二四〇〇億円分を持っている。にもかかわらず、時価総額で一八〇〇億円にしかならない。インターネットメディアが、すでにジフ・デービス全体の時価総額を超えてしまっている。

キャッシュフローとしては二八〇億円は利益をあげている。ビジネスとして立派に成り立っている。しかし、ペーパーメディアとしての価値は、ほぼゼロに近い。発展性は認められない。

ソフトバンクの利益という意味でも、ZDネットで二〇〇〇億円近い。ペーパーメディアは、五〇〇億円にすぎない。それだけを見るならば、やらないよりもやったほうがよかったという程度の評価にすぎない。

ただし、ペーパーメディアに出資したことで、ヤフーという思わぬ大物を見つけ出すことになったのである。

ジェリー・ヤンとデビッド・ファイロ

一九九五年一一月、孫はネクタイも締めずスーツも着ないラフな格好で、エリック・ヒッポーや部下の井上雅博を連れて出かけた。もちろん、孫も銀行員や役人に会うときにはそれに合わせた格好をする。しかし、シリコンバレーのコンピュータにたずさわる人たちでスーツ姿でいるという人はまずいない。

ヤフーのあるカリフォルニア州シリコンバレーに着いたときには夜になっていた。

ヤフーの創業者である台湾出身のジェリー・ヤンと白人のデビッド・ファイロは、コムデックスやジフ・デービスを傘下におさめているソフトバンク社長の孫のことを知っていたらしい。似合わないスーツ姿で孫を出迎えた。

二人とも二七歳と孫よりも一一歳も年が若い。半年ほど前まではスタンフォードの大学院生であった。二人は、大学時代に電話帳を意識したインターネットのホームページ集を作成した。それが教授の眼にとまり、ビジネスにつながったのである。

ヤフーには、五人か六人の社員がいるだけだった。はじめたばかりでまだ利益すら上がっていない。しかし、オフィスには活気があふれていた。孫は自分が創業したときのことを思い出した。

(ぼくがはじめたときには、二人しかいなかったな)

ヤンが緊張した面持ちで言った。

「フランス料理の店を予約しておきましたから、そこに行きましょう」

孫は彼らに、にこにこと微笑みかけた。

「いいんだ。そんなところに行かなくたって。ぼくはピザでいい。レストランに行く時間ももったいない。あなたのオフィスでデリバリーのピザ、少し大きめのやつを二、三枚用意してコークのクラシックがあればいいよ。それをいっしょに食いながら話をしよう」

孫はあまり場にはこだわらない。気軽に話ができるほうが好きだ。日本でも、昼食は社員たちと同じくコンビニエンスストアで買ってきた弁当ですますことも多い。

孫は、ミーティングルームの椅子に腰をおろすとあぐらをかいた。ヤンは、デビッド・ファイロと顔を見合わせるとにこりとした。まったく飾らない学生風な孫に好感を持ったらしい。自分たちもネクタイをはずしてミーティングルームの席についた。

孫は、初々しさすら感じる二人に対して矢継ぎ早に質問していった。

「きみたちはインターネットについてどういうふうに思っているのか。いままでのメディアとインターネットはどう違うのか」

「ヤフーはなにがやりたくて、テクノロジーやサービスで競合企業とどう違うか」

「五年後、一〇年後どうしていきたいのか」

たいていの質問に答えたのはジェリー・ヤンだった。彼はそれほど弁がたつわけではない。しかし、訥々と語った。その内容がぴたりぴたりとはまっている。孫は相手の答えを聞くたびに唸った。

「なるほど、そのとおりだね」

孫は、確信を持った。

(これは伸びる)

□

孫は会談後、二人に言った。

「ぼくも、きみたちに五%出資させてもらうよ」

さらにつづけた。

「それから、日本でジョイントベンチャーをやろう。ぼくのところが単にぶらさがるのではなく、リーダーシップを発揮して積極的にやる。おまえさんのところはアメリカのことで忙しいだろう。日本どころじゃないだろう。でも、日本を放っておくと手遅れになる。だったらわれわれと手を組んで、われわれが作業の大半をやる。どうだ」

「それはいい」

「ついては、日本法人の資金はこちらで用意する。出資比率は六対四。そちらで出す四割の分もこっちで貸与するから安心してくれ。キャッシュも出さなくていい。開発も移植も、そっちの人間を送りこまなくていい。こっちからアメリカに人間を派遣して、あとは開発や作業はこっちでやる。資金も人間もなにも割かなくていい。

割くのは思想と考え方のプロセスだけ。それをこちらに伝達してくれればいい。おれはかならず一年目から黒字を出してみせる。とりあえず本体に五％出資してそこから徐々にジョイントベンチャーをはじめるとして、またあとでディスカッションしよう」

孫は、一九九六年二月はじめ、カリフォルニアのペブルビーチで行なわれたペブルビーチ・AT&Tナショナル・プロアマというゴルフ大会に参加した。ペブルビーチは、シリコンバレーから車で一時間半くらいしか離れていない。

試合の真っ最中に、孫はジェリー・ヤン、デビッド・ファイロらヤフー関係者を、孫が宿泊しているホテルの部屋に呼んだ。

ヤフーの若い経営者二人に加えて、ヤフー創設のときに二〇〇万ドルを投資したマイク・モリッツと、シリコンバレーで有名な投資家ドン・バレンタイン、ヤフーが専門の経営者として雇ったCEOのティム・クーグル、マーケティングの責任者など全部で六人がやってきた。

孫を入れた七人は、夜中にルームサービスで頼んだピザ、スパゲッティを頬ばりながら床に座って話し合った。

孫は言った。

「ヤフーへの出資率を五％から三五％にまで引き上げてほしい。筆頭株主になって本格的にヤフーを応援したい。日本の事業だけでなく、ヤフーのアメリカでの事業をもっと伸ばしたい。ヤフーをインターネットの大スターにしたいんです」

が、出資者は顔をしかめた。

「そんなことを言うけど、株式公開があと二週間に迫っている。いまさら間に合わない」

「いや、そんなことはないはずだ。例外的な処理方法がある」

孫は、あらかじめ調べさせておいた方法を打ち明けた。

「公開入札価格の値段で公開して株式を市場にある程度出す。そのうち全体の三五％に当たる株式は第三者割当増資という形でソフトバンクを指名して、入札価格と同じ値段で売ることができるはずだ。そのかわり、業務提携という形をとらないといけない。業務提携が前提なら、できないことはない」

公開株式の約三五％を入手するのに約一〇〇億円かかる。じつは、孫はソフトバンクの役員たちから言われていた。

「設立してまだ一年ほどしかたたず、売上げがまだ二億円くらいしかないヤフーの約三五％の株式を買い取るのに一〇〇億円の資金が必要ということは、全体の会社の価値を二百数十億円と認めることになる。過大評価ではないか」

が、孫は言っていた。

「いや、これは絶対にいけると思う。たしかに社員が一五人しかいない会社で、売上げがまだ二億円で、一億円の赤字だ。その損益計算書とかバランスシートとかいっても、実績、規模といっても、議論の根拠がない。ぼくの直感に黙って一〇〇億円預けてほしい。これについては議論はなしにしよう。ぼくに勝負させてほしい。二四時間以内に返事がない場合は、そのまま出資を決める」

地図とコンパス

孫は、ヤフー関係者六人に取り囲まれてさまざまな質問を受けた。孫はその質問にひとつずつ懸命に切り返した。

なかでも、投資家ドン・バレンタインはさすがだった。シスコシステムズの創業間もないときに出資して、そこでも膨大に儲けている、なかなかの強者である。孫とともにシスコシステムズの役員に名を連ねている。

孫に対してきつい質問を浴びせてきた。

「おまえ、そんなうまいこと言うけど、ほんとうにちゃんとやるのか。われわれはあんまり安くは売れないよ」

孫は言った。

「こういうことは、お互いが相思相愛にならないとできない。無理にやったって長くはつづかない。だが、ぼくの情熱だけはわかってほしい。ヤフーはインターネットの分野でほんとうに伸ばしていけると思う。競合相手は次々と追ってくるだろう。先行逃げきりで突っ走らないといけない。それをあなたがただけでやるよりも、われわれが応援すれば二歩でも三歩でも競合相手をリードできる。その道をとったほうがより安全じゃないか。ただし、うちはたんに金だけじゃなくて、やるという以上はジフ・デービス、コムデックス、フェニックス・テクノロジーズ、その他われわれのグループ総力を挙げて応援する。計画中のヤフー日本法人もかならずやナンバーワンにしてみせる。ヨーロッパに出ているヤフーヨーロッパにも参入する。ワールドワイドでヤフーを展開していきましょう」

孫はヤンたちに言った。

「あなたがたも、創業者として自分たちにチャンスをくれれば、自分たちの夢を実現してみせる、証明してみせるということを決意しただろう。ぼくも同じ気持ちなんだ。わが社をパートナーとして認めてくれれば、ぼくも証明してみせる。あなたたちもチャンスが欲しいだろうけど、こっちもチャンスが欲しいんだ。一回やらせてみてくれ。駄目だったらまたその時点でなんとでも話し合いはできる。しかも、それはただでくれと言っているわけじゃない。出資額はいっさいの値切り交渉はしない。市場に出す価格でいい。いっしょに大きくするというパートナーとしてのポジションを認めてほしいだけなんだ。そこだけは誤解しないでほしい。安く買って高く売るということはぼくの本意ではない。同じリスクをぼくも冒す。あなたがたは自分の人生をリスクとして冒す。こっちは一〇〇億円のリスクを冒すことになる。それを含めてこちらの情熱を一度、汲んでくれないか」

相手側は言った。

「言っていることはわかるけど、そんなにパーセンテージを持たせられない」

ソフトバンクが三五％も持てば、子会社のようなものになってしまうのではないかと恐れていた。自分たちの自由度はどうなるか。そのような心配をする者もいた。

「顎で使われるのは嫌だから、自分たちでベンチャーカンパニーとしてやっているんだ。そういうことをいったいどう考えているのか。ソフトバンクは中立だといっても、ソフトバンクがこの業界で出版をやっているジフ・デービスと競合している会社もあるじゃないか。メディアのその分野で見れば中立とは言えないのではないか」

「日本とアメリカの考え方が違う。日本式をわれわれに押しつけられると、アメリカでは伸びないかもしれない。それを押しつけるつもりがあるのかないのか」

さらにはこう言う者もいた。

「公開が決まっているのをいじるというのは、いかがなものか。欲しければ公開したあとで買えばいいじゃないか」

断わろうとすればさまざまな断わり文句はあった。

説得には四、五時間かかった。

ほとんどだれもが興奮状態に陥っていた。そのなかで、孫は冷静に話しながら、かつ情熱を入れながら、ときにはしんみりしながら話をした。

□

孫は、ヤンらが帰ったあと、ソフトバンクの役員たちに電子メールで折衝内容を送った。

「ぜひ資本を入れたいけど、もし反対意見があったら出してくれ」

さらに、ビル・ゲイツ、インターネット検索ソフト「ネットスケープ・ナビゲータ」を開発したネットスケープ・コミュニケーションズのジム・クラーク、コンピュータメーカーでインターネットの情報検索システムWWW（ワールド・ワイド・ウェブ）を開発したサンマイクロシステムズのスコット・マクネリー、世界最大手の半導体メーカーであるインテルのアンディ・グローブ、そしてデータベース大手のオラクルのラリー・エリソンといった業界のキーマン五、六人に電子メールを送った。

「ヤフーに資本参加しようと思っている。あなたたちの事業と競合するか。競合するならそれはそれでぼくも配慮しないといけないから、そういう場合はちょっと言ってほしい。もし競合しないなら投資する」

一〇〇億円もの投資である。あとで調べてみたら向こうも用意していたというのであればまずい。その相手に負けるかもしれない危険性もあるうえ、ほかの取引とのかねあいも考えなければならなかった。

ビル・ゲイツらからはすぐに返事が返ってきた。

「オーケーだ。いいんじゃないのか」

ゴルフの試合をしながら、ほかの関連のものも含めて電子メールを一日に一〇〇通くらい送って日本やアメリカのトップたちと交信しながら決めていった。ソフトバンクの役員たちからも了解してもらった。

孫は、ゴルフ四ラウンドほど回ったくらいの体力を消耗していた。もうゴルフどころではなかった。

翌日ふたたびヤフーのヤンらに来てもらった。

「昨日話したような条件でいこう」

公開まで一週間と迫っていたが、公開のための印刷をすべてやりなおし、公開入札に踏み切った。

その投資した一〇〇億円は、公開して一晩でなんと三倍もの価値にまで跳ね上がった。含み資産が一気に二〇〇億円にもふくれあがったのだった。

孫は、ヤフーに出資が決まったあとに、思った。

（ジフ・デービスに出資していなければ、ヤフーを見つけ出していたとしても説得ができなかった）

ヤフーは、資金は必要なかった。ソフトバンクが投資した一〇〇億円を、いまだに一円たりとも使っていない。

ヤフーが出資を受け入れたのは、ソフトバンクが、ジフ・デービスを通じてヤフーを応援できる態勢にあったからである。ジフ・デービスでヤフーの専門誌をつくったり、ジフのテレビ局でヤフーと連動させる。技術情報をヤフーに流すこともできる。コムデックスでアピールする。それが説得材料として役に立った。応援できる態勢にない日本の商社、日本のメーカーが、出資したいと申しこんだとしても、即刻断わられたに違いない。

もしもだれか宝島に出かけ、神様からなにか贈り物をもらえるとすれば、なにをもらいたいか。食べ物か、鉄砲か、薬か、それとも恋人か。孫であれば、地図とコンパスと言う。

それさえあれば、どこにその宝が隠されているか、三日とかからず掘りあてることができる。毒蛇に噛まれる。食べ物がなくなる。寒さに凍える。そういった苦難に出会う前に、目的を達成できる。

孫がいくら先見性を持って、インターネットの時代を見据えた戦略をとっていくからといって、具体的な戦術をとれなければまったく意味がなかった。

ジフ・デービスは、孫にとって、宝物を掘りあてるための地図とコンパスだった。

ヤフー・ジャパン始動

東大生の孫泰蔵は、兄の正義の家に遊びに行くと、正義に聞かれた。

「ヤフーを知っとるや?」

孫正義は、弟と話すときにはつい佐賀弁になる。

「名前くらいは知っとお」

「ヤフーはな、スタンフォードの大学生がつくっとんや」

「ほんと!」

「二人が趣味ではじめてやっているうちに、インターネットのよさが口コミで広がっていって、もっとやってくれってことになってはじめたんだ。いまは一日だけで一〇万人もの人が見るんだ」

「それはおもしろいね」

「これは伸びるから、おれも日本でジョイントベンチャーをやるんだ」

泰蔵はヤフーに強く魅かれた。

「それはどうやってつくると」

「まだ決まっていない。合弁だけは決まったんだ」

「じゃあ、大学生がつくったものなら大学生のクリエイティブな柔らかい頭でやったほうがヤフーのノウハウを持ちこむだけでなく、日本の風土に合ったクリエイティブなサービスができると思うよ。大学生はいま春休みだから、東大だけじゃなく慶応や一橋といったところのインターネットばりばりの人間がたくさんいるよ。兄ちゃんのような経営的な意見を言うと、ばりばりの人間を安く使える」

正義は眼をらんらんと光らせた。

「それはおもしろいな。一〇〇人くらい集められるか」

「一〇〇人くらいは集められるよ」

「ほんとに、そんくらい集められるか」

正義はつづけた。

「それなら、キック・オフ・ミーティングがあるから、出席してくれ」

泰藏らはソフトバンクの控え室に通された。よれよれのシャツをだらしなく出したままぼーっとしている、泰藏らよりもすこし年が上に見える若い人がいた。

（ヤフーのスタッフやろうな）

泰藏はそれほど気にしていなかった。会議室の長い机には、ソフトバンクの取締役とヤフーのＣＥＯら錚々たるメンバーが座っていた。

泰藏は、ヤフーの創業者はどんな人なのか興味深げに見た。もっとも遠い席に兄の正義とヤフーの創業者が座っていた。

（あの人が……）

正義の隣に座っているのは、控え室で見たよれよれのシャツを着た人であった。

会議ははじめから熱気を帯びた。

「ここは、こうしよう」

ひとつひとつびしびしと決めていく。

「それをやるには五〇〇人くらいの人間が必要だな」

すべて何億という単位の金が動く。そんな話を冗談を交え話し合っている。そうしながら、ひとつひとつびしびしと決めていく。

泰藏は東大の経済学部にいて、日本企業のピラミッド型社会は稟議のハンコが二〇個は必要だとか、ひとつのことを決めるのに二週間や一ヵ月かかってしまうと教えられてきた。しかし、正義をはじめとして集まったソフトバンクやヤフーの経営陣たちはその場でひとつひとつ決めていっている。

正義がビジネスの場で発言しているのをはじめて見た。あらためて兄の偉大さを知ったような気がした。

さらに、自分とあまり年の変わらないヤフーの創業者ジェリー・ヤンもまたその輪のなかに加わり、アメリカだけでなく、日本、イギリス、オーストラリアと世界でヤフーを展開しようとしている。

もちろん、経営者や人生の経験者としては正義のほうが一枚上手で、「あなたの言っているのはちょっと違う」と指摘されるのをヤンは素直に耳に入れている。

泰藏は、身ぶるいするほどの衝撃を受けた。

（すごい人だ……）

正義が、泰藏らが大学生を集めてチームをつくって応援する話を説明した。ヤンはにこやかに言った。

「そうか、よろしく」

泰藏らの仕事について具体的に話がはじまった。泰藏らはやっとその場に溶けこむことができた。

その後、泰藏はコストと品質度をバランスよく保つにはどうしたらいいか、ソフトバンク取締役や担当者たちに計画案を示した。

ソフトバンクの取締役たちは感心した。

「いいねえ、きみたちにまかせよう」

泰藏たちの計画案をほとんど修正することなく、ぽんとまかせてくれた。

ちょうどそのころ、泰藏を中心としたメンバーから話が持ち上がった。

「それだったら、いっそのこと会社をつくってしまおう」

そこでつくったのがインディゴであった。インディゴとは藍色を意味する。

泰藏は、四月にはヤフー・ジャパンをオープンしなければならない。本体のヤフーが二年がかりでここまで来たものを、二ヵ月でつくりあげようというのである。集めた一〇〇人をフルに動員してつくり上げるしかない。浪人時代に綿密な学力アップの計画をつくった経験がここで生きた。

泰藏は、そのときに兄の正義から言われたことを思い出した。

「計画をつくるには、足し算でやっては駄目だ。割り算でやらなければならない」

やることを積み上げていくのではなく、全体量を実行日数で割っていけば、一日にどれくらいの人数が必要でどうすればできるかが見えてくるというのである。

ヤフーを運営するために必要なデータの量をはじめ、立ち上げの一ヵ月でどれくらい準備しなければならないかを考える。それを六〇日で分けてすべてを割り振りしていく。泰藏は思った。

(ヤフーが二年がかりで築き上げてきた体制を、二ヵ月でつくらなければならない。二四時間体制をとらなければ、とうてい間に合わない)

泰藏は、一日二四時間を六時間ごとに区切り、ひと区切りごとに一〇人ずつ入ってもらえるようにした。集めた一〇〇人のアルバイトは好きな時間に入ってくれるように頼んだ。そのかわり、ひとりにつき一日ひと区切りだけ詰めて仕事をしてもらい、それ以上詰めて仕事をすることは禁じた。

そうやって運営するための準備はすべて終わった。あとは、アメリカのヤフーから開発用ソフトや情報用ソフトが来るのを待つばかりであった。

ところが、二四時間体制がはじまってから一週間がたっても、アメリカのヤフーからはソフトが送られてこない。ヤフーはヤフーでアメリカのことで手いっぱいだった。そうこうしている間に一ヵ月が過ぎ、残りは一ヵ月になってしまった。

泰蔵は、仲間とともに開発用ソフトをつくることにした。自分たちでヤフーをつくりあげる興奮に疲れなどはまったく感じなかった。そして一ヵ月かけて日本版ヤフーを立ち上げる態勢をつくり上げた。こうしてはじめの予定どおり四月に開設することができた。

アメリカのヤフーは、アメリカの店頭市場であるナスダックの公開後、孫の読みどおりに急成長した。ヤフーを真似て、追ってきたさまざまの検索サービスの会社を大きく引き離して、いまや押しも押されもせぬナンバーワンとなった。

ヤフー・ジャパンも、ヤフー本来の検索サービス事業を伸ばす一方で、メディアとしての色合いを強くし、サービスのメニューを次々に増やした。

トラフィックが四倍から五倍になった。なおかつすべてのインターネットのなかで一番になった。

やがて五〇億ページ以上読まれるようになった。日本だけで五億ページにもなる。

□

孫正義の弟の泰蔵は、一九九六年に東大を卒業した。

兄は、弟に釘を刺していた。

「もしも泰蔵がうちに入りたいと思っても、絶対に入れないよ。ソフトバンクはパブリックなものにしてやっていきたい。同族経営にはしない。仮に優秀な息子がいて、その息子がソフトバンクを継いだとしたら、通例という形になる可能性がある。そうなれば、自分たちがそう思っていなくても同族経営だと外の人たちが見る。そのような会社ではなく、あくまでも公平にこの人がやったほうがいいという意見を受け入れられる会社にしたい。禍根を残す真似だけはしたくない。だから、泰蔵だけでなく血縁の者は入れない」

正義は〝究極の自己満足を追い求めたい〟と泰蔵によく言っていた。泰蔵もまたその生き方に納得できる。絶対にそういうものだと自然に思えた。泰蔵自身もまた痛快に生きたい。もし兄の会社に入れば、さまざまな意味で痛快には生きられないだろう。泰蔵もソフトバンクに入りたいと思ったことはなかった。

泰蔵は、いま自分たちのつくったインディゴの仲間とともにインターネットシステムの開発を進めている。

（インターネットはすばらしいアイデアさえあれば、かならず第一人者になれる）

一方、コンピュータ関連の事業をしているかぎり、かならず兄正義の創設したソフトバンクにぶつかる。兄の大きさをあらためて感じている。そして思う。

（自分は自分で、年商とか会社の規模とかでなくても、ひとつだけでも兄とならぶくらいのものが欲しい。いまはまだまだ教えられるばかりだ）

正義と対等になれるものがひとつでもできれば、そのときはじめて対等に話ができる。それが事業をはじめたばかりの泰藏にとっての目標である。

□

兄の孫正義は思っている。

（ジフ・デービスやコムデックスを買収することができなければ、とてもじゃないがアメリカのインターネットのどの会社が伸びているかはつかむことができなかった。ましてや、その人たちに会いに行っても説得力がなかった）

孫は、まさに、織田信長が京の都に攻めのぼったときの手法と同じだと自負している。信長は一直線に京の都まで攻めのぼった。武田信玄は、自分の本領である甲斐の国から同心円上に陣地を広げたが、信長は自分の近隣諸国や背後とは提携した。あえて戦うことを避けて手を結んだ。戦う相手は京の都までの一直線上にある陣地と戦略的に決めていた。孫も同じように、明確な戦略を持って進出した。

（日本だけでちんたらやっていても仕方がない。コンピュータ業界にとって京の都に当たるアメリカ一直線に攻めのぼる。そこで商人の町・堺の会合衆《えごうしゅう》を押さえる。そこには、あらゆる武器弾薬や商いの所在に加え情報も集まっている。それを、彼らは織田軍に売るのがいいか、武田軍か、それとも毛利軍がいいのか。

もし間違ったほうに売ると、あとで大変な目にあう。そのへんはみごとに天下の行方を読まねばならぬ。それゆえ、命がけで情報を集めている。それを押さえることによって、次のいかなる戦いも有利に進められる。その堺の会合衆を選びだし、キーマンを説得し、おれのところの陣地でいっしょにやろう

よと誘いこむ。その会合衆に匹敵するのがジフ・デービスであり、コムデックスである）

その効果がいまや発揮されている。どこの会社が伸びているのかを探すのも早い。ほんとうにそれが本物かどうか、競合している会社はどんな会社で、その戦いに勝ち抜けるのかどうかがすぐにわかる。それを見間違えてしまうと、あとでひどい目にあう。そのへんの戦況を読まないといけない。

孫は思っている。

（M&Aというと、日本では乗っ取りとか、だましあいのような暗いイメージがある。しかし、アメリカでは決してそうではない）

たしかに、M&Aのときにはかならず駆け引きがある。買う側としてはなるべく安く買いたい。

〝ちょっとここに傷があるじゃないか〟

〝うたい文句と違う〟

ちょっとしたところでもケチをつけ、相手の提示する価格では買わないぞというそぶりを見せて買い叩く。さらに、いざ支払いの段階になると、ちょっと資金繰りがうまくいかないなどと言って、二割引き、五割引きにさせたりする。

相手もそれははじめからわかっている。そのために、はじめから値段をかさ上げしておく。駆け引きで負けてやり、最初から意図していた値段の前後を落としどころとしている。

しかし、孫はいっさいケチはつけない。その経営者が創業者で同じ事業をゼロからやっていたとするならば、孫と同じようにいくたびか涙ぐましい修羅場をくぐり、さまざまな試練を乗り越えてナンバーワンのポジションを得ている。

創業者だからこそわかりあえる、理屈抜きの部分がかならずある。自分の会社は自分の娘と同じくいとおしい。たとえば娘がハシカで熱を出して苦しんでいるときや、事故で大怪我をして生きるか死ぬかというところから助かった。あるいは、試験に受かって、家族みんなで泣いた。そういうさまざまなことを思い出してしまう。一瞬のうちにそれが頭のなかを駆けめぐる。つい涙がぽろっとこぼれ落ちる。

娘のようにかわいい会社を手放すには、いろいろな理由がある。

「年齢的に体力、気力がつづかなくなったが、息子は継ぐ気がない」

「資金繰りが苦しくなった」

「ほかにしたい仕事ができた」

どんな理由であれ、さまざまにめぐる思いはある。それに対してケチをつけたりして買い叩くことは孫にはできない。

むしろ生きているかぎり、傷はかならずある。それは、さまざまな試練や苦悩、修羅場を乗り越えてきた足跡ではないか。その価値を孫はわかってあげたい。

ときには、少しでも高く売らなければならないこともあるかもしれない。場合によっては、目を瞑って鼻をつまんで金を受け取るかもしれない。しかし、それはやはり人生観に反して嫌な思いが残る。

孫は、できるだけ相手に対して心から感謝し、尊敬して買収を終わらせたいと思っている。また、買収したあとでも、その人からさまざまなものを学びたい。そういう気持ちを大切にしたい。そうした思いがあるからこそ、駆け引きはいっさいしない。一発回答でいきたい。もちろん事業として事務的なさまざまな契約のチェックはする。帳簿のチェックもする。

しかし、それで出てきたものを駆け引きの材料には使わない。相手が正直に、なおかつ誠意を持ってやっているという場合には一発回答でいく。

そのかわり、疑問や懐疑的なところがあれば、どんなに条件がよくてもいっさい買わない。数字の上では好条件のときでも手を出さない。

しかも、自分の事業領域、デジタル情報でナンバーワン、インフラという三つの条件を満たしていなければ、いっさいやらない。その姿勢は一貫して変わらない。

衛星デジタル放送への進出

一九九六年（平成八年）四月のある日、孫正義は、アメリカのハリウッドに出かけた。〝世界のメディア王〟と呼ばれるニューズ・コーポレーション会長のルパート・マードックに会うためである。

孫は、マードックのオフィスに入ると、はじめて顔を合わせるマードックに屈託なく握手を求めた。

「ハイ、ルパート！」

マードックは、思わず笑みを浮かべた。

これまでどんな苦難にあっても笑みを絶やさなかったに違いないその顔には、年輪を感じさせる徴《しるし》が深く刻みこまれている。孫は、外国人に対してはだれでもファースト・ネームで呼ぶか、ミドルネームで呼ぶ。相手にとってはそのほうが心地よいことをよく知っているからだ。

孫は、多感な青年期をアメリカで過ごし、彼らの考え方や習慣を肌で感じとった。アメリカで過ごしたことのない日本人ビジネスマンが、頭ではわかっていてもなかなか実行することができない親密感までも躊躇なく体で表現できる。

孫は、マードックとがっちりと握手を交わした。

孫の率いるソフトバンクグループ企業である世界一のコンピュータ出版社ジフ・デービスが、アメリカだけでなく全世界を股にかけた二四時間のコンピュータ・チャンネルを設立しようと動いていた。孫はそのパートナーに、新興勢力で、世界的レベルでチャンネルを持ったマードック率いるニューズ・コーポレーションに白羽の矢を立てたのである。ジフ・デービスを買収する前であれば、マードックに会うにしても孫がすべて先頭に立って根まわしをしなければならなかった。しかし、ジフ・デービスを買収したことによって、わざわざ孫自身が最初から正面に出て行かなくても、配下の社長クラスが前もってお膳立てしておいてくれたため、こうしてスムーズにマードックに会うことができたのだ。

孫とマードックは、顔を合わせるのがはじめてとは思えないほど、コンピュータ・チャンネル設立に向けて盛り上がった。

孫は、別れ際マードックに言った。

「日本に来たときにはぜひとも寄ってください。ぼくがアメリカにいるときにはまた会いましょう」

マードックと会ってから二ヵ月後の六月一〇日、孫はソフトバンク常務である北尾吉孝とともに社長室で打ち合わせをしていた。

孫の秘書が入ってきて、伝えた。

「マードックさんという方から電話がありまして、明後日のパーティーでスピーチをお願いしますとのことでしたが、断わっておきました」

孫は、目を丸くして思わず言った。

「それはいけない」

秘書に落ち度はなかった。孫は忙しいため、スピーチや講演の依頼は断わってくれとつね日頃から秘書に頼んであったのである。

孫は、秘書に次のように伝えさせた。

「あいさつをオーケーするだけでなく、夕食をいっしょにしましょう」

パーティの前夜の六月一一日、孫は、マードックを銀座八丁目にある料亭、吉兆に招いた。マードックは妻と息子を伴っていた。ソフトバンク側は、北尾吉孝、孫の妻優美が席をともにしていた。

孫は、マードックに聞いた。

「明日は、なんのパーティーなんですか」

「CATVの会社の人たちにお集まりいただいて、今後のいろんなプランを発表することになっている」

孫は、ふたたび聞いた。

「どんなプランですか」

「衛星デジタル放送だ。これを二年以内に日本でやる。そのことをそのパーティーで発表したいんだ」

世界戦略を進めてきたマードックは、日本を〝世界に残された金鉱床〟と見て、衛星デジタル放送JスカイB事業の進出をもくろんでいた。じつは、今回の来日の目的はその計画をぶちあげることにあった。

孫は、箸を動かす手を止めた。

「ちょっと待ってください」

孫は念を押した。

「日本で、衛星デジタル放送をやるんですか」

マードックは、イエスと深くうなずいた。

孫は、速射砲のようにたたみかけた。

「単独で?」

マードックは、今度は大きく首を振った。

「NHK、民放、あるいは商社、どこがもっともパートナーにふさわしいかいま検討中だ」

孫は、手にしていた箸を皿に置き、膝においてあったナプキンで口の端をぬぐった。

「なんで、そのプランのなかにぼくの名前、いやソフトバンクの名前がないんです。やるなら、ぼくと組めばいいじゃないですか。じつは、ぼくも二、三年前から、衛星デジタル放送を手がけたいと思っていた。ちなみに、どれくらいの規模で、どういうふうにしたいんですか」

孫は、できるだけ早く衛星デジタル放送に進出する機会をうかがっていた。

その絶好のチャンスが、マードックによってもたらされようとしていた。

マードックは、はっきりとした歯切れのよい英語で大まかなプランを語った。

孫は、ディレクTVに参加こそできなかったが、その話をきっかけに衛星デジタル放送の知識を広めていた。もしそういう機会がなければマードックの話に食らいつけなかったが、幸い彼の話は理解できた。孫は言った。

「わかりました。その形でやったらある程度は成功するでしょう。ぼくも、単独でやるか、パートナーシップをとってやっていくかは検討中だが、それと同じかそれ以上の投資をしようと思っている。ただ、あなたの放送局とぼくの放送局が市場で競争したら、互いのプラスにならないのではないですか」

マードックが、ふたたび眼を見開いた。

孫はつづけた。

「すでに参入が決まっているパーフェクTVとディレクTVと合わせると、この狭い日本で四社の衛星デジタル放送局があらわれることになる。それはいくらなんでも多すぎる。それなら、あなたのところとぼくのところで手を組んだほうが、よりベターなのではないですか。

二人が手を組んでいま言ったほどの資本を出し合えば、競合二社が考えている規模の五倍から一〇倍になる。圧倒的な勝利をおさめられる。持株比率が減ったとしても、より確実に成功できるし、おもしろいのではないか」

マードックは聞いた。

「それはそれでおもしろいが、具体的にコンテンツ（番組ソフト）はどうするんだ」

孫は、にこりとした。

「日本のコンテンツについては、ちょっとまだ道筋が決まっていないので触れることはできないが、少し考えがあります。海外のコンテンツも入れなければならないが、それ以上に日本のコンテンツの調達もしなければならない」

□

マードックと組むことに対し、孫は、ある情報を握っていた。

二週間ほど前、孫がアメリカに出張している間に、元野村證券社員で外資系のインベストメント・バンカーのコンサルタントが北尾吉孝を訪ねてきた。北尾はもともと野村證券に勤めていたのでその人物とは親しかった。

「北尾さん、日本のテレビ局に興味ありませんか」

「日本のテレビ局というのはキー局のこと？　それだったら、興味がある」

「もちろんキー局です。株が二〇％から三〇％売りに出るそうです」

「それは、ぜひ手に入れたい」

北尾は、孫もキー局株についてはおそらく興味を持つに違いないと踏んだ。

北尾はその人物と交渉し、二ヵ月間の単独交渉権を手に入れた。

そこではじめて、株が売却されるキー局とはテレビ朝日ということもわかった。株を売ろうとしているのは、旺文社メディアだった。所有しているテレビ朝日株全体の二一・四％にあたる株すべてを売ろうとしているらしい。その株を買い取れば、一気にテレビ朝日の最大の株主になる。

孫は、北尾の思ったとおりこの話に乗ってきた。

いずれテレビ朝日が株式を公開すれば評価益は出る。しかし、ソフトバンクはそもそも採算のとれない事業には手を出さない。ましてや、寝かせておくだけの株式には手を出さなかった。いくら事業規模が大きくなっても、土地も持たない、本社社屋も借りているままにしているのはそのためである。

インターネットとテレビは、近い将来かならず融合する。孫は、それを見据えていたのである。

インターネットを流す側にとっては、どんなコンテンツを流せるかがキーとなる。テレビ朝日は、きっと必要なコンテンツを持っているに違いない。そう踏んでいた。

ただ、孫は、自分がテレビ朝日株を買収しようとしていることはマードックには伏せておいた。まだ売り主である旺文社メディアの赤尾文夫にも会っていない。不確定要素が多すぎた。先に話してそれがガセネタであれば、結果的にはマードックをうまい話で釣ったということにもなりかねない。

孫は、秘策ありとのニュアンスを匂わす程度にとどめた。マードックは、それでもにんまりとした。

孫は、翌日の朝マードックから連絡を受けた。

「今晩のパーティーの一時間前に、来てもらいたい」

孫は、マードックが泊まっている西新宿のホテルセンチュリーハイアットに車を飛ばした。

マードックは、孫と顔を合わせるなり聞いてきた。

「昨日の話は、本気かい」

「もちろん本気です」

「ところで、考えとはいったいどういうことだ。もっと詳しく聞かせてくれ」

マードックは、興味深そうに孫の顔をのぞきこんだ。

孫はこの場に来る前に、マードックがその話を持ち出すだろうとコンサルタントと話をつけていた。

孫は、はじめてマードックに打ち明けた。

「民間放送のひとつ、テレビ朝日の株が売りに出ているんです。ぼくはその単独交渉権を得ている。ぼくとしては単独でテレビ朝日の株式を買っていいと思っている。これは、衛星デジタル放送をやるうえでは非常にプラスになる。しかし、ひとりで買えば私利私欲のために買っているのだと思われてしまう。ついては、もし興味があればあなたもいっしょに株を持ってもらってもいい。やる以上は五〇％ずつでやっていきませんか」

「単独交渉権を得ているのか。それは手回しが早い。ところで、いつまでにその話はまとめなければならないんだ」

「少なくとも、六月中はうちに交渉権があります」

マードックは、にんまりとした。

「すばらしい。きみの話に乗ろう」

「価格交渉は、ある程度ぼくにまかせてくれますか」

「まかせよう」

孫は、一九九六年六月二〇日、記者会見にのぞみ、駆けつけた大勢の記者たちを前に発表した。

「ソフトバンクとニューズ・コーポレーションは、旺文社メディアが保有するテレビ朝日株を買収したことをここに発表いたします」

いきなりの発表に、関係者はじめ世間は度胆を抜かれた。〝世界のメディア王〟がいよいよ日本にやってきた。黒船襲来というわけである。

記者から、質問が飛んだ。

「四一七億円あまりの買い取り価格は、高すぎはしませんか」

孫は言った。

「テレビ朝日は、数年後に株式公開します。市場価値がつく。四一七億五〇〇〇万円というのは経費でなく投資なんです。お金は出ているけれどもそれに見合う価値はある。そうすると、万が一、業務提携のメリットがなくても一般投資家が株式投資するのと同じです。それで十分価値があります」

翌朝、新聞の見出しが躍った。

〝テレ朝ジャック〟

いよいよ世界の潮流が日本にも押し寄せてきたというほどのあわてぶりである。テレビ朝日が孫やマードックに乗っ取られてしまうのではないか。それを危ぶむ声が高まった。

孫は、妙におかしかった。

（ジャック、ジャックといっても、『ジャックと豆の木』の間違いではないか。どうも日本人は海外に対するアレルギーが強すぎる。そんなに騒ぐことではないではないか）

テレ朝株買収とバッシング

孫とマードックは、合わせて二一・四％のテレビ朝日株を取得した。そのうちマードックが保有しているのは全体の一〇％あまり。外国人の株式所有が許されている二一％以内という範囲を超えていない。

孫は不満であった。

（放送は公共事業だから、一〇〇％純血で固めなければいけないのか。株主が日本人でなければならないのか。狭い一部の人たちだけの思想で固まるのは、かつての共産主義や軍国主義の独裁者たちが表現の自由を奪い、偏った色に染めようとしたことと変わりない。ほんとうに公共事業というのであれば、世界的な広がりのなかで考えたほうがもっと公共的ではないか。いまこそ開国の時代だ。世界中の情報を風通しよくどんどん取り入れ、世界にも発信すべきだ）

孫は、新聞から眼を離し苦々しく思った。

（了見が、あまりに狭すぎる……）

マードックの参加におびえ騒ぐのは、それだけの理由もあった。マードックのそれまでのＭ＆Ａの経歴が、あまりにもすさまじすぎたからである。

孫は、まるでテレビ朝日を乗っ取るように見られていたが、テレビ朝日の株を取得しても地上波放送の経営に首を突っこむ気はみじんもなかった。地上波放送は、ＮＨＫと民放を含めて六局ある。そこには競争があって十分にすばらしいコンテンツもある。そのルールのなかでは市場は成熟し、孫らが新規参入したとしてもなんの付加価値も提供できない。

テレビ朝日株買収は、あくまでも衛星デジタル放送のための一歩にすぎない。一〇〇以上ものチャンネルを持つ衛星デジタル放送は、いくらインフラがそろっていても膨大なコンテンツがなければ成り立たない。放送を流すのであれば、ＮＨＫ、民放、さまざまな出版社、映画会社が参入してくれなければできない。ただ旗を振っていても、拠りどころがなければ雲をつかむような話になる。

（少しでも業界の内側に入りこみたい）

マードックとともに四一七億五〇〇〇万円を投じてテレビ朝日株を買収したといっても、それはソフトバンクの孫正義という男が衛星デジタル放送という新しい事業進出に名乗りをあげる意気込みを表明するものにすぎなかった。

孫は、テレビ朝日系列の人たちにも言っていた。

「うちは代表権のある取締役はいりません。非常勤の取締役でかまいません」

旺文社メディアは、それまで代表権のある副社長、常勤の取締役をテレビ朝日に送りこんでいた。それにくらべるとはるかに比重は軽い。ましてや、株式を買い増しして乗っ取ろうというつもりもさらさらない。ゆるやかな提携さえできれば十分だった。テレビ朝日にとってもマイナスではないはずだ。ＪスカイＢと提携すれば、これまでにはできなかった新たな放送ができる。

孫は、コンテンツがいくらでも欲しい。地上波放送とＪスカイＢのいい関係をテレビ朝日をひとつのモデルケースとして実現してみせたかった。

ただし、テレビ朝日にかたよりすぎたのでは、ほかの放送局がコンテンツを提供するのを躊躇するかもしれない。それはマイナスになりこそすれプラスにはなりえない。

孫は、テレビ朝日関係者に言った。

「株式公開を予定しているテレビ朝日の経営そのものが盛んになれば、われわれ株主にとっては含み資産をはじめ間接的にプラスになる。どうぞ、ご遠慮なく自由に伸び伸びとやっていただきたい」

場合によっては、孫自身が平の取締役として入ることもあるかもしれない。しかしその場合は、経営に口を出すというよりも放送とはどういうものか勉強させてもらえる。いろいろな意味で親しくなればコンテンツも頼める。その意味合いは大きい。

しかし、放送事業はいままでに手を染めたことのない分野である。一〇〇〇億円というこれまでになかった莫大な投資も必要になる。いつも以上に態勢を整えておかなければならない。

孫は常務の北尾吉孝とも話し合い、一九九六年九月、資本市場からの資金調達をともなうような大型買収は、この一、二年の間は凍結すると宣言した。経営資源をJスカイBに集中し、余剰資金は財務体質の改善に振り向けることにするためだ。

そうしておいて一九九六年一二月一二日、旺文社メディアからテレビ朝日株買収資金調達のために第二回無担保転換社債を発行した。利率は三%、転換社債で六二六九・二円、一〇〇億円を調達した。一二月二四日、募集価格七九八七円（スプレッド方式）、発行価格七六六一円の時価発行増資による四七〇万株を発行、三六〇億円を調達した。

ソフトバンクの資本市場調達は、それまでのM＆Aなどのために七八億円にものぼっていた。

孫は、言い切った。

「当面打つべき布石は打った。経営資源をしばらくはJスカイBに集中する」

□

孫バッシングがはじまった。

朝日新聞社社長である松下宗之は、テレビ朝日社長の伊藤邦男をはじめとした個人名義で取得している株式を、朝日新聞社の名義に書き換えて、孫・マードック包囲網をつくりあげた。

北尾は、孫に勧めた。

「これは、大政奉還するのがもっともいいですよ」

孫も、一週間に一度、テレビ朝日関係者たちと会っていた。同じようなことを考えていたらしい。素直に応じた。

一九九七年三月三日、テレビ朝日株を、朝日新聞社に売却することを発表した。売却額は、旺文社メディアから買い取ったときと同額の四一七億五〇〇〇万円であった。

孫は、この戦いを引くことでひと儲けしようというケチな考えは持たなかった。買い取った価格と同じ価格で売却したのである。このことは高く評価された。

北尾は、いま振り返って、思う。

たしかに、あのままテレビ朝日株を保有しつづければ、なにかしらの利用の仕方があったかもしれない。ソフトバンクにとって、貴重な財産になっていたのかもしれない。

しかし、マードックとはじめたJスカイBも、なかなか思うとおりには事業が展開できなかった。

孫にも、衛星デジタル放送の欠点が見えてきた。衛星デジタル放送の魅力は、なんといっても双方向性であった。これまでのアナログ放送では、発信する側から視る側へと一方的にしか情報が伝えられなかった。

それが、受け手も、情報発信側へと情報を送れるようになる。衛星デジタル放送をきっかけに、メディアとインターネットとの融合が起きると、孫は思っていた。

だが、情報を衛星へと上げるまでに、思っていた以上に時間がかかってしまった。

これでは、完全な双方向性を構築できない。いずれ、頭打ちになることがわかってきた。

さらに、衛星デジタル放送局が三つあっても、過当競争となるばかりである。ＪスカイＢは、パーフェクＴＶと合併した。孫も、ＪスカイＢの初代社長の座から降りた。

二〇〇二年三月には、取得しているスカイパーフェクＴＶの株式も手放した。

第五章

全体で考え個々にまかせよ

——事業を拡大し、成長し続けるカルチャー

総務省と〝全面対決〟

二〇〇四年九月六日、孫は記者会見して語った。

「ＮＴＴドコモやＫＤＤＩのａｕと同じ周波数帯域の八〇〇メガ・ヘルツ帯域での携帯電話事業への参入を目指す」

ソフトバンクは、二〇〇〇年ごろから、携帯電話事業への新規参入の申請を、総務省に数えきれないほど掛け合ってきた。デジタル情報革命へと突き進むのに、携帯電話事業への進出はなくてはならないものであった。だが、そのたびに総務省から断わられてきた。

国内で携帯電話用の周波数帯として使われているのは、八〇〇メガ・ヘルツ、一・五ギガ・ヘルツ、二ギガ・ヘルツの三つある。このうち、電波争奪戦が激しいのが八〇〇メガ帯域であった。周波数がもっとも低く、波長がもっとも長い。既存の通信方式も使えるうえに、電波の到達距離がもっとも長く、基地局数を少なくできる。事業者は、設備投資も抑えられる。

早期にサービスを開始できる。

しかし、総務省は、明らかに、ＮＴＴドコモ、ＫＤＤＩといった既存の企業の既得権益を保護している。八月に発表した携帯事業再編では、多くの人たちから意見を求める、いわゆるパブリックコメントを募集してはいたものの、それはあくまでも形だけにすぎなかった。携帯電話の周波数割り当て方法が不公平で、参入障壁になっていた。

孫は、意見書を総務省に提出し、総務省からの天下りを受け入れないことを表明した。総務省と〝全面対決〟する姿勢を示した。

二〇〇四年九月三日金曜日の昼間、電通営業部長の栗坂達郎は、ソフトバンク広報室長の田部康喜ら数名と食事をしていた。田部は、室長に就任したばかりで、その顔合わせの意味も含めた打ち合わせであった。

やっと場がなごんできたころ、田部の携帯電話が鳴った。どうやら緊急事態が発生したらしく、広報課長とともにその場から出て行った。

「なにかあったのですかね」

その場に残った栗坂らが話していると、栗坂らにも招集がかかった。

「いますぐ、社長室に来てください」

栗坂は、あわてて社長室に出向いた。

栗坂の顔を見るなり、孫がいきなり言った。

「明日、新聞広告を打ちたい」

栗坂は、あらためて時計を見た。すでに午後二時になろうとしている。

「社長、いくらなんでも、それはちょっと無理ですね。新聞の締切はもうすぐで、四時くらいから刷りはじめるんですから」

「そうか、だったら、日曜日に打とう」

「日曜日ですか……」

そこまで聞いておいて、栗坂は、それまで聞きたくて仕方のなかった疑問を言葉にした。

「社長、ところで、日曜日といっても、なにをどうするんでしょうか」

そのときはじめて、孫の口から、総務省の電波行政に対する意見広告であると聞かされた。

栗坂は言った。

「そうですか、そのような、役所やビジネスピープルに打つ趣旨のものでしたら、休日の土曜、日曜に打つのではなく、月曜の朝刊に打ったほうがいいのではないですか」

「なるほど、そうか」

孫も納得した。

栗坂は、さっそく突貫作業にかかった。中身も企画も決まっていない段階で、掲載日だけが決まっている。大特急で段取りを組み、広報室長の田部が書いたり、口にしたことを、電通のコピーライターがリライトした。

孫が、それに修正を加える。この作業を何度も繰り返した。

念願の携帯電話事業に進出できるかできないかの瀬戸際に立っているのである。こだわりにこだわった。自分の真意をあらわそうと一言一句に至るまで熟考に熟考を重ねている。

締切時間との勝負になった。

栗坂は、意見広告を打つ全国紙の担当者に謝り通した。だが、デッドラインを越えてもなお、最終的な孫からの手直しは栗坂のもとには届かない。

日経新聞の担当者からは、電話が入った。

「栗坂さん、ソフトバンクさんのやつ、落としましたからね。いつまでたっても原稿を持ってこないし。

『ちょっと待ってくれ』の一点ばりで、こっちだって印刷スケジュールをたくさん抱えているんですよ。何百万部も刷っているのですから」

栗坂は、思わず声をあげた。

「なにーっ、そんなの許されるわけねえだろう」

栗坂は、担当者をなだめすかした。しかし、説得できないまま、電話を切るはめになった。

(どうしようか……)

さすがに考え込んだ。

それから一五分ほどたって、日経の担当者から電話が入った。

「まだもう少し待てますからね」

明らかに、さきほど口にしたことは冗談だったと言いたげであった。あまりにも待たせるので、栗坂を担いだのであった。

九月六日、『いま声をあげなければ、この国の携帯電話料金はずっと高いままかもしれません。』と書かれたソフトバンクの意見広告は、全国紙に掲載された。ほとんどだれにも知られない、ホームページの隅っこに載せている形式だけのパブリックビューイングコメント募集に対して、強い批判を真正面からぶつけたのは、広告界ではじめてのことであった。国民の関心事でもある携帯電話に関わることが、密室で決められることに、意見広告を読んだ読者たちは反発を感じたに違いない。威力も圧倒的であった。

反響は凄まじかった。

「もっとオープンに意見公募をするべきだ」

「ソフトバンクに、携帯電話事業の認可を与えるべきだ」

一日に二万件から三万件のコメントが、総務省に殺到した。

栗坂は驚いた。

（新聞広告をこのように使う発想そのものがすごい。過去にこのようなことを、このような規模でやったのはほとんどなかった）

孫は、正しいことは正しいとはっきり主張すべきだと考えている。そのためには、国家権力を背景にしている役所だからといってもひるまない。その信念を貫いている。読者は、そのような戦う姿勢を敏感に感じとっている。だからこそ、孫は、さまざまな人たちから共感も得られ、社会に対してもインパクトを与えることができる。

□

ソフトバンクは、二〇〇四年一〇月二二日、携帯電話向け周波数割り当てをめぐって、総務省の提訴に踏み切った。

記者会見した孫は、激しい口調で語った。

「総務省は、携帯電話用に使われている八〇〇メガ・ヘルツ帯域の周波数について、現在利用しているドコモとＫＤＤＩにだけ配分する案を公表した。配分を申請する機会をほかの事業者に与えなかったのは電波法で定められた手続きを経ず、違法だ。さらに、総務省が密室の話し合いでドコモとＫＤＤＩに周波数を独占的に与え、ソフトバンクの参入の機会を実質的に奪った」

総務省は、有識者で構成する「携帯電話用周波数の利用拡大に関する検討会」を設置した。再編方針案決定の手法に非はないとしながらも、「方針案の決定過程が不透明」などとするソフトバンクの批判に応えた。周波数再編に関わることで、総務省が公聴会を開くのははじめてのことであった。

孫は、強調した。

「ソフトバンクの携帯電話事業参入が実現すれば、世界一高い携帯電話料金が大幅に下がり、日本の消費者の利益になる」

孫は、公聴会「携帯電話用周波数の利用拡大に関する検討会」が開かれるたびに出席した。

ところが、二〇〇五年二月八日、孫には信じられない発表が、総務省から出された。

「新規参入事業者への割当は、行ないません」

新規参入事業者への割当をすることは、既存利用者の利益を損ねる可能性が高いというのが理由であった。つまり、NTT、KDDIに割り当てるというのである。

孫は、声が出なかった。

（なんのためのパブリックコメントだったのか、なんのための公聴会だったのか）

結局、総務省は、ほかの目的に使われていた一・七ギガ・ヘルツ帯を高性能の第三世代携帯電話用とし、二〇〇六年度から新たに割り当てることを決めた。二〇〇五年四月二七日、周波数一・七ギガ・ヘルツ帯での携帯電話事業の実験免許をソフトバンクに与える方針を固めた。

ソフトバンクは、即日実験をはじめる。半年程度かけて電波の伝達特性を調べ、将来の携帯電話基地局の配置などを具体化させる。正式に認可がおりれば激しい価格競争が起きる。

二〇〇五年一一月、総務省は、ソフトバンクの孫会社であるBBモバイルの携帯電話事業参入を認定した。このことによって、ソフトバンクは携帯電話事業に進出できることとなった。

ボーダフォン・ジャパンを買収しようと思っています

総務省が、ソフトバンクにようやく携帯電話事業への事業参入を許可した。しかし、自力での携帯電話事業進出は、開発費から、施設費、広告費など、莫大な費用がかかる。損益分岐点に達するまでも、五年から一〇年もの歳月がかかる。展開の速度が違いすぎ、他社の競争にも後れをとってしまいそうだった。

孫は、いつものように、何度も何度も、アイデアを磨き上げていった。そのうえで、事業計画が上がってきた。取締役の笠井和彦は、投資額を見た。

「こんなはずはない。この額では携帯事業など無理だ」

事業計画では、五〇〇〇億円で、ＩＰネットワークを用いた携帯電話網を築きあげることができると試算していたのである。財務を預かる立場としては、とても見過ごすことはできなかった。

笠井は、その場で言った。

「そもそも、ドコモにしろ、ａｕにしろ、過去に一兆円を超す投資をしている。それでもなお、新たに一兆円を追加しようというのです。ボーダフォン・ジャパンでさえも、毎年二〇〇〇億円も投資している。それから考えても、ゼロからつくり上げる携帯電話事業が、五〇〇〇億円で済むとは到底考えられません」

事業計画を提出した役員は、説明した。

「それは、技術の進歩によって可能なのです」

だが、笠井は納得できなかった。

「たしかに、技術の進歩はあるかもしれない。しかし、ドコモもａｕも、技術を進歩させているはずだ。それでも、一兆円を投資している。そこを、どう考えるのですか」

一方、ソフトバンク独自で携帯電話事業を興す術を模索しているなか、笠井は、財務部長である後藤芳光に聞いてみた。

「ボーダフォン・ジャパンを買収したら、どうなのだろうか」

携帯電話事業で国内三位であるボーダフォン・ジャパンは、世界最大の携帯電話会社、英ボーダフォンが約九八％を出資する。二〇〇一年一〇月に、英ボーダフォンが、Ｊフォングループを傘下におさめて社名変更した。二〇〇五年三月期の連続売上高は、一兆四億七一〇〇億円であった。ボーダフォン・ジャパン買収の可能性については、ときおり、ソフトバンク内でも話題にのぼることがあった。だが、そのころの主流は、あくまでもソフトバンク独自の手による携帯電話事業への進出であった。ボーダフォン・ジャパン買収は、端のほうに追いやられ、本格的に検討されることはなかった。

試算によれば、買収総額は二兆円。過去、孫が行なってきたソフトバンクの数々のＭ＆Ａよりも、はるかに大規模である。

その手法が、ＬＢＯ（レバレッジド・バイアウト）だった。買収先の資産、キャッシュフローを担保に資金調達し、返済は買収した企業の資産、キャッシュフローなどで行なう。

少ない資金で大きな資本の企業を買収できる手法である。アメリカの投資ファンドＫＫＲが、一九八八年に菓子メーカー「ナビスコ」を買収した際、総額二五〇億ドルのうちの約八割、二一四億ドルを調達した。これが、過去世界最大のＬＢＯと言われていた。その当時、ＫＫＲの手法には批判が相次いだが、現在では一流ファンドと評価されている。

ただし、孫は、現金での買収にこだわった。たいていの企業買収のように、株式を取得することで経営権を握るのは、株式の大量発行につながる。それは株式の価値を落とすこともある。さらには、一度株式を手放すと、市場から回収することがなかなか困難にもなる。

これからソフトバンクグループの根幹事業となる携帯電話事業である。一〇〇％のオーナーシップを確保したかった。

しかも、買収のタイミングとしても、まさにいましかなかった。二〇〇六年一〇月二四日からは、ユーザーが携帯電話の番号を変えずに他社と契約し直せる、番号ポータビリティ制度が開始される。それまで、一年を切っていた。制度開始後であれば、おそらく、ボーダフォン・ジャパンを安く買収できるに違いなかった。しかし、負けがこみ過ぎた状態で買収すれば、業績を回復させるまでに相当の時間がかかると孫は読んだ。

ソフトバンク取締役である宮内謙によると、ボーダフォン・ジャパン買収は、二兆円という金額だけでなく、かなりリスクを負わなければならなかった。日本での携帯事業第三位のボーダフォン・ジャパンは、番号ポータビリティ制度がはじまれば、必ずＮＴＴドコモやａｕに、ユーザーを奪われてしまうと見られていたからだ。

孫は、笠井からの報告を受けると言った。

「たしかに買収すれば、時間的な効率もあがる。ぜひとも、これで行きたいですね」

孫は、さっそく経営陣を集めた。

休日にもかかわらず当時港区東新橋に移っていたソフトバンク本社に、主だった経営陣が集まった。

孫は、席に着くと、会議室を見まわした。ソフトバンクモバイル常務執行役員兼ＣＦＯの藤原和彦以下、管理部門の、ソフトバンク経営陣の間で、孫にどちらかというと否定的な意見を口にするいわゆる、〝コンサバ三兄弟〟と呼ばれる三人、そして、ファーストリテイリング代表取締役会長兼社長の柳井正の顔もあった。

役員会では、勢いこんで一気に突き進む、孫正義、副社長の宮内謙、ソフトバンクモバイル専務の宮川潤一の、積極的な〝ラテン三兄弟〟に対し、柳井は日頃、シビアな意見を突き付けてくるのだった。ありがたいことに、あえて戒める役にまわってくれるのである。

そんな柳井が、これから孫の発表することを聞いたら、どのように応じるだろうか。おそらく、ソフトバンクの本質を射抜く、辛辣な言葉で迫ってくることだろう。

孫は、内心おだやかではないまま、経営陣を前に発表した。

「ボーダフォン・ジャパンを、買収しようと思っています」

日本国内第三位の携帯電話会社の買収発表に、さすがに会議室はどよめいた。買収額も、これまでとひと桁ちがう二兆円である。

さまざまな意見が飛び交った。あいかわらず、〝コンサバ三兄弟〟は否定的な意見を浴びせかけてきた。ほぼ極秘状態で調査分析を進めていた取締役の笠井和彦は、応酬した。

議論が熱くなった末に、いよいよ、柳井が発言を求めた。

孫は、さすがに身がまえた。

（おそらく、柳井社長は反対するであろう）

が、ここは、どんなに柳井の発言が説得力にあふれようとも引くことはできない。孫はそう自分に言い聞かせた。

柳井は、その表情をまったく変えないまま、はっきりとした口調で言った。

「これを買えなかったときのリスクを考えるべきだ」

孫はおどろいた。ふだんの柳井からは考えられない肯定的な言動だったからである。

柳井はつづけた。

「この買収は、急いだほうがいい。相手が渋ったら、もう一声出してでも、絶対に買うべきだ」

総合的に、経営全体を見ている柳井である。ソフトバンクにとっての根幹事業がなにかをはっきりと見据えていた。


孫は、役員会でボーダフォン買収の賛成を得るや、さっそく動いた。そこからは、まさに孫の本領発揮であった。徹底的に熟慮検討の末、一月末にスイスで開かれるダボス会議を訪れる際、ロンドンに立ち寄った。英ボーダフォン社長のアルン・サリーンに直接会い、熱い思いを通訳を介さず、みずからの言葉で伝えた。

孫とサリーン社長は、一九九〇年代に、米通信機器大手のシスコシステムでともに社外取締役を務めた旧知の仲である。

サリーンは、孫の言葉に言った。

「そこまでやる気なら、ボーダフォン・ジャパン株の八五%を売却してもいい」

売却は、順調に進むかに思えた。

しかし、二月に入ると、協議は難航した。英ボーダフォンは主張した。

「第三世代携帯の設備さえ整えば、ボーダフォン・ジャパンの利用者は増える」

ボーダフォン・ジャパンの企業価値を二兆数千億円と主張してきたのである。

孫は反論した。

「番号ポータビリティ制度がはじまると、利用者は減る」

企業価値は、一兆五〇〇〇億円とした。さらに、意思決定を早めるために、買収株のパーセンテージを「八五％」ではなく、「一〇〇％」と要求し直した。

英ボーダフォンが、全株売却を受け入れたのは、二〇〇六年三月三日のことである。

ところが、二〇〇六年三月三日深夜、ロイター通信が、思わぬ情報を流した。

「ソフトバンク、ボーダフォン買収」

情報源は、ロンドン。英ボーダフォンと見られる。このことによって、投資ファンドなどの海外勢力が動きはじめる。その動きを待っていたかのように、英ボーダフォンも買収額をつり上げる動きに出た。

その動きをただ見ているだけでは、ボーダフォンに主導権をとられかねない。

孫は、最終的に上限ぎりぎりの買収額を提案した。英ボーダフォンは、それを了承した。

スクープから二週間後の三月一七日、ソフトバンクは、ボーダフォン・ジャパン買収を発表した。買収総額一兆七五〇〇億円。さらに、ボーダフォン・ジャパンの負債約二五〇〇億円を引き継ぐ。実質的な買収総額は二兆円におよんだ。そのうち半分にあたる一兆円を、ＬＢＯによって調達した。日本で過去最大のＬＢＯを利用した企業買収であった。

なお、ボーダフォン・ジャパン株は、ソフトバンク孫会社「ＢＢモバイル」株を一〇〇％保有する、ソフトバンクの子会社モバイルテックを介して間接保有する形をとった。携帯電話事業への新規参入認定は、総務省に返上した。

なお、ボーダフォンは、「ソフトバンクモバイル」に社名を変更する。

笠井らは、なぜボーダフォン・ジャパンの業績が、右肩下がりになっているかを追求した。売上高は、二〇〇六年三月期決算によると、前期比で売上げ〇・二％減の一兆四六七六億円。本業の儲けを示す、営業利益は五六・八％減の七一六三億円。最終利益が四九四億円である。前期比六九・四％と落ち込んでいる。新規契約者数から解約者数を差し引いた純増数比約九割増の一六万九二〇〇と歯止めはかかっていた。しかし、マーケティングの方法、携帯電話のデザイン、さらに、ネットワークの弱さもあった。それよりも決定的だったのは、ブランドイメージであった。ドコモ、ａｕに比べると知名度があまりにも低かった。

さらにいえば、ボーダフォン・ジャパンは、イギリスにある本社が、リモートコントロールする形で経営していた。それほど離れた距離で、まともな経営ができるわけがない。

たとえば、携帯電話端末にしても、イギリスでデザインしたものをそのまま日本で販売していた。コストダウンになると単純に考えていたからだ。針の先ほどの色欠けでもクレームを言ってくるほど、日本のユーザーは眼が厳しいということも知らなかった。要するに、イギリスの本体は日本のボーダフォンを、キャッシュを吸い上げるための手段としてしか捉えていなかったのだ。それ以上、業績を上げることができないのも当然であった。

ソフトバンクモバイル誕生

宮内謙は、新会社の代表執行役副社長兼ＣＯＯ（最高執行責任者）に就任することが決まった。四月四日にはさっそく、港区愛宕にあるボーダフォン・ジャパン本社を訪れた。

ソフトバンクは、その日、ＢＢモバイルを通じて、一株三一万三四五六円でＴＯＢ（株式公開買い付け）を実施していた。しかし、英ボーダフォンには、まだ買収資金を支払ってもいなかった。

宮内は、ボーダフォン・ジャパンの役員室に常駐し、ゴールデンウィーク前までに、全幹部社員に面談した。

ひとりひとりの話を聞けば聞くほど、宮内のなかでは、ずしりずしりと重荷が増していった。

（これは、思ったよりも大変だぞ……）

社員たちは、ＮＴＴドコモ、ａｕにつづく三位という地位に満足しきっていた。そこから、上位の二社に追いつき追い越そうといった気概は、まったく感じられなかった。利益が上がってさえいれば、それでかまわないと満足しきっていた。番号ポータビリティ制度が開始することによって、ボーダフォンが草刈り場となってしまう危機意識もない。ボーダフォン・ジャパンの社員ひとりひとりはビジネスマンというよりも、まるで上級官僚のようであった。

かつてボーダフォン・ジャパンを経営していた、ＪＲ系通信会社「日本テレコム」のカルチャーと、イギリスに本社を置く「ボーダフォン」のカルチャーが、悪い形で混じりあっているように思えた。

宮内は、孫に報告してから、自分の意見を口にした。

「ボーダフォン・ジャパンを、そっくりソフトバンク本社に移したほうがいいかと思います」

孫もうなずいた。

「みやうっちゃんの言うとおりだね。では、一週間後に移そう」

「一週間後ですか?」

宮内は、思わず聞き返した。ひとつのオフィスがまるまる移ろうというのである。一ヵ月程度の時間は少なくとも費やすことになるのだろうと見ていた。それを、一週間とは……。孫らしいといえば孫らしい発想であった。

ボーダフォン・ジャパンのオフィスは、ゴールデンウィーク中の五月一日、すべて移転を終えた。ソフトバンク本社にあった流通部門などを、愛宕にあるボーダフォン・ジャパンオフィスとそっくりそのまま入れ替えたのであった。それも、互いのオフィスにあるデスク、棚などは動かさず、社員、パソコン、書類だけを交換した。おそらく、このように電光石火のごとく動ける企業体は、世界で探してもソフトバンクくらいに違いない。

ボーダフォン買収は、これまで企業に対して行なった買収劇とは、まったく意味が違っている。孫にとってもっとも大きな博打であり、この事業をしくじることはソフトバンクグループそのものの崩壊を意味する。孫自身、性根を据えて、体を張らなくてはならないと思っていた。

じつは、日本テレコムを買収した際、なかなかシナジー効果を出すことができなかった。

一〇〇%買収したものの、間接話法のようなやりとりを繰り返した。その遠慮が、芳しい結果を生むまでに時間を要した原因であったと反省もしていた。

ソフトバンクは、契約数から解約数を引いた純増数を上げないかぎり、携帯電話事業会社として認められない。認められないどころか、二兆円もの資金を投じている。うかうかしている暇はなかった。まさに初の審判ともいうべき番号ポータビリティ制度開始まで半年を切っていた。

ソフトバンクで、携帯電話事業に関わる経営会議がはじまったのは、二〇〇六年五月、ボーダフォンの代理店を集めたお披露目、一般のお披露目が終わったあとのことである。

孫自身が中心となり、車座となって意見を戦わせた。三ヵ月の間、集中的に議論した。土曜日も日曜日もなかった。

製品担当者、システム担当者、営業担当者などが、ボーダフォン・ジャパンが、なぜ日本の携帯電話事業で第三位に甘んじてきたかを、それぞれの立場から報告した。

検討課題を、四つに絞りこんだ。

「ネットワーク」「携帯端末」「プロモーション&営業」「コンテンツ」である。

「ネットワーク」は他社と比べてつながりにくい。「携帯端末」も型が古く、他社製品と比べて分厚い。およそスタイリッシュではなかった。「プロモーション&営業」つまり、売り込みもうまくない。ボーダフォンの営業マンはビジネスマンにはなりきれていなかった。さらには、ボーダフォン・ジャパンのインターネット接続サービス「ボーダフォンライブ!」で認定したコンテンツは、ドコモ、ａｕと比べて少なかった。総じてどの分野でも、ドコモ、ａｕの後追いをしていて、しかも質的にも劣っていた。これでは万年三位であることを証明しているようなものである。

それでも携帯電話事業では、それなりの営業利益を出せた。その利益は、イギリス本社に送り込まれていた。これでは、国内第三位から上昇できるわけがなかった。

孫が、意気込んだ。

「一年で、一気に改善するぞ！」

□

孫は、ソフトバンクモバイルの事業にどっぷりと浸かりこんだ。商品企画から技術企画、営業の末端にいたるまで、課長クラスの仕事でも関わった。

なかでも、広告宣伝戦略には力を注ぎ込んだ。

ソフトバンクは、ユーザー数でも売上げでも多い競合他社と比べて広告に割ける予算は少ない。その不利な条件下でも、もっともインパクトのある広告宣伝戦略を打ち出すために知恵を絞った。

さっそく、テレビ、新聞、雑誌、交通広告、屋外看板といった広告のコストパフォーマンスを数値化した。圧倒的に費用対効果があるのは、テレビCMであった。

孫は、その他の広告媒体は徹底的にカットした。テレビに一点集中し、「ソフトバンク」のブランド名を前面に押し出したテレビCMをはじめて打つことにした。

二〇〇六年三月、電通の栗坂達郎は、孫から誘いを受けた。

「ぜひ、ソフトバンクに来てもらえないか。マーケティング、広告コミュニケーションを専門にした責任者が、うちにはいない」

孫は、いざ仕事の話になると、情熱をほとばしらせた。

「『Ｙａｈｏｏ！　ＢＢ』をもっと広く世の中に普及させるために、テレビＣＭをはじめとしたメディアで、『Ｙａｈｏｏ！　ＢＢ』のよさを提案したいと思っています。広告宣伝、販促を含めて総合提案してほしい」

おもに「Ｙａｈｏｏ！　ＢＢ」の宣伝手段であった、街頭での、「Ｙａｈｏｏ！　ＢＢ」接続ツール配布だけでなく、ＣＭを打つことにした。ソフトバンクとしては初のことである。広告宣伝費も、四〇億円を投じるという。

栗坂には、「Ｙａｈｏｏ！　ＢＢ」に賭ける、孫の意気込みの凄まじさが伝わってくるようであった。

□

広末涼子が登場するＣＭは、二〇〇三年八月一五日からオンエアした。

広末涼子が、十分からだがすっぽり入るほどの巨大な、赤い紙バッグから顔をのぞかせている。そのバッグは、街頭で接続ツールを配る際に渡す「ＢＢバッグ」と呼ばれるバッグである。

広末は、視聴者に元気に語りかける。

「ＢＢしよう！」

さらに、「ベルトコンベア編」も放映した。ベルトコンベアに乗って次々と生産される「ＢＢバッグ」を前にして、「ＢＢしよう！」と語りかける。

このＣＭは、見事に成功をおさめた。

栗坂らは、高い評価を得ることができた。

それから、第二弾、第三弾とＣＭが進むうちに、制作時間は、それほどかからなくなっていた。互いの意志も通じ、孫も納得するＣＭを提案できるようになった。

孫は、満足であった。

「おまえら、だいぶわかるようになってきたやないか」

栗坂は、笑顔で言い返した。

「なにを言っているんですか。ぼくらは、二〇年間、こういう作業をやってきて、わかっているんです。逆に、社長の技量が上がったのでスムーズになったのであって、ぼくらの技量はそんなに変わってないですよ」

孫の広告宣伝に対する知識、技量は、いっそう磨き込まれていた。栗坂が目を瞠るほど、さまざまな知識を吸収していく。

トップクリエイターたちをはじめ二〇人近くが集まってミーティングをしても、二、三人しかわからないような専門的な事柄を、孫のほうから切り出してくるようになっていた。

いまや、広告を専門としていない経営者としては、孫はもっとも広告宣伝に関わり、もっとも造詣が深い。

ソフトバンクと海援隊

電通を経て「シンガタ」を立ち上げた佐々木宏と、「大貫デザイン」を設立している大貫卓也の二人が組んだソフトバンクでのはじめての仕事は、CI作業であった。まず黄色に四角だったロゴを変えようというのである。

大貫は、ソフトバンクにとって重要なのは、ロゴの形やデザインよりも、志、スピリットではないかと考えた。そのうえで、ソフトバンク＝孫正義ということも含め、あらためてスピリットをあらわすものを考え直したとき、新たな世をつくりあげようとした坂本龍馬が浮かんだ。

孫正義は、心酔する坂本龍馬のごとく、デジタル情報革命に向かって突き進んでいる。

だれもが平等に情報を得られ、より進歩した世の中をつくる。その使命感に燃えている。そのような孫正義が率いるソフトバンクは、まさしく坂本龍馬率いる海援隊であった。

「これが、ソフトバンクのロゴです」

大貫が提案してきたのは、黄色の太字で引かれた「＝」のシンプルなデザインであった。

大貫が提案してきたのは、そのひとつのみである。

たいていのデザイナーは、提案までに二〇〇にもおよぶデザインを考え、そこから絞りこんだ一〇から二〇のアイデアを提案する。

しかし、ソフトバンクの志、ＤＮＡを突き詰めに突き詰めた末に、「＝」というシンプルなデザインとなった。大貫にとっては、唯一無二のロゴマークであった。

海援隊の旗印は、横に三分割され、一番上が「赤」、真ん中が「白」、一番下が「赤」に染められていた。いわゆる、「二曳」と呼ばれるデザインである。

大貫は、海援隊の白を挟んだ上下の赤を、ソフトバンクの社色である、いわゆる、「レボリューションイエロー」と呼ぶ黄色で染めたのである。

しかも、「＝」とは、数式でアンサー、「答えを出す」という意味もある。ソフトバンクは、社会に対して答えを出していく。デジタル情報革命とはそういう意味もある。

さらに、「＝」は、インターネットを象徴する双方向性も意味する。

それらのことを含めて、この「＝」の意味合いは無限に広がっていく。形がいいとか悪いとかではなく、意味を具現化できる。

さまざまなＣＩを見てきた栗坂も、大貫の発想には舌を巻いた。

佐々木が孫に、新たなロゴを提案したのは、二〇〇四年一二月のことである。

佐々木は発表の場で語った。

「最終的なゴールは、ソフトバンク。大きく構える意味も込めて、このロゴにしました」

太い二本線で「＝」。その横に、アップル社のようなセンスのいい明朝体で「Ｓｏｆｔ　Ｂａｎｋ」と書き込んだ。

海援隊の船印をモチーフにしたこの「＝」マークには、孫正義とソフトバンク社員との関係は、幕末の志士坂本龍馬と海援隊の関係のようであってほしいとの意味も込めた。あらためて海援隊を調べると、当時にしてはユニークで、通信に強い者、外交に強い者といった獅子が集まり、内閣のような組織をつくって、坂本龍馬を支えていた。

孫は、黄色い太い線が二本描かれた「＝」のロゴを見ても、はじめはピンと来なかった。

（ああ、こういう感じなんだ）

その線の持つ意味を、ひとつひとつ聞いていった。

孫は、佐々木と大貫との説明を聞くうち、からだに熱いものがこみ上げてきた。

（おお、そうだったか）

「＝」の二本線は、孫が尊敬してやまない幕末の志士、坂本龍馬が結成した海援隊の隊旗をヒントにしていた。藩や当時の状況の枠に縛られず、自由な発想と大胆な実行力で日本を近代国家に導いた海援隊の隊旗が船に翻ったのと同じように、ソフトバンクのロゴが翻る。

想像するだけで、孫には、言いようもない感情が湧き上がってきた。

さらに、外に向けてのメッセージとしては、インターネットの双方向性の意味もこめた。

プレゼンを聞き終わり、感想を求められた孫は、めずらしく「うーん」と捻った。

そして、大貫に言った。

「いや、参りました。ほんとうの意味での一流のクリエイターの考えることが、いかにすごいか。非常に感銘を受けたというのが、正直な感想です」

だが、孫は、色にだけはこだわった。もともと赤が好きな孫は、黄色の部分を赤にしたかった。あるいは、ほかの色にしたらどうかとも提案してきた。

しかし、大貫は、その後も、社外取締役も含めた場で、何度もプレゼンを繰り返した。

「黄色は黄色でも、前のロゴとは違う黄色です。この色は、これからの色です」

創業時から使ってきたロゴは、山吹色が勝っている。「Ｓｏｆｔ　Ｂａｎｋ」と書かれた文字も、太く墨のように黒々としていた。まるで踏切の信号機の黄色と黒の縞模様のようで、デザインというよりも、「注意！　入ってはいけません」といった配色のように見えた。

佐々木らが提案したのは、それとは異なった黄色と黒であった。人の関心を引きつけるだけの元気さと若々しさがある。機能性も充分に感じさせた。

さらに、孫が黄色に難色を示すことは目に見えていたので、黒とシルバーの二色を併用することも重ねて提案した。

「＝」の一本一本の線を太くして一本の線にしてみるという提案もしていた。さらには、二本線の長さを長くすることもできる。

ひとつの固まった形のロゴとして提案するのではなく、柔軟性もある。さまざまな発展の形もあらかじめ視野に入れていた。その意味で、かなり完成度が高いロゴだと、栗坂は思っている。

孫は、内心では、黄色は好きではなかったのかもしれない。だが、トータルデザインとしては、明らかに大貫の言うことが筋が通っている。

「大貫さんの言われるように、黄色でいきましょう」

後にボーダフォンを買収して設立したソフトバンクモバイルは、ロゴこそはソフトバンクと同じ「≡」だが、色は、「モバイルシルバー」と呼ばれる「シルバー」になった。

「この携帯は、予想外だ」

二〇〇六年四月、ソフトバンクは、ついにイギリスの通信会社ボーダフォンが経営するボーダフォン・ジャパンを買収した。

佐々木宏は、決戦の場となる番号ポータビリティが開始される一〇月二四日に照準を合わせた。

短期間で、ＮＴＴドコモ、ａｕに一気に近づく。そのためには、大きな資金を投じて、堂々としたＣＭを打つことでブランド力をあげるしかない。

佐々木は、ＡＱＵＯＳ携帯の、テレビ番組を見られるワンセグ機能をＣＭプランナーの澤本嘉光に見せた。

「どうだ、すごいだろう」

澤本は言った。

「ぜんぜんすごくない」

しかし、液晶画面が、九〇度回転して横向きになる機能を見せると、反応が変わった。

「これは、おもしろいねえ。この携帯は、予想外だ」

その「予想外」の言葉が、ヒントになって、ＡＱＵＯＳ携帯のＣＭができあがった。

設定は、ソフトバンクのライバル会社。それも、白人、黒人系、黄色人種とさまざまな人種が所属する国際色豊かなＩＴ企業である。

その会議室で、ソフトバンクが新たに出した携帯電話端末を、経営陣が見ている。

「なんだ、あの会社、こんな携帯をつくってしまって」

ワンセグ機能のよさよりも、液晶画面が回転する特徴を強調する。そこから、会議に出席している社員たちに言わせる。

「この携帯は、予想外だ、予想外だ」

これまでにない携帯電話端末だという意味で「予想外」と言わせたのである。

しかし、相手に先を越された矛先は、ひとりの黒人男性に向けられる。

社長と思しき人物が、黒人男性に聞く。

「おい、聞いているのか？」

黒人男性は即座に答える。

「すみません、聞いてませんでした」

答えを聞いた社長は、さらに聞く。

「きみは？」

「アルバイトです」

答える黒人男性を映し出し、その下に字幕がでる。「予想ＧＵＹ」。

社長は、あきれながらつぶやく。

「予想外だ」

この「予想ＧＵＹ」こそ、のちにソフトバンクの「白戸家（ホワイト家）」の四人家族で兄役となるダンテ・カーヴァーである。

はじめはセリフがないエキストラだった。だが、ＣＭディレクターが京都弁を話すダンテをスタッフとおもしろがって台本を読ませてみた、そのことがきっかけとなり、思わぬヒットにつながった。まさしく、予想外であった。

孫も、このＣＭを高く評価した。

「これは、シリーズ化しよう」

さらに、「スパイ編」と呼ばれるＣＭも流した。会議をしている場面で、社長が、「スパイは出ていけ」と発言すると、会議室にいた者すべてが出ていってしまうというものである。

じつは、これは、ソフトバンクの会議風景からヒントを得た。

ソフトバンクの会議には、多くの社員が出席する。広告宣伝会議であれば、グラフィック担当、ウェブ担当までも出席する。さまざまなことを早く決められるうえに、意思統一がその場で図れるからである。

しかし、極秘事項を話し合わなければならない場合もある。そのときには、孫は言う。

「なんで、こんなにいっぱいいるんだ。みんな、出ろ」

話し合うべきスタッフだけが残り、ほかのスタッフは別室で待機することになる。

これをもとに、佐々木らが、「『スパイは出て行け』というふうにすればおもしろいのではないか」と提案してきたのであった。「出て行け」と言われると、「社長の会議につきあわなくて済む」とばかりに、みなよろこんで出て行く。出て行ってはいけない者も、どさくさに紛れて出て行く。

□

二〇〇六年一〇月、ようやく、キャメロン・ディアスが出演するCMが流れた。「ビジネス編」「街中編」と、さまざまなシチュエーションで、携帯電話で話すキャメロン・ディアスを映し出した。地球ではない星で話しているかのように、背後に宇宙人たちが映し出されるバージョンもあった。真夏にもかかわらず、雪のなかで携帯電話をかけている「スノー・キャメロン」編も流した。

ソフトバンクモバイルのCMは、好評を博した。国内の通信会社とは一線を画したうえに、ソフトバンクがどれだけ本気で携帯電話事業に進出したのかを、世に知らしめることができた。

ソフトバンクのブランディング戦略はうまく動き出した。

孫は考えていた。

（ボーダフォンも、日本テレコムも含めて、ブランド名をソフトバンクに統一すべきなのか）

だが、電通、博報堂に依頼したマーケティング調査では、ネガティブイメージが多かった。社内からも、変更には反対意見が相次いだ。「日本テレコム」のブランドで、法人にはある程度食い込んでいたからである。「ボーダフォン」についても、名称変更することには、顧客の三分の一が他社に移ってしまうかもしれないと危惧する声も出ていた。

だが、ソフトバンクグループは、これから「Ｙａｈｏｏ！　ＢＢ」「ソフトバンクモバイル」「日本テレコム」の通信三社が、三位一体となって中核事業体となる。

だからこそ、孫自身が、通信三社の社長となって直接指揮を執ることにした。副社長には宮内謙が就いた。技術は宮川潤一が統括している。財務経理もひとりがたばねている。

三社は商法上、三つに分かれているだけで、軸としては一本にまとまっている。意思決定も早く、シナジー効果も出せる体制をつくり上げた。

ソフトバンク本体のブランドをそのまま前面に押し出すことは、通信三社が、ソフトバンクの中核の事業体になることの意思決定の表明でもあった。

二〇〇六年一〇月に、社名を「日本テレコム」から「ソフトバンクテレコム」に変更した。

一〇月一日からは、携帯電話のブランド名を、「ボーダフォン」から「ソフトバンク」に変える方針も決まった。店舗も、真っ白に変えることを決めた。

社内の意識改革も、一気に進めた。八月には、組織変更を断行した。

それまでひとりの部長がたばねていた営業部を三つに分け、第一営業本部長にはボーダフォン・ジャパン時代から務めていた部長を、第二営業本部長、第三営業本部長には、ソフトバンクでの営業能力では図抜けている榛葉淳、久木田修一の二人を据えた。

三つに分けた営業部の下に、営業部員たちを編成し直した。その営業部は、かつて「Ｙａｈｏｏ！　ＢＢ」の拡大戦略の際に大きな原動力となった、駅前で赤い袋を下げたキャンペーンガールがツールを配る、いわゆる「パラソル部隊」に所属していた社員も組み入れた。

ソフトバンク生え抜き社員たちの活気ある進め方に、もとからのボーダフォン・ジャパン社員たちは、度肝を抜かれた。これまでよりも給料は下がる。それなのに仕事は三倍となる。

ボーダフォン・ジャパンは外資系企業ということもあってか、とにかくひとりひとりの給料が高かった。秘書でも年収一〇〇〇万円近くもらっている人もいた。しかし、宮内から見ると、情報通信企業を渡り歩いている英語のうまいビジネスマンには、口先ばかりという人材が多い。学歴はいいかもしれないが、仕事に対する愚直さと執念が足りない。

おどろいたことに、ボーダフォン・ジャパンでは、英語が社内公用語となっていた。

孫は、さすがに言った。

「英語はご法度だ。おまえら、日本語で書け」

ボーダフォン・ジャパン社員から見れば、一八〇度の構造転換である。不満の声も上がった。辞めていく者も少なくなかった。

宮内は、それをはねつけるばかりか、むしろ、意識改革のために吠えた。

「あなたたちが持っているエリートキャリア的な気持ちは捨ててください。ソフトバンクモバイルは、あくまでも販売会社です。売ってなんぼだ！　そのことを、肝に銘じてください」

三つに分けた営業本部に、ソフトバンクがかねてから導入しているチーム別の利益管理を導入することはもちろん、営業部ごとのデータを毎日出した。売上げを競わせたのである。

そのうえ、毎週火曜日の会議で、各営業部からの報告を挙げさせ、成果や反省点を検討した。

この会議には、孫正義も参加し、営業部門、技術部門、端末部門が勢揃いし、少なくとも半日、長いときには一日がかりで議論した。そのときに挙がった課題はその場で決定し、翌週には実行に移した。

ソフトバンク副社長の宮内謙は、ボーダフォン・ジャパンに、ソフトバンクのカルチャーを注入したかった。

□

ソフトバンクのカルチャーとは、孫の志そのものである。デジタル情報社会のなかで、ブロードバンドの普及、インターネットコミュニケーションの普及、携帯電話の普及という形で、社会に貢献する。そのためには、眼の前のことでいえば、顧客にソフトバンク携帯の安さや使い勝手のよさを知ってもらい、ソフトバンクを純増数ナンバーワンの情報通信企業にする。

そのようなことを、ボーダフォン・ジャパンの社員たちにも知って欲しかった。

社内カルチャーは非常に重要であり、その組織が同じ意識を共有しているかしていないかで展開がまったく違う。同じ言葉を口にしても、カルチャーが異なっていれば、聞いた側は、言葉を発した側の意図とはまったく違うように受け取る。仮に怒鳴ったとしても、カルチャーを共有していれば、相手は「自分のために怒ってくれている」と思う。しかし、カルチャーが違えば「あいつはイヤな奴だ」となる。

宮内は思っている。

〈考え方、能力は、人それぞれだ。しかし、カルチャーをひとつにすることは重要だ〉

□

全国のボーダフォンの店舗を徐々に白に塗り替えはじめた。それが、二〇〇六年九月の終わりまでかかった。

秋には、イメージチェンジした新たなブランドを出した。

量販店での販売スペースも拡大した。ボーダフォン時代には、ＮＴＴドコモ、ａｕに比べると貧弱で、長机ほどのスペースをＷＩＬＬＣＯＭと分け合っているだけであった。販売力を上げるには、あまりにもお粗末すぎた。

宮内は、宣言した。

「量販店での販売は、ソフトバンクモバイルが仕切る」

当然のことながら、それまで量販店を仕切っていた商社からは反発の声が上がった。

ある時期、ある企業の会長からは「夜道を歩くのは危険だな。嫌われているよ、きみ」と冗談ともなんとも言えぬ言葉をささやかれたこともあった。

宮内は、ものともしなかった。それまで、商慣習をはじめとしたさまざまな点で改革をつづけてきた宮内である。

これまでの経験から、そのような際にどう切り抜ければいいのかも熟知していた。

宮内は、商社には、ソフトバンクのショップの一部をまかせることで納得してもらった。

ソフトバンクモバイルが直接仕切りはじめた量販店のブースは、様変わりした。ソフトバンク創設時代からつきあいのある量販店とは交渉がしやすく、これまでよりも目立ち、何倍ものスペースをもらうことができた。ＮＴＴドコモ、ａｕを凌ぐ、ソフトバンクモバイルの、白を基調としたブースができあがった。そこには数多くのソフトバンクモバイルの製品が並んだ。

当時、ソフトバンクモバイルの売上げのうち、量販店でのシェアは十数％だったのが、四十数％にまで伸びた。

「持ち帰りゼロ円」

二〇〇六年八月からは、「ハッピーボーナス」として、日本の携帯電話業界では初となる割賦方式の販売を、三〇店舗で実験的にはじめた。営業手法の変更には、失敗すれば一気に崩れてしまうリスクがともなう。そこで、まず狭い範囲内で実験したのだった。さらに、九月からは、「スーパーボーナス」としてすべての店舗ではじめた。

「持ち帰りゼロ円」と銘打った。その名のとおり、新製品購入時には、携帯電話端末代金を払わなくてもいい。月々の通話料金とともに、分割で支払う仕組みになっている。月々の通話料を払っていると思えば、それほどの抵抗はない。型の古い製品をゼロ円としている他社に対し、ソフトバンクでは、一万円から三万円もする新型機種でも、「ゼロ円」感覚で購入することができた。

代理店からは、批判が相次いだ。

「冗談じゃない。ただでさえ力が弱いのに、また売りにくいことをしてくれる」

だが、いったん導入すると、契約者数のうち、「スーパーボーナス」で契約する比率が上がっていった。七月からの「予想ＧＵＹ」のＣＭ効果、プロ野球球団の福岡ソフトバンクホークス買収効果もあって、携帯電話会社ソフトバンクの認知度がますます上がった。

一〇月二六日からは、「新スーパーボーナス」を開始。加入後三ヵ月目から割賦での支払い回数と同じ回数、決められた割引率で通話料を割り引くサービスである。

一〇月には、契約数の五〇%を「新スーパーボーナス」にしようと目標にしていたのが七〇%にまで上がった。年末には、契約の九〇%が「新スーパーボーナス」となった。

基地局も、一万八〇〇〇局から五万局に一気に増加した。

携帯電話のネットワークのつながりも、ユーザーが思っているよりも改善された。

□

ソフトバンクは、二〇〇六年一〇月二四日の番号ポータビリティの導入を目前にして、ひそかに新たな料金プランを準備していた。

日本の携帯電話業界初の同一ブランド携帯間の音声通話定額プラン「ゴールドプラン」である。基本料金九八〇〇円で、一日のうち、午後九時から午前一時までの四時間をのぞく二〇時間は、ソフトバンク携帯電話同士はかけ放題。通話料金は無料であった。しかも、もっとも電話使用の多い午後九時から午前一時の夜間も、二〇〇分まで無料であった。

孫は、佐々木に提案してきた。

「『ゴールドプラン』の広告で、『ゼロ円』と謳うのは、どうだろう」

NTTドコモにしても、auにしても、さまざまな割引サービスを打ち出していた。そのなかで、孫はニュース性の強いアピールをもう一度したかった。

だが、問題があった。ゼロ円というのは、ある一定の条件を満たしたユーザーに適用されるサービスである。「ゼロ円」を訴えるだけでは誤解を招くおそれがあった。そこで、CM、広告の下段に、そのことを書き込んだクレジットを入れなくてはならなかった。

孫は、不満げであった。

「なんで、そんなにクレジットを打たなくてはならないのか」

一〇月二四日に番号ポータビリティが導入されるのに合わせて料金プランであるゴールドプランを発表した。テレビや新聞の広告で「通話ゼロ円、メールゼロ円」「全機種ゼロ円」と表示し、安さを強調した。

しかし、通話料がゼロ円になるには、携帯電話を割賦で購入すること、通話相手が同社の携帯電話を使っていることなどの複数の条件があった。携帯電話の購入も、高額商品は利用者にも負担が生じ、途中解約すれば残額を払うといった条件があった。

「ゼロ円」というインパクトに加え、二〇〇七年一月一五日までの加入であるのなら、基本使用料九六〇〇円が七〇％引きの二八八〇円になるということに、ユーザーはすぐさま反応した。ソフトバンクの店舗、量販店、代理店など、ソフトバンク携帯電話をあつかう店舗に、ユーザーが殺到した。

そのおかげで、システムエラーが起きた。契約に関するシステムがダウン。全登録業務を停止し、通常二一時ごろまで営業している受付時間を切り上げた。

翌日、システムは復旧した。

孫は、記者会見で頭を下げた。

「ご迷惑をおかけしたことをおわびしたい」

そのころ、宮内は、街中にある店舗を見てまわった。そこには、信じられないような光景があった。狭い間口のソフトバンク店舗は、溢れんばかりの客でごった返している。なかには、順番待ちだと割り切って店前にある灰皿の横でタバコをふかしている客もいた。

契約数も、ボーダフォン時代は新規で一ヵ月一〇万件も取れなかったのが、ソフトバンクにブランド名を変えた一〇月には、いきなり二倍以上の二〇万件に達した。それが三〇万件にもなった。それでも、番号ポータビリティ制度を導入してからの契約者数と解約者数の差である純増分では、ソフトバンクは純減となった。しかし、ボーダフォンを受け継いだままの状態でつづけていれば、契約者を勢いのあるauにかっさらわれたかもしれない。

第一回目の審判は、六〇点ほどだったと宮内は評価している。

白戸家の誕生

ゴールドプランの「ゼロ円」騒ぎで、ソフトバンクは、やることなすことすべてがマイナスとして捉えられた。

ソフトバンクは、広告を修正することはもちろん、一〇月までに、「ゴールドプラン」「ブループラン」「オレンジプラン」を契約した計約九万人の通話料などは請求しないことにした。約五〇〇〇万円もの費用を負担した。

ソフトバンクは、新参者への洗礼のごとく、新聞、テレビなどのマスコミから叩かれつづけた。それに加えて、孫個人への攻撃もはじまった。

じつは、NTTドコモにしても、auにしても、わかりにくい広告を打っていた。サービスを受けるには、二年間の契約をしなくてはならない。途中解約となると、ユーザーは違約金を払わなくてはならない。そのようなことは、広告に書いていなかった。

ソフトバンクは、総務省に訴えたが、取り合ってはもらえなかった。

「予想ＧＵＹ」からはじまった好調な流れが、一気に塞き止められた。

ソフトバンクへの風当たりも強かった。

たいていは、打ちひしがれる。守りに入って、ことによったら、業務を一時的に停止することも考えるかもしれない。

しかし、孫は、吹きすさぶ嵐を一身に受け止めていた。それどころか、向かい風に向けて突き進もうとさえしていた。

「うちの広告も、『ゼロ円』というのが大きいわりに、クレジットが小さかったから、いろいろな指摘を受けるのはわかる。しかし、同じようなことをしている他社が、なにも注意を受けないのはおかしい」

そのことを訴えると言いはじめた。

まわりがあわてて、止めに入った。

「こういうときは、静かにしているほうがいいですよ」

ここで下手に動けば、火に油を注ぐことにもなりかねない。大風が過ぎ去るのを待つようにと、孫を引き留めた。

佐々木でさえも、「ここは勇気を持って訴えるべきだ」とはとても言えなかった。

それでも、孫は、自分の非を認めたうえで訴えた。

「他社も同じように、もっとクレジットを大きく、わかりやすく是正すべきではないか」

悪い言い方をすれば、最後の最後まで、「ぼくだけが悪いんじゃないもん」と頑固に悪たれつづけるガキ大将を見ているようだった。

佐々木は、心配にすらなった。

（あんまり突っ張りすぎて、大丈夫かな……）

ところが、孫の訴えで、公正取引委員会が動き出した。他社の広告、さらに金融機関の広告も見直し、消費者にわかりにくい広告がつくられていることが判明した。悪たれにも見える孫の訴えが、ついつい煽りがちになっていた広告業界の是正へとつながった。

孫が主張し、訴えていることは、その時点では、非難を受けることが多いが、あとになってみると時代の主流になる。

二〇〇六年八月からはじめた業界初の割賦方式による販売サービス「ハッピーボーナス」、それを発展させた「スーパーボーナス」も、当初は、「他社は安く売っているのに、ソフトバンクは、あとから負担が大きくなってよくない」との声もあった。総務省からも、勧告を受けた。時がたってみるとゼロ円販売よりも割賦方式のほうが健全ではないかと、他社が追随してくる。

孫は、つねに自分の立ち位置から、より大きく、もう一歩先を透視している。その視点から見ると、その時点で常識と思えることが孫には、歪んで見えるのだろう、と佐々木は思う。

孫は、「ゴールドプラン」で躓いたことで、闘志を剥きだしにした。二〇〇七年一月一五日までと期限付きで売り出した「ゴールドプラン」に替わる、新たな料金プランに向けて知恵を絞った。それも、CMや広告で但し書きをしなくても済むプランである。連日のごとく、車座になって経営会議を開いた。

その発想からつくられたのが、音声通話定額プラン「ホワイトプラン」であった。基本通話料が、画期的な九八〇円。午前一時から午後一二時の間は、ソフトバンク同士の通話が無料。ソフトバンク以外の携帯電話は、三〇秒ごとに二一円となる。ゴールドプランでの反省を踏まえ、新スーパーボーナス必須などの付帯条件はいっさいなかった。契約継続期間による割引もなかった。

このあたりから、ソフトバンク携帯に拍車がかかった手ごたえを、宮内は感じた。

「ホワイトプラン」は、ソフトバンク携帯電話事業を一気に浮上させた。二〇〇七年一月一六日の提供開始からわずか三週間で、契約数が一〇〇万件を突破した。

料金プラン、サービス面をアピールしたCMの重要度が増した。しかし、制作が間に合わない。そのうえ、予算が少なかった。ブラッド・ピット、キャメロン・ディアスのCMに多くを割いたためである。

さらに、孫は、新たな料金プランを発表した。「Wホワイト」である。「ホワイトプラン」の基本通話料九八〇円にさらに九八〇円を足して一九六〇円払うと、ソフトバンク同士での通話料金、ソフトバンク以外の携帯電話との通話料金を三〇秒あたり半額の一〇・五円とした。

このプランによって、契約者数は一気に増えた。二〇〇七年三月で、「ホワイトプラン」「Wホワイト」プランの契約者数は、延べ三〇〇万人を突破した。

孫は、新たなプランを編み出すたびに、佐々木らに無茶な要求を突きつけてきた。

「このサービスのCMを、週末から流したい」

CMは、だいたい企画から撮影、編集にいたるまで、どんなに急いでも一ヵ月はかかる。

広告業界の常識からいえば、孫は、とんでもない要求をしているのである。

どんなに無茶を言っているかを話しても、孫は、なかなか首を縦には振らなかった。

「佐々木さんは、電通出身で古いな。電通とか、博報堂というのは、間にいろいろと入っているから面倒くさいことになる。産地直送みたいに、テレビ局にパッと入れれば、すぐに流れるじゃないか」

さらに、畳みかけた。

「ヤフーなんかは、おれがいま言えば、今晩には出るぞ」

そこまで乱暴なことを言ってのける。

佐々木らも、そこまで言われて指を銜えているわけにはいかなかった。

（いかに一刻も早くCMを流せるようにするか）

澤本とともに、知恵を絞った。

ソフトバンクは、量販店での勧誘アシスタントなどの人件費を含めて、広告費に年間五〇〇億円から六〇〇億円をかけている。それでも、NTTドコモやauよりも少ない。

広告宣伝費としては、切りつめに切りつめているので厳しい状況にはかわりない。

しかも、ソフトバンクが機動的に動き、つぎつぎと新たな料金。プラン、サービスを打ち出す。CM作成には、企画から立案までに通常およそ一ヵ月かかる。そこから制作に一ヵ月。少なくとも、オンエアまでには二ヵ月の時間をかける。半年かけるところもある。

しかし、ソフトバンクの速さに合わせるためには、制作までに一ヵ月しか時間がない。

広告戦略どおりに動いていては間に合わない。タイムリーなCMを、次から次へと制作していく。ときには、一週間でCMを制作したという記録もある。ブラッド・ピット、キャメロン・ディアスの宣伝広告のほかは、かっちりとしたラインを築く余裕はとてもなかった。

佐々木が提案した。

「じつは、おれ、むかしから、犬マーケティングというのを考えているんだよな。世の中の動物好きで一番多いのは、なんだと思う？　犬なんだよ。猫より犬。だいたい、六割は犬好きと言われている。ここを押さえた広告宣伝をすると、自然と支持が集まるはずだ」

オフィスに犬型のベンチを置くほどの犬好きな佐々木の提案であった。

犬が出ているだけで見る視聴者はかなりいる。ある意味、嵐などアイドルグループのファンと同じで相当の組織票がある。

「犬好きという人はみなソフトバンク、というのは、ひとつのマーケティングです」

孫も犬好きで、それには同意した。

さまざまな犬たちを撮影して、台詞をアテレコで声優に吹きこんでもらう。かなり制作時間が短縮できた。孫が要求した一週間ではできなかったものの、最短で一〇日間で制作した。もちろん、テレビ局にもかなり無理を言ってCMをこじ入れた。

二〇〇七年一月にサービスがはじまった「ホワイトプラン」、二〇〇七年三月からはじまった「Wホワイト」の、ふたつの料金プランのCMで犬を撮影したシーンを使ってみた。

そこそこの成功をおさめた。CMの好感度ランキングで、ベストテンに入るほどであった。

ソフトバンク内でも、評判はよかった。

しかし、撮り貯めしている犬に、台詞をかぶせるだけではどうしても訴える力が弱くなってしまう。

「犬マーケティングは一定の成功はおさめたわけだし、犬を使って、パワーアップしたCMで支持率を獲得したほうがいいのではないか」

そのような声が上がった。

そのひとつに、犬の首に携帯電話をぶら下げた映像を撮って「犬でも買えるほど安い」と強調しようかとの案も出た。

しかし、「今度は、動物愛護団体からなにか言われたらかなわない」とあえてボツにした。

こちらに他意はなくとも、二度も三度も同じようなことがつづけば、ブランドに傷がつく。ナーバスにならざるを得ない判断も、数々あった。

ただ、犬が出ているだけのCMは、華やかさに欠ける。

（なんで片方はハリウッドで、こっちは犬なんだ）

佐々木は、内心しょげていた。

そんなおり、孫が、佐々木らに、再び新たなサービスプランをはじめることを発表した。

「ホワイト家族24」。ホワイトプラン用の家族割引で、家族のソフトバンク携帯電話への通話が二四時間無料となる。二〇〇七年六月請求分から、家族割引加入者に自動的に適用される。もともと家族割引は他社にもあったが、家族間はすべて無料というサービスプランはなかった。

佐々木らに、時間と予算はなかった。これまでと同じ、犬のシリーズを継承し、犬の家族という設定にすることから検討がはじまった。

そのとき、佐々木の元同僚であった電通スタッフがつくったクリエイティブ集団「TUGBOAT（タグボート）」が、NTTドコモの「ドコモ2・0」のキャンペーンをはじめた。浅野忠信、長瀬智也、妻夫木聡、瑛太、吹石一恵、土屋アンナ、蒼井優、北川景子といった、俳優、女優陣を登場させた豪華なCMを流した。

佐々木は、元同僚たちのつくるCMに刺激された。澤本と話した。

「犬で家族もいいんだけど、もうちょっとなにかできないだろうか。このまま、こっちが犬だけというのは悔しすぎる」

もっとインパクトのあるＣＭをつくりたかった。

孫は、佐々木らに提案した。

「登場人物にキャラクターを設定して、ストーリー性を打ち出したつくりにしてほしい。そこに、『なぜだ？』と思えるような、記憶に引っかかる部分、ほのぼのとしたユーモラスな部分と、好感度をグッと上げるような方向性を、ぜひ打ち出して欲しい。そして、あとで振り返って総集編を見ると、非常に面白い連続ドラマであったと思えるようなつくりにして欲しい」

目にするＣＭの多くは、俳優、女優やモデル、あるいは、自動車の美しさ、かっこよさばかりが際立っている。いざ、翌日になって、どこの自動車メーカーの、なんという車種だったのかと思い出そうとすると、さっぱり思い出せないこともある。映画やドラマのようなストーリー性や、映っている俳優、モデルの背景を感じられないからだと孫は思っていた。ＣＭは、ただ商品を美しく飾り立てればいいわけではない。自分の愛する商品のよさを、なんとしても訴えたかった。

そこで、一五秒という短い時間に、ドラマ仕立てのストーリーに練り上げていくことを提案した。

（自分の思ったとおりのＣＭができあがれば、二ヵ月後、三ヵ月後に出てくる連続の作品で、記憶に残ったイメージが繋がっていく。性別、世代を問わず、だれからも好感度を持たれるはずだ）

孫は、そう読んだ。ＣＭ史上はじめての試みであった。

そこで考え出したのが、「白戸家（ホワイト家）」であった。

佐々木らは、孫がイメージしたとおりのＣＭプランをつくり上げた。お父さん、お母さん、お兄さん、四人家族「白戸家」のストーリーである。

ソフトバンクの店員である娘役の上戸彩は、「Ｙａｈｏｏ！　ＢＢ」のＣＭでも二代目のイメージキャラクターであった。そのうえ、上戸が所属するオスカーの社長は、栗坂の知り合いでもある。時間的な融通を聞いてもらった。

兄役は、かつてソフトバンクのCM「予想GUY」のダンテ・カーヴァーを起用した。まだ有名でないので、時間調整はいくらでもできた。

母親役の樋口可南子は、これまでソフトバンクのCMに出演したことはなかったが、孫と佐々木の好みで選んだ。

決まらなかったのは、父親役であった。適任と思われる男優の名前が次々に、挙がった。が、孫の意向に、いまひとつそぐわなかった。気に入った俳優の名前が出たものの、所属事務所とは、スケジュール面で折り合わなかった。しかし、娘役、兄役、母親役までもっとも適任と思える三人を選んだのに、父親だけ妥協するのは悔しかった。

おどろくべきアイデアが飛び出したのは、もう撮影に入らないと放映に間に合わないという、まさに時間切れぎりぎりのことであった。CMプランナーである澤本が言った。

「お父さん役は、犬でどうでしょうか？」

以前のCMで犬を出演させたことがあったので、犬を出演させることは決まっていた。

その犬を、お父さん役に起用するというのである。

「犬をお父さんにして、犬が権力を持っている家みたいにしたらどうか」

佐々木ら五〇歳代の年齢層に共通する、威厳のある父親がいた家族の原風景。父親が威厳を持ち怒鳴り散らすが、子どもたちも、母親もどこか白けている。そのコテコテで懐かしい家族の父親像を犬が演じる。しかも、長男が黒人である。

奇想天外な家族が織りなす、日常のストーリーのなかで、宣伝広告を訴えかける。見方によっては、その微妙なダサさが味になる。

孫には、とうてい思いつかない発想であった。孫は、佐々木らの提案におどろいた。

「これは、おもしろい。澤本さんは、見た目はしょぼくれた感じだけど、天才だな」

ただし、孫はそのままでは呑みにくかった。

「しかし、お父さんが犬である必要はないだろう」

佐々木は反論した。

「いや、犬だからこそ、おもしろいんですよ」

澤本と佐々木の二人で、孫を説得した。

孫は、ユニークな広告を仕掛けないとNTTドコモに引けを取ることはわかっていた。

「まあ、じゃあ、それでいいよ」

佐々木は、ちょっとしたよろこびと驚きを噛みしめた。

（これが、通っちゃったよ。孫さん、よく受けたな）

一家の父親を演じるのは、「カイ」と名づけられた白い北海道犬であった。

起用の決め手は、やはりその白さであった。もともとは熊狩りにも使われる勇猛果敢な犬で、威厳のある「父親」の迫力を表現できた。

カイの声は、俳優の北大路欣也であった。

北大路は、そのころ、木村拓哉主演の『華麗なる一族』に出演していた。木村演じる万俵鉄平の父親役である。その北大路ならば、威厳があるだけでなく、コミカルな父親として適役ではないかとだれもが納得した。

澤本は、一家の中心である犬の父親に、だれにも有無を言わせぬ言葉を吐かせた。軟弱化して家族にはっきりと物を言えない父親たちの願望もあらわしていた。

父親がどうして犬なのか、という謎をつねに含みながら、第二作、第三作とシリーズが進むごとにさまざまな謎が解けていく。

「お父さんって、じつは中学校の先生だったのか」

「お母さんって、そこの校長先生だったのか」

「お父さんは、ソルボンヌ大学を出ていたんだ」

孫から見ると、佐々木にしても、澤本にしても、大貫にしても、CMの送り手の側と受け手の側、両方の心理を知り抜いている。そのうえ、犬のお父さんをはじめキャラクターに対する愛情、CM一本一本に対する情熱が深かった。ユーモアのセンスもある。だからこそ一作一作が、バランスがとれた優れた広告作品となっていた。

CM好感度ランキング一位に

現在でもソフトバンクのCM企画会議は毎週開かれ、そのたびに二時間から三時間かける。

会議のはじめには、まず佐々木らが制作してきた三本ほどの候補作を見る。制作側も、作品をつくった意図やその背景を話さない。見る側もコメントを差し挟まない。なんの先入観もない状態で見せて、どれがよかったかを多数決で絞り込む。残ったものだけを直し、よりいっそう完成度をあげていく。秒単位の勝負であるＣＭは、台詞の文字数も制約される。まるで、五・七・五の俳句のように言い回しを変えたり、最後のフレーズを変えるだけで印象ががらりと変わる。インパクトをより強められることもあれば、突如としてユーモラスな効果をもたらすこともある。

もともと、小学生のころには画家を目指したこともある孫である。ソフトバンク社長という立場ではなく、あくまでもクリエイターのひとりとして、自由な発想の議論に加わった。孫はクリエイターたちと同じ視点で喧々諤々議論できることが楽しくてならなかった。

ただ、佐々木らとは、同じＣＭ制作でも見方が異なる。佐々木らがＣＭの好感度に力点を置いているのに対し、孫はＣＭの経済的効果をまず考える。そのＣＭで、ソフトバンクが売り出す新商品の売上げが、一〇％でも二〇％でも上がるかどうかを計算する。そのうえで好感度に目を配る。

あまりにも意見が一致しない場合には、孫は、冗談まじりで言う。

「どうしても、そっちの意見がいいと言うなら、おまえらが自分でカネを出せ。おれんとこのカネは、出さん」

お互いが充分に議論を尽くすが、最後は強権発動するしかない覚悟でいる。

ＣＭをはじめとした広告宣伝戦略には、さまざまな判断、決断に迫られる。

数ある新商品のうち、どのアイテムをこの時期に集中的に流せば利益に繋がるか。将来を見据えて、いまブランドのどの部分を強化しないといけないか。さらに、どの新技術を世に訴えればいいのか。携帯端末の料金体系で訴えるポイントはどこか。

それゆえに、経営、営業、財務、宣伝広告、技術といったトータルな視点で、企業のトップ自身がもっと広告戦略に深く関わるべきではないか、と孫は考えている。

笠井和彦によると、孫が、デザイナーから提出された一五〇枚にもおよぶデザインから五〇枚を選び出すのは、なんとも手早い。

孫は、笠井によく言っている。

「今度のCMはおもしろいですよ、期待しとってください」

□

「白戸家」シリーズは好評を博した。CM総合研究所調べによる「CM好感度」ランキングでは、二〇〇六年六月から放映された第一弾の「家族の疑問」編は、NTTドコモの「自己紹介」編に抑えられて二位に甘んじたものの、翌月には、「家族で通話」編で好感度一位にランキングされた。「家族で通話」編の人気は根強く、二〇〇七年度のCMブランディング評価でも一位となった。二〇〇七年一〇月一九日から一年間遡って、東京キー局で流された九五九五本のCMの頂点をきわめた。

さらに、「ホワイト家族」シリーズは、全日本シーエム放送連盟のテレビ部門グランプリとベスト演技賞に選ばれた。

二〇〇八年にも、ブランディング評価で一位となり、V2を達成した。

ソフトバンクモバイルのCMは、新作が出るたびに好感度ランキングでトップとなっている。

栗坂達郎は、当初は、ここまでヒットするとは思ってもみなかった。予算面、撮影スケジュールなど、さまざまな制約の中で制作しなくてはならなくなった一広告が、このように大化けしてしまったのである。幸運にも恵まれた。

プランナーの澤本嘉光は、子どもの父兄会に出かけると、まったく知らない子どもからも声をかけられるようにもなったという。

「お父さんのお父さんだ！」

ここまでのヒットCMは、いままでなかったのではないか。

これまで、東京ガスの「ガス・パッ・チョ！」シリーズ、日本民間放送連盟「CMのCM」シリーズといったヒットCMを手掛けた澤本だが、自身に反響がもどってくるのはめずらしい。

白戸家のみのドラマだけでは、飽きられてしまう。NHK大河ドラマ「篤姫」に出演して話題となっていた女優の松坂慶子を行きつけのバーのママ役として登場させたり、「無料の『イルカのおじさま編』」では犬の叔父さんとして、シロイルカを登場させたりもした。

シロイルカの撮影は、島根県浜田市にある島根県立水族館「しまね海洋館アクアス」を予定していたが、撮影直前になって、島根県議会が難色を示した。県の財産を、一民間企業のCMで利用してもよいのかというのが、事の発端らしかった。しかし問題は解決し、撮影できた。水族館にも思わぬ波及効果があった。シロイルカを観たいと例年よりも入場者数が増え、土産物やグッズまでもが売れたという。

CMでは、ソフトバンクは、NTTドコモやauを完全にリードするようになった。だが、この地位を守りにかかっていると、おそらく孫から叱咤の声が上がるに違いない。

「まったく違うことをやりたい。新たな企画をつくれ！」

孫は、佐々木がCMを手掛けた当初と比べると、CMへの見方がかなり変化した。

ソフトバンクのCMが流れはじめたころから、CM調査を緻密にチェックしていた。

CM調査には、大きくわけてふたつある。ブランド名がおぼえられているか、そのブランドをCMで知ったかどうかを調べる認知度と、そのCMが好きか嫌いかを調べる好感度である。

たいがいの企業経営者が気にするのは、CMでその商品イメージが伝わっているかの認知度である。孫のように、好感度までを気にかける経営者はめずらしい。

当初、ソフトバンクは、NTTドコモ、auに比べて、ブランドイメージがよくなかった。

「もともとソフトバンクの携帯電話なんて信じられません」

「ソフトバンクの携帯電話は買いたくありません」

「ゼロ円だから、嫌々ながら買います」

しかし、そのブランドイメージは、CM好感度が上がれば上がるほど変わっていった。

購買意欲の調査にもいい結果が出るようになった。

孫は、厳しく口にする言葉が変わった。

「CMは、ウケないと駄目だ」

経営者とのCM観の違いは、制作側にとってストレスとなることがしばしば起こる。いくら、視聴者に伝わるCMをつくったとしても、クライアント側からOKがおりないケースが多々あるのだ。

そのストレスに比べれば、CMの質を上げるための厳しさは、いい緊張感を連続的に生み、制作現場のモチベーションの高まりへとつながった。

広告論からすれば、孫自身が、クリエイティブに口を差し挟むことはあまり好ましくはない。しかし、制作の方向性を考え合わせて、佐々木らの提案を受け入れていいものか、どこを修正すれば受け入れられるか。バッシングされるか。好感度が高いか。それらを総合的に瞬時に判断している。だからこそ、微妙に、どっちに転ぶかわからないケースでも、市場の支持を受けるクリエイティブに近い判断を下すことができるのだ。

□

二〇〇九年一月、ソフトバンクの携帯電話契約数の累計は二〇〇〇万件を超えた。

二月二日、ソフトバンクモバイルは、期間限定のキャンペーン「ホワイト学割ＷＩＴＨ家族」を発表した。

二月三日から三月三一日までに、小中学生、高校生、大学・専門学校生とその家族が、「ホワイトプラン」を新規契約すると、三年の間、月額九一八〇円の基本料が、半額の四五九〇円になる。新入学シーズンを前に、新規需要を取り込むのを狙ったのである。

キャンペーン発表は、栗坂をはじめ、ほんの一部しか知らなかった。本来ならば、事前に代理店、販売店に周知徹底して発表、サービス開始という段取りを踏む。しかし、その段取りは完全に無視した。

当然ながら、関係者からはクレームが入った。

「なんで、そんな大事なことを事前に言っておいてくれないんだ！」

これもまた、Ａｐｐｌｅ社の方式を真似たのである。Ａｐｐｌｅも、発表のぎりぎりまでひた隠しにしておいて、一気に発表する。周知期間がないので、関係者は混乱をきたすかもしれない。しかし、それよりも、ユーザーにインパクトを与えることに重きを置いているのである。

ソフトバンクモバイルも、それと同じく、インパクトを与えると同時に、あるリスクを回避したかった。というのは、ソフトバンクモバイルの端末発表会の当日、同業他社もまた発表会を開いていた。もしも「ホワイト学割ＷＩＴＨ家族」のことを関係者に報せていたら、どうなるか。ライバルに事前に情報が漏れる可能性があった。ライバルが情報を掴んだのなら、必ず同じようなサービスで対抗するのは目に見えている。そこであえて、極秘裡に進めたのである。

同業他社としては、もしもソフトバンクモバイルがなにか仕掛けてくるのなら、発表会当日に発表するだろうと考えていたに違いない。それがなかったことで、気をゆるめた。ところが、いきなりソフトバンクモバイルが新たなサービス開始を発表する。泡を食ったに違いない。まさに奇襲攻撃は成功した。

世界一のインターネット環境のために

孫の目指すのは、ただひとつ。世界一のインターネット環境の実現であった。インターネットを常時接続して、接続料を安くする。さらに、接続スピードもこれまでの五〇倍、一〇〇倍、一〇〇〇倍にする。そのことは必ず、日本の各企業の競争力を上げ、経済力を高めることにつながる。

孫は、新事業の担当に、何人かの責任者を任命した。期限を切って、ブロードバンドサービス事業を立ち上げるように指示を出した。

三ヵ月後、孫は、担当責任者三人を呼び出し、進捗状況を聞いたが、ブロードバンドサービス事業は、まったく進んでいない。

孫は、思わず口にした。

「おれが直接、陣頭指揮を執る」

孫は、社長室の秘書に言った。

「今日の昼以降のすべてのアポイントを、キャンセルしてくれ」

秘書はおどろいた。

「どういうこと、でしょうか？」

孫は、大まじめな顔で言った。

「ぼくは、今日から、ここを出るんだ。ぼくは、当分ここには来ない。すべてのお客さんに会わない。社員にも会わない。すべての仕事を放り出して、ブロードバンドサービス事業に専念する」

孫は、さっそく、中央区日本橋箱崎町にある本社ビル真向かい、小さな雑居ビルにあるブロードバンドサービス事業の企画室に乗り込んだ。

社長みずからがブロードバンドサービス事業で陣頭指揮を執る。その衝撃は、電撃のごとくソフトバンクグループを駆けめぐった。グループを統括する立場である孫が、責任放棄をしたようなものである。孫あてに一日何百と届くメールのなかには、思い止まるよう書いてくるものもあった。

役員会でも、大騒動となった。

「殿、ご乱心！」

そう言わんばかりであった。

しかし、孫は、ブロードバンドサービス運営企画室から本社へもどろうとは、微塵も思わなかった。

孫は、心の内で叫んでいた。

（おれについてこれる者だけが、ついてこい！）

戦国時代、織田信長は、みずからが率いる三〇〇〇の勢力の一〇倍以上にもおよぶ兵力を擁する今川義元軍を、桶狭間の戦いで討ち破った。そのとき、信長はいきなり、単騎で城を飛び出た。孫の心境は、まさに単騎で雨の降りしきる桶狭間へと突き進む信長の心境であった。

孫はまず、世界一安い価格を実現するためには、いったいどれだけの顧客を集めればいいのか、はじき出した。接続料だけでなく、ものの価格は、思いで決まる。孫は、そう思っている。

NTTをはじめとした他社がどうしても高い価格でしかサービスを提供できなかったのは、つねにハードルを低く設定していたからだ。立ち上げた初年度は、二万件から三万件、その後、三年たって軌道に乗れば、自然に三〇万件にまで伸びる。そのような、ゆるやかな計画しか立てていない。その少ない顧客数に、開発費や人件費をはじめとしたすべての諸費用を上乗せすれば、どうしても顧客が料金を出ししぶる高額にならざるを得ない。そのような生ぬるい考えでは、とてもとても、世界一のスピード、世界一の安さを実現できるわけがなかった。

孫は、ブロードバンドサービス運営企画室に入ってから三日目、人事部長を呼んだ。

「三日以内に、一〇〇人の人材を集めてください」

人事部長は、驚きに目を見開いた。

「そんなことは無理です。新聞に募集広告を出しても、三日では、面接もできません」

孫は、畳みかけた。

「無理なことはない。うちにはグループ企業がいっぱいあるじゃないか。中間持ち株会社の社長にノルマを課せばいい。きみのところは何人、あなたのところは何人、といった具合に。そうすれば、すぐに集まる」

孫が算出した数字を実現するためには、一〇〇人の社員がどうしても必要であった。それも、営業、技術、管理とさまざまな分野の人材が欲しかった。

人事部長は、孫の言うとおり、中間持ち株会社各社から、人材を集めた。三日後には、きちんと一〇〇人が集まった。孫は、さっそく役割分担を決めた。一〇〇人を適材適所に配置するのはお手のものであった。

□

孫は、世界最先端のインターネット技術を誇るシスコシステムズをはじめとした企業の技術トップを呼んだ。ソフトバンクの技術トップが、彼らに、ソフトバンクが導入しようとするブロードバンドサービスの基本システムについて説明した。

シスコシステムズの技術トップは、さすがに渋い顔を見せた。

「おっしゃることはわかるのですが、このシステムを導入するのは、どうでしょうか……」

ソフトバンクは、前例のない世界初のシステムを導入しようとしていた。パソコンでホームページを見たり、メールを送ったりするための手順や決まり、いわゆるＩＰ（インターネットプロトコル）のみでシステムを動かそうというのである。理論的に正しいのは技術者であればだれでもわかるのだが、ＮＴＴどころか、世界の通信業者のどこも導入に踏み切ってはいなかった。

ついに、シスコシステムズの技術者が音をあげた。

「残念ですが、その基本設計を導入する考えを変えていただかないかぎり、我が社ではソフトバンク社のブロードバンド事業に関われません」

シスコシステムズの技術者の顔には、「ソフトバンクは気が違っている」と言わんばかりの色がありありと浮かんでいた。

孫は、彼の顔を見ながら思った。

（実現可能かどうかわからない危険な事業に、世界に誇るシスコシステムズの名を賭けるわけにはいかない、そういうことだな）

孫に、シスコシステムズの技術者が迫ってきた。

「孫社長、この事業を実行するのかしないのか、決めてください。わたしに言わせれば、御社の仕掛けようとすることは、絶対に失敗する。クレイジーとしか言えません」

孫は、当たり前といった表情で、微笑みかけた。

「では、ぼくは、そのクレイジーなほうに賭けましょう」

孫は、シスコシステムズの技術者に語った。

「既存の実例の多い技術は、たしかに安定しているし、ある一定の性能は出せる。だが、それよりもダイナミックな性能は引き出せない。クレイジーと思われようとも、最先端の技術に一〇〇倍近い性能を引き出せるのなら、最先端の技術を取り込む。そうしなければ、世界一安い価格、世界一のスピードはとても実現できません」

孫は、ＩＰのみを利用した基本設計に賭けた。ソフトバンク独特のＡＤＳＬ回線がはじめて開通したのは、二〇〇一年春のことであった。ＮＴＴが一・五メガの通信速度に対し、最大で四倍以上の通信速度の八メガを実現できた。理論的に正しかった技術が、実践として使えることを証明してみせたのである。

孫は、感無量としかいえなかった。ＡＤＳＬがつながったパソコンのモニターを見つめながら、徹夜つづきで疲れの浮いた目から思わず涙があふれてこぼれた。

その夜、孫は、運営企画室の一〇〇人の社員たちを、本社裏にある焼肉屋に集めた。

「今日は、食い放題だ。いくらでも、好きなだけ、食べてください！」

それまでに活躍のめざましかった一〇人には、一〇〇万円ずつを手渡した。その一晩だけは、孫らは騒ぎまくった。

□

ソフトバンク・インベストメントを率いる北尾吉孝は、二〇〇五年に入ったころから思っていた。

（そろそろ、ソフトバンクとの資本関係を切らざるを得ないときがきた）

北尾は、証券だけでなく金融のあらゆる分野で、トップクラスの会社を傘下に有する金融コングロマリットを創り上げたいと考えていた。そのためには、ネットを通じた金融業は、証券業だけでなく、銀行業、保険業にも進出しないかぎり事業として完結しない。北尾は、自分が進出した事業が成功すればするほど、そうした思いが強くなっていった。ソフトバンクファイナンスの傘下で、ベンチャー投資、運用、証券などを営む公開企業をいくつも抱えた総合金融グループを志向し成長するからには、時として、本体であるソフトバンクの意向に沿えないこともある。

北尾は、孫に正直に語った。

「ソフトバンクグループの傘下にあっては、ファイナンス事業の発展はつづけられない」

すべてを聞き終わった孫は、北尾が思ってもみなかった言葉を吐いた。

「申し訳ないな、北やん、苦労をかけて」

そんな言葉は、なかなか言えるものではない。さすが、一介のソフトウェア卸会社から、ここまでソフトバンクを大企業に成長させた人物である。その器の大きさを、北尾は改めて思い知った。

一方、孫は、ソフトバンクからの離脱を呑む代わりに、ひとつだけ条件を出してきた。

「北やん、一ヵ月に一回、必ずいっしょにメシを食ってくれないか。おれの相談に乗ってくれんか」

このひと言は、まさに孫の面目躍如だろう。

二〇〇五年七月、ソフトバンク・インベストメントは、ＳＢＩホールディングスに商号を変更した。

「ソフトバンクホークスは、世界一の球団を目指します！」

二〇〇四年一〇月一八日、ソフトバンク社長・孫正義は記者会見にのぞんだ。プロ野球・福岡ダイエーホークスの買収に乗り出し、来季からの参入を目指す考えを明らかにした。

「地元福岡で絶大な支持を受けている球団であり、ひきつづき、福岡に球団の本拠地を置きたい」

さらに、孫は語った。

「数十億円の球団赤字は、けっして大きな数字ではない。企業の認知度やイメージのアップなど総合的には経営面のプラスになる」

巨大なＮＴＴグループなどに対抗して、ブロードバンド事業を進めていくには、知名度とブランド力の向上が欠かせない。球団を買収できれば、グループの知名度を飛躍的に向上でき、中核のブロードバンド事業の強化につながる。球団保有のブランド効果で年間一〇〇億円以上のコストダウンにもつながる。

孫は語った。

「わたしは九州出身。会社の創業の地も福岡。球団を所有するなら福岡におけるホークス一本に絞り、強い関心を持っていた。二〇〇二年から水面下で打診していた」

さらに、本拠は引き続き福岡に置き、監督や選手も継承した形で、来季参入を目指すという。

佐賀県出身で、福岡でソフトバンクを一代で築き上げた孫正義は、超人的な英雄として、九州の人々から親しまれている。

ダイエー本社と球団株譲渡の契約を結んだソフトバンクは、一一月三〇日、日本プロフェッショナル野球組織（ＮＰＢ）に参加申請を済ませ、プロ野球界参入への第一歩を踏み出した。

孫は、一一月二六日、監督の王貞治と会った。幼いころから野球好きだった孫は、当然、世界のホームラン王である王貞治に憧れを抱いていた。買収したあとも、王に監督をつづけてほしいと要請した。

球団名は、発表予定日の一週間前になっても決まらなかった。

栗坂達郎は、さすがに孫に言った。

「社長、今日決めてもらえないと、記者会見は白紙でやってもらうようになります。社長の口から、『いま考えてます』と言ってもらわないといけなくなります」

最終的には、やはり、「ホークス」がもっとも適切だろうとの結論に達した。

孫は、記者会見で、一七〇億円は、野球以外の事業も含まれた数字か、という質問に答えた。

「野球関連だけで、チケット、グッズ、放映権、広告など。一〇％の売上げ増（一七億）でも、収支は均衡する。ただ、そのレベルには終わらせず、経費を増やして世界一を目指すチームにしたい。インターネットを活用することによって、二割、三割の売上げ増を目指すのは、そんなに無茶なターゲットではない。一〇億、二〇億、あるいは三〇億という程度の差（赤字）は十分まかなえる」

新球団名は、福岡ソフトバンクホークス、球団のロゴマークは、黄色い二本線と黒字のＳｏｆｔＢａｎｋを合わせたソフトバンクの新しいロゴマークに、従来のキャラクター、ハリーホークに一部手を加えて組み合わせた。

□

「ソフトバンクホークスは、世界一の球団を目指します！」

孫はまたまた世界をおどろかすスローガンをぶちあげた。

日本のプロ野球界はいまや、メジャーリーグの二軍のような状態になっている。近鉄のエースだった野茂英雄からはじまって、イチロー、松井秀喜、ダルビッシュ有ら一流選手はすべてメジャーに出ていってしまう。まさに、プロ野球界の過疎化が起こっている。このことは、球界が抱える旧態依然たる構造問題、二〇〇四年に巻き起こった一リーグ制問題が大きく関わっている。このままでは、プロ野球の将来はない。

プロ野球も、国内に留まっていないで、世界に挑戦すべきだ。それも、一個人のプレーヤーが世界に挑戦するのではなく、球団そのもの、球界そのものが世界に挑戦するべきだ。挑戦するからには、「世界で二位になりたい」と言っても仕方ない。世界に戦いを挑む以上は、あくまでも頂点を目指す。

孫は、プロ級の腕前のゴルフでも、狙いを定めるために力を抑えたコントロールショットが好きではない。打つのであれば、フルショットで打ち込んで、てっぺんを目指したい。

ヤンキース、レッドソックスといったメジャーチームを倒すとなれば、目先の練習の苦しさ、小さな組織の対人関係は瑣末な問題に見えてくる。日本プロ野球界内のライバル球団でさえも、大事な仲間になる。技を鍛えあって、切磋琢磨して、いっしょに世界一を目指す。

孫は、さらにぶちあげた。

「近い将来、世界一決定戦を公式戦でやりたい。夢物語と言われるが、志高く。世界一になれば国中が盛り上がり、優勝パレードは紙吹雪の嵐。想像しただけで身震いする。ぼくと王監督で〝孫王攘夷〟。国民の思いを結集して外国チームに勝つ。選手も日本に留まりはじめる」

孫は、さらに、世界一決定戦をどう実現させるかについても語った。

「オーナー会議で言い、二〇〇五年の開幕前には大リーグのコミッショナーに会って『米国内の戦いがなぜ、ワールドシリーズなのか？　名前を変えろ』と言う。勝算はわからないが、当たって砕けろ。言いつづければ、いつか道筋が見える」

二〇〇五年一月二八日、ソフトバンク球団一年目の経営陣が決まった。現場の王監督に権限をかぎりなく集中する体制を、鮮明に打ち出したのである。球団役員は七人で、ソフトバンク本社からは、孫正義オーナー、笠井和彦社長兼オーナー代行らがフロント入りした。

孫は、二〇〇五年一月三〇日、福岡市内で明らかにした。

「日米間の王座決定戦実現の可能性を探るため、二月に渡米して米球界首脳と会談します」

孫は、二月二一日、メジャーリーグ機構事務局を訪れ、世界一決定戦構想を伝えた。アジア各国のクラブチーム・チャンピオンが戦い、その勝者がメジャーのチャンピオンと戦う方式を提示した。

孫は、語った。

「夢を持ってチャレンジしていくことが大事。日本球界がほんとうに空洞化してはまずい。世界一決定戦があれば、積極的な交流が深まる」

人間は、変われる。

二〇〇四年一一月二六日、王貞治は、オーナーであるソフトバンク社長の孫正義とはじめて会った日のことをこう述懐する。

王は、それまでも、事あるごとに話題となる孫のことは知っていた。ソフトバンクを創業して成長させた話は勿論のこと、学生時代の発明で巨額の資金を手にしたエピソードも知っていた。

王は孫から、アメリカ企業との買収交渉について話を聞いていたという。交渉の場では、最初はどちらもともに、「自分の欲しいものを一〇〇％もらいたい」と主張することからはじまる。それを譲り合い、五〇対五〇、五五対四五と詰めていく。

孫によると、日本人は、交渉力がないという。相手が少しでも強く押していくと、「もう三〇でいいや」と最初から譲ってしまうという。

その話に、王は納得した。

それとともに、小柄な体を張って、海外の厳しいビジネス世界の修羅場を負けずに生き抜いてきた孫はすばらしいと思った。

その一方で、意外な思いも抱いた。

（ずいぶん得な人だな。敵をつくる雰囲気がまったくない）

若いときから起業して厳しい世界で揉まれてきた経営者には、癖があったり、人間関係でも反りが合わない人物もいたりする。敵をつくりやすい大物もいる。

しかし、孫は、にこやかで、王がこれまで受けたことのないような細やかな心配りもしてくれる。食事のときでも、「お好きなものをご自由に」と勧めてくれる。それは、王が年輩者なのでそうしてくれているのかなと思っていたが、そうではない。だれに対しても、同じように心を配る。

ビジネスで成功している、していないにかかわらず、人間的な魅力に溢れていた。

しかも、ダイエーホークス買収に名乗りを上げた二〇〇四年一〇月一八日の記者会見でも、「少年時代、三番を打ち、三塁を守っていた」と野球経験を明かしていた。

王は、半世紀に及ぶ野球人生で、さまざまな日本のオーナーを見てきた。いくらオーナーになったといっても、野球経験がないばかりでなく、英語でいうところの「ラブ・ベースボール」の「ラブ」がない。そもそも、野球にはまったく興味のないオーナーがほとんどである。

そのようななかで、野球経験もあり、それだけ野球に興味を持っている孫にチームを引き受けてもらえるのは、王にとってよろこばしいことであった。

自分の故郷でもある九州への思いも強く、福岡の財界、青年会議所、ファンなどの声も十分に汲み取ってくれた。「ホークス」の球団名を残し、応援歌も「ダイエーホークス」の歌詞を「ソフトバンクホークス」に変えるといったことで継承した。

おそらく、孫ほどの資金力があれば、球団名からなにから、自分の思うようにしたいに違いない。しかし、孫はまわりの声を受け入れる寛大さも持ち合わせていた。

そのうえ、現場に関することは、すべて王に一任してくれた。

「とにかく、野球のことはおまかせしますから、思い切ってやってください」

そうは言っても、なかなか現実にはそうはいかないこともある。金も出すが口も出す、口は出してもお金は出さないという経営者は数多い。ところが、孫は、有言実行で、すべて王にまかせてくれた。

孫が、王に言ったのはただひとつ。

「世界一の球団にしてください」

その言葉は、王が現役時代にオーナーだった正力松太郎が、「強くあれ、紳士であれ」と言うとともに繰り返していたのと同じであった。

「いずれ、アメリカと決戦できるチームになれ」

正力はそう言っていた。

しかし、王は、どうしても日本一のことばかり考えがちであった。孫に「世界一」と言われたときには、改めて感じた。

(われわれはまだまだ、小さいことを言っていたな。もう一度、強い思いを抱いて戦っていかないといけない)

二〇〇五年には、福岡ソフトバンクホークスは、シーズンでは一位になりながらもプレーオフで千葉ロッテマリーンズに敗れて日本シリーズ進出を逃した。

それでも、孫は、王を責めることはなかった。

「惜しかったですね。あと一歩でした。とにかく、全面的にバックアップしますから、いい選手を獲ってください」

ドラフト制度があるので、日本人選手は自由に獲得できない。そこで、外国人選手で補強することになる。そのような補強でも、獲得資金の捻出をまったくいとわない。

「どうぞしっかり考えて、決定したら、それを実行に移すようにしますから」

そこまで言ってくれた。

それだからこそ、王としても、つらい面はあった。「今度こそは、今度こそは」と思ってはいたが、結果として、思うような成績をあげられなかった。

シーズンでは結果が出せなかった。二〇〇六年、二〇〇七年と、プレーオフには進出するものの、日本シリーズにまで進めない。

しかも、二〇〇七年、王の体に異変が生じた。胃ガンが発覚し戦列離脱を余儀なくされた。

応援にもなかなか行くことができない孫は、王と顔を合わすたびに申し訳なさそうに言った。

「もっとたくさん観に来て、応援できればいいのだけど」

「攻撃は最大の防御」と野球の世界でも言われるとおり、一点のリードを二点に広げる。二点に広げたら三点に広げる。相手に、もう追いつけないと思わせるまで攻めつづける。

だからこそ、リードし終盤迫った八回に一点を入れる、いわゆる、だめ押し点というのは効くのである。その逆に、終盤に入って守勢にまわると、その瞬間、負けが忍び寄ってくる。

裏返していえば、終盤の七回、八回、九回、ここでの一点を獲るか獲られるかは、大きく試合を左右する。

もしも孫のビジネスを、あえて野球で譬えるのであれば、孫は、いつもいつも野球でいう終盤のぎりぎりのところで勝負しているに違いない。

しかし、孫は、そのようなぎりぎりのところでもいつも余裕があるという。ソフトバンク球団が思わぬ損失を出し、役員たちが青ざめているときでも、責めることはない。

「こんなのは、誤差のうちだ。またやればいいじゃないか」

王は、二〇〇八年のシーズンを、まさに不退転の決意で迎えた。

「最後の年というつもりで臨む」

選手、コーチへ表明した。

九月に入ると、四連敗、五連敗と大敗を繰り返した。逆転Vどころか、クライマックスシリーズ進出も遠のいた。

王は、九月二〇日、ひそかに球団に辞意を告げた。

王のもとに、孫からすぐに電話が入った。孫からは、慰留する言葉が告げられた。

「王さんさえよければ、死ぬまで監督をつづけていただきたい」

王にとって、これほどうれしい言葉はなかった。しかし、丁重に断わった。

「シーズンがまだ残っている段階で申し訳ありません。しかし、決意は変わりません」

野球はすればするほど楽しくなる。王の人生を変えたのも野球である。野球から離れることの未練がなかったわけではない。

しかし、その一方で、王は、勝負の世界に生きてきた。結果を出せないときには、けじめをつけなくてはならない。身を退くときは自分でしっかり決めないといけない。その覚悟は監督を引き受けてからいつも抱いていた。特に、病気と闘いつづけながら指揮を執った二年間、ついに結果を出せなかった。さまざまな意味で、ここが、最善の退き時ではないかと感じた。

二〇〇八年一〇月八日、王に代わる福岡ソフトバンクホークスの新監督には、チーフコーチであった秋山幸二が就任することが発表された。

王は、会見の席で、がっちりと秋山と握手を交わした。

王は、激励した。

「わたしのカラーとかに気を遣わないで、秋山カラーを出して欲しい」

王は、あくまでも秋山を側面から支援する。そのことによって、孫に、チャンピオンフラッグが渡せる結果を出せるようにしたい。それがこれまでの孫への恩返しだと王は思っている。

その想いは、二〇一一年シーズンの制覇、ソフトバンクとなって初の日本一に結実した。

人間というのは、変わるものだ。逆にいえば、変わらないわけにはいかない。

「人間は、変われる。どうせ変わるなら、いいほうに変わろう」

黙っていても年をとる。そのことで、自分が思っていなくても変わってしまう。それならば、人生いいほうに変わろう。

王は、本気でそう考えている。

孫が、王と同じように考えているのかどうかはわからない。しかし、まわりから見れば、いまの自分に凝り固まらず、自分の信じるところへと突き進んでいる。だからこそ、みなが信じてついてくるのだ、と王は思っている。

中国への布石――アリババ・ドットコム、ＯＰＩ

ソフトバンクグループ約九〇〇社を率いる孫正義が、中国に進出する手引きをしたのは、孫がカリフォルニア大学バークレー校の学生時代に設立した「ユニソン・ワールド」でパートナーであったホン・ルーである。一九九五年にユニテック・テレコムへ資本参加し、中国での通信ネットワークビジネスに進出したのである。二〇〇〇年には、ベンチャーキャピタルの香港現地法人「ソフトバンク・チャイナ・ファンド」を設立した。

そのころ、日本企業も中国に進出はしていたものの、中国への見方は微妙であった。政治的にも安定していない。商慣行も整備されていない。それらの不安感が拭いきれないうえに、当時の日本企業に共通する、「日本は世界第二位の経済大国」との誇りが進出の障害となっていた。

だが、孫は、信じて疑わなかった。

（世界一の人口を誇る中国を制することこそ世界一の絶対条件となる）

一九九五年にＹａｈｏｏ！の設立によって本格的に開花したインターネット時代は、当初、その中心はアメリカであった。孫も、その軸足をアメリカに置いていた。

しかし、アジアに目を移せば、人口は世界の約三分の二にあたる。そこでインターネットが広がれば、どうなるか。ことに、鄧小平による改革開放以後、目を瞠る経済成長を遂げる中国で拡大戦略がとれれば、インターネット環境は様変わりする。インターネット人口比率で五〇％を誇るアメリカは縮小し、中国が俄然、頭角をあらわす。それにともなって、マーケット動向も変わる。孫は、そのことを見据えて、中国で布石を打ちはじめた。

□

二〇〇〇年冬に、孫は、アリババ・ドット・コムＣＥＯのジャック・マーと北京ではじめて顔を合わせた。それ以来、ジャック・マーには目を惹くものがあった。学生時代に、中道派学生運動のリーダーとして、日本の自衛隊とほぼ同数の、二〇万人という部下を率いた経験があるだけあって、黙っていても、細い体から、その魅力があふれ出ていた。

マーは、一九六四年九月一〇日、杭州で生まれた。杭州師範学院（現・杭州師範大学）を卒業後、一九八八年から七年間、杭州電子工業大学英語学科および国際貿易学科講師を務めた。インターネットビジネスに転身したのは一九九五年で、中国初のインターネット上のビジネス情報掲載サイト「中国イエローページ（中国黄頁）」を創設した。

その後、中国対外経済部貿易合作部国際電子ビジネスセンターに所属し、対外経済貿易部の公式サイト、中国ネット交易市場を開発した。

一九九九年三月、資本金五〇万元を元手に、杭州でアリババを設立し、アリババ・ドット・コムの運営をはじめた。

ネット上に大規模なビジネス交流サイト建設を目指す杭州日中貿易の企業間取引ポータルサイトは、シリコンバレー、インターネット投資家から、インターネットの四つ目のビジネスモデルとして注目された。

おかげで、ゴールドマン・サックスなどの投資家が五〇〇万ドルの投資金を導入。サイトの収入は一銭もなかったが、アリババブランドへの投資金は一日で一〇〇万元に達するという奇跡を成し遂げていた。

自分のビジネスについて語るジャック・マーの話に耳をかたむけていた孫は、ほぼ五分ほどのところで制した。

「きみの話は、もういい」

マーの力強く響く声が、一瞬にしてかき消えた。それとともに、らんらんと光る目が、見開かれた。孫の言葉をどう受け止めるべきか、揺れていた。

孫は、あえてゆっくりと語った。

「きみの話はいいから、資本を入れさせてくれ。それも、三五%」

マーの表情が、再び変わった。よろこびが広がった。

孫は、志が大きく、狙っているものも大きいジャック・マーに投資することを即断即決した。二〇〇〇年一月、二〇〇〇万米ドル、日本円にして二〇億円を出資した。マーが必要としていた資金の九〇%にあたる額である。孫は、アリババ・ドット・コムの主席顧問となった。

□

アリババ・ドット・コムへの出資から三年近く経ち、ジャック・マーが、当時中央区日本橋箱崎町にあったソフトバンク本社を訪れた。

孫は、かねてから思っていたことを口にした。

「きみのところは、ＢtoＢ（ビジネス間取引）で成功しているけど、それだけで満足しているのか。ＢtoＣ（企業消費者間取引）とか、ＣtoＣ（消費者間取引）をやらないと、ほんとうに大きな成功はできないのではないの?」

ジャック・マーは、うなずいた。

「たしかに、孫さんの言うとおりです」

「そうだろう。それなら、なんでやらないんだ」

「いまはＢtoＢだけで手一杯ですし、資金もありません。いずれやろうと思いますが、そのタイミングはいまではありません」

孫は、身を乗り出した。

「そうではないだろう。やるなら、いまだ。必要な資金は、一〇〇％うちが出す。ＣtoＣに対して、経験もノウハウもないというのなら、その面でも協力しよう」

孫が提示したのは、資金からノウハウ、人材、戦略に至るまですべて面倒を見る。そのうえで、成功すれば、利益は五〇％ずつ分け合い、もしも失敗したならばソフトバンクですべてリスクを負う、という破格のジョイント・ベンチャーの提案であった。

孫は、念を押した。

「これで、『やる』と言わなければ、男じゃないぞ。いますぐ返事をしてくれ」

マーは、「イエス」と答えた。が、それからしばらく経って、孫は、なんとも言えぬ気持ち悪さを抱えて、社長室のパソコンを前にしていた。さきほど社長室から出ていったマーのことがこびりついて離れないのであった。

孫は、おもむろに携帯電話をとった。数コールのうちに、マーが出た。

孫は、いきなり言った。

「ちょっと、もどってこい」

「えっ、どういうことですか」

マーは、孫との話し合いを済ませ、成田国際空港に向かっている途中であった。その日のうちに、中国に帰国する予定にしていたのである。引き返せば、帰りは翌日に延期となる。孫も、そんなことはわかっていた。だが、マーが納得しないまま帰すわけにはいかなかった。

孫は、もどってきたマーに言った。

「きみは、さっき、生返事だった。本気でイエスと言っていなかった」

「……」

言葉のないマーに、孫はたたみかけた。

「いま、決めるのであれば、おれは、一〇〇％出資する。嫌ならば、ＢｔｏＣ、ＣｔｏＣ事業を手掛けたいという別の者に渡すことにする。あとになって、『やりたい』と名乗り出ても手遅れになる。それでも、いいんだね」

さすがのマーも、孫の気迫に押された。調印までには至らなかったものの、覚え書きを交わした。

ジャック・マーは、二〇〇三年に入ると、タオバオ（淘宝）を設立した。ショッピング、オークションサイトサービス「タオバオ・ドット・コム（淘宝網）」は、二〇〇三年五月からはじまった。

二〇〇九年段階で、タオバオの登録者数は、九八〇〇万人。二億九八〇〇万人と言われる中国のネット利用者数の三分の一にあたる。小売り売上げは九九九億六〇〇〇万元（約一兆三二〇〇億円）。中国の小売売上高の〇・九％に相当する。

オークションを無料提供しているにもかかわらず、広告収入だけで黒字化を実現できた。オークションを有料化すれば、その収入は膨大なものとなるだろう。世界最大のオークションサイト「ＥＢＡＹ」並みに八％の手数料を取れば、手数料収入だけでおよそ八〇〇〇億円もの利益となる。タオバオのオークションでの取引金額は、いずれ三兆円にまで伸び、五年以内には一〇兆円規模になる。

それにともなって、七四〇〇万人が利用する、オークションなどの電子決済サイト「ＡＬＩＰＡＹ」も、必ずや利益を上げる。

孫は、タオバオこそ、これまで投資した事業で最大のリターンをもたらすと見ている。

ソフトバンクは、二〇〇八年四月には、大学生限定のコミュニティサイト「シャオネイ（校内網）」を運営する「オーク・パシフィック・インタラクティブ（ＯＰＩ）」にも出資した。

孫は、シャオネイをひょんなことで知り、その経営者とソフトバンク本社で会った。その日に投資を即決した。当初、シャオネイ側は、孫の出資比率を五％と言っていたのを口説き落とし、四〇〇億円を出資した。全体の株式の四〇％にあたる。

インターネット上で、仲間同士をつくる場を提供し、情報交換を行なうシャオネイは、設立からわずか二年にして、中国でのページビューが中国で二位となった。中国で使われているインターネットサービスのなかで、二番目に多く見られるようになったのである。登録者たちが、シャオネイサイトに保存している写真の数は六億枚にもおよぶ。

登録者数二五〇〇万人は、中国の大学生の九〇％にあたる。つまり、中国でもっとも知的水準の高い人間の集合体である。

おどろくのは、登録者の七割が本名で登録している。あくまでもハンドルネームで登録している「ミクシィ」（日本のコミュニティサイト）とは違い、問題が起きにくい。安心して使える、友好的なコミュニティとなっている。

二〇〇八年からは、はじめて卒業生が出ることを機に、大学卒業生の登録続行を決めた。

学生限定サイトから枠が広がり、五年後には、六億人にまで登録数が増加する巨大なビジネスチャンスが広がっている。

叩かれて、おれたちは強くなる

孫の機動力、スピード感、決断力は、まったく変わることがない。ターゲットを決めたら集中してディスカッションをし、いかに攻めるかを決めて、即、実行に移す。もちろん、その場その場での瞬時の判断には、時としてミスもある。だが、間違ったときには、また原点に立ち帰って新たな方策を検討すればいいという柔軟さも持ち合わせている。このようなことは、ＮＴＴドコモやａｕではできない。その意味で、モバイル部門を統括する宮内は、ＮＴＴドコモやａｕにはまだまだ大きな組織のままでいて欲しいとさえ思っている。

宮内謙は、波瀾万丈とでもいうべきソフトバンクの道のりを孫とともに歩んできた。

北尾吉孝が、半ば感心し半ばあきれたように、宮内に言った。

「そんなに長いこと、孫さんとこで、ようやっているな」

ソフトバンクの道のりにも、さまざまなことがあった。社員が集団脱走的にソフトバンクを辞めてしまったこともあった。株価が、予想よりはるかに落ち込んでしまったこともあった。

さすがに社内には嫌な雰囲気が漂うこともあった。それこそ、度重なる困難に、「今度こそ、おしまいだ」とあきらめかける社員もいた。

孫は、あくまでも、マイナスの状況を決してマイナスとは取らない。

「叩かれて、おれたちは強くなるから、むしろ、ありがたいことかもしれないな」

孫は、苦境のときこそ、驚異的ともいえる粘り腰を発揮する。どれほど苦しい状況に見舞われても、瀬戸際に追い込まれても、力を発揮できる。そして、士気が落ち込みがちなソフトバンクを引っ張ってきた。

その孫正義の粘り腰と改革魂が、ソフトバンクのカルチャーとして定着していくのであれば、ソフトバンクは必ず継続して成長を遂げられると宮内は信じている。

孫は、デジタル情報社会の発展度合いと、ビジネスとを見据えつつ、事業を広げてきた。

パソコンソフト、ビジネスソフトの流通からはじまり、クライアントサーバーモデルのネットワーク、そして、インターネットへと事業を拡大してきた。

ボーダフォン買収には、二兆円もの資金を投じた。そこまでの決断を下せるのは、孫が、オーナーシップを発揮できるだけの株式ポジションを確保しているからである。

株式もたいして持たないサラリーマン社長は、株主たちの顔色をまずうかがわざるを得ない。攻撃的な決断も思い切ってできない。そのうえ、三年から四年で、後継者に社長の座を譲り渡す。一貫した事業展開をすることはなかなかできない。

孫が仕掛けた買収でも、横道にそれたと思える買収がなかったわけではない。かつて孫に対し「経営者ではなく投機家だ」との批判もあったが、コンピュータ出版のジフ・デービスにしろ、展示会のコムデックスにしろ、ソフトバンクがデジタル情報社会を牽引するまでに発展するための、情報なり人脈なりをもたらしてくれた。マイクロソフト創業者のビル・ゲイツ、ビル・ゲイツの後にマイクロソフトCEOとなるスティーブ・バルマー、オラクルのラリー・エリソンそしてアップルの盟友、故スティーブ・ジョブズなど、数えあげればきりがない。検索サイトＹａｈｏｏ！も、築き上げた情報網によって知り、投資することができた。

しかし、孫正義は、闇雲に突き進むことはない。孫は、突っ走りながらもつねに緻密に計算している。バランスがとれた事業家である。

細かな人事に関しては、宮内が進言している。孫は、ほとんど口を出さない。出すとすれば、役員クラスの人事と給与くらいなもので、孫の口からは、人事権を行使する言葉を聞いたことがない。しかも、ソフトバンクでは、人事権を云々する前に、仕事のなかで振り落とされる。残るべくして残る者が、残っている。自然淘汰できる。それがソフトバンクの強みである。

□

孫正義によると、三〇年、孫とともに歩んできた宮内謙は、現場との架け橋となる人物だという。孫が、わざと物事の方向性を変えるために、無茶とも言える目標を掲げることがある。当然のことながら現場が悲鳴を上げる。

「そこまで急には、無理ですよ」

宮内は、そのようなときに現場の悩みを明るく聞きながら、落としどころを見つけて解決の道を探っていく。宮内のおかげで、丸く収まるケースもある。

孫が事業を展開していくうえで大事にしているのは、会議である。ブレーンストーミング形式で討議する。なお、「Ｙａｈｏｏ！　ＢＢ」でブロードバンド事業に進出しているころには、経営会議は、昼間には開かれなかった。営業などの日常業務が終わり、夕食を済ませた午後六時ころから開かれ、日をまたいで午前三時ごろまでかかるのがめずらしくはなかった。

案件は、多岐にわたる。ソフトバンクモバイルの店舗の色は、何色を基調とするかといったことまでも話し合う。一般企業であれば現場や広告代理店にまかせる案件でさえも、営業、技術、ファイナンスといった、さまざまな部門の担当役員、ときには、若手社員までもが討議に加わる。それも、いかに携帯電話事業を有効に進めるかという原点から考え起こす。専門分野といった垣根などは取り払い、どこまでも語り合う、熱い時間である。

はじめて出席する社員は、聞きしにまさる会議におどろく。ふだんは、にこにこと笑顔を絶やさない孫が、この会議に入ると眼の色が変わるのである。

孫は、たどたどしい話しぶりに対しては、容赦なく激しい言葉を浴びせかける。

「結論から言え！」

速射砲のように語気を荒げて責めたてる。

一方、すばらしいアイデアが出たときには、孫は素直に評価する。

「おまえは、すごい。座布団三枚！」

ベテランの宮内が発言したりすると、孫は言う。

「みやうっちゃんも、たまにはいいことを言うね」

そう言ってニヤつきながら、わざとダメを押す。

「たまにね」

一発叩かれたくらいでふさぎ込んでいるようでは通用しない。むしろ、いつかは、必ずギャフンと言わせてみせる。それほどの気概があるからこそ、ソフトバンクの経営会議は鍛え上げられる。

ただ、声を荒げた後には、孫自身、さすがにやり過ぎたと思うのだろう。宮内が自宅に帰ったころに必ず、孫から連絡が入る。

「みやうっちゃん、あいつのこと、ちょっとフォローしておいてくれよ」

時には、〝ラテン三兄弟〟といわれる、孫、宮内、宮川潤一の前向きな三人と、財務などの管理部門にいる〝コンサバ三兄弟〟と呼ばれる、ソフトバンクモバイル常務執行役員の藤原和彦らソフトバンク管理部門の三人が議論を戦わせることもある。

孫によると、彼らは、新たなことにこぎ出そうというときには必ず、反対の側にまわる。

「こういうリスクがあります！」

「もう破綻しています！」

これが彼らの口癖である。相手が、社長の孫だろうがだれだろうがおかまいない。切れ味鋭い論法で、孫に過去の脛傷を思い出させることをズバズバ言ってのける。

孫も、痛みを堪えながら、思わず口角泡飛ばす勢いで食ってかかる。

「おまえたちはッ！」

しかし、ソフトバンクにとって、〝コンサバ三兄弟〟はなくてはならない存在である。

孫は、明るい話をするときに必ず、三人を呼ぶ。三人が納得してはじめて、ゴーサインを出す。ソフトバンク内で、彼らが貴重なブレーキの役割を果たしている。だからこそ、孫らは、〝ラテン三兄弟〟でいられるという。

孫自身も、アイデアを醸成していく一方で、さまざまな専門家の意見を会議で取り込んでいく。コンピュータの専門家ではなかった孫が一流の技術知識を身につけ、一流のマーケッターとなり、プロ顔負けのファイナンスに詳しくなったのも、ソフトバンクを動かすその会議形式のおかげとも言える。孫は、北尾吉孝の金融ノウハウを学び、笠井和彦の財務ノウハウも学んだ。

そのような形で、物事を固定化せずに進化できる。それこそが孫正義の強みであり、ソフトバンクのカルチャーだと宮内は思っている。

□

栗坂達郎は、だれかから聞いたことがある。

「孫社長は、太陽みたいなもので、つねに熱を出しつづけているから、ある程度浴びすぎてしまうと、倒れてしまう。残ることができるのは、熱を浴びても平気という、特殊体質の人だけだ」

その話を聞いたときに、真っ先に思い出したのが、宮内謙であった。孫の側に三〇年近くいて、被浴量としてはかなりのレベルになっている。それでもなお近くにいられる。宮内の度量の大きさは、栗坂には、想像がつかない。

ソフトバンクの幹部で初期から在籍しているのは、宮内のほかには、ソフトバンクモバイル常務執行役の後藤誠二、新卒採用第一号で、ソフトバンクモバイル常務執行役員である榛葉淳だけである。あとは、すべて中途採用である。

栗坂は、宮内に尋ねてみたことがある。

「ソフトバンク幹部になる条件の『度胸があること』というのは、やめませんか？」

ソフトバンクの幹部となるには、孫がつねに出しつづけている熱への耐性が強くないとできないと見られがちである。

しかし、栗坂が見るかぎり、気の弱い人でも優秀な人材はいる。そのような人材は、役員会であがってぶるぶる震えてしまったり、激しく責められると直立不動で固まったりしてしまう。それに耐えきれず、辞めていってしまう。

よきにつけ悪しきにつけ、栗坂の所属していた電通は、創業期から一〇〇年近く積み上げてきただけあって、人材戦略に長けている。いかに優秀な社員を入れて育てていくかのノウハウができあがっている。ある一定のレベル以上の人材を叩いて鍛える。その企業ＤＮＡも浸透している。

それに比べて、ソフトバンクには、人材を一から育てている暇がない。人材の成長が、事業スピードに追いつかない。外から引き抜いてくる。あるいは、買収した企業の優秀な人材を登用する。

野武士的集団。それが、ソフトバンクである。

栗坂は、孫に言うことがある。

「うちは、もっと積極的に人に投資ができるようになると、もっと強い組織になるのではないですか」

栗坂の電通時代の経験からすると、大企業の部長、課長クラスには優秀な人材が揃っている。このクラスの人たちが、実質的に大企業をまわしている。少なくとも、電通はそうだった。電通の経営戦略はシンプルで、すべてに網を張っている。いわゆる、全方位戦略なので、どこをどう攻めていくかといった戦略戦術を練ることはない。

「すべての分野でナンバーワンになれ」

極端にいえば、経営陣は、そう旗振りをしているだけでいい。それを受けて、部長クラス、次長クラスが、どう効率よく進めていくかを考える。現場を動かしている。

しかも、現場を動かしている人材の多くは、それ以上の地位を望まない。役員クラスの世界は現場の世界とは異なる。政治の世界になる。おべんちゃらのひとつも言えないことには、上に昇格できない。現場の人材は、そのような世界には拒否反応を起こす。上に上がる前に、たいてい子会社に出向になるか、退職して別の道を歩む。

ソフトバンクは、そのような現場の人材を取り込んでいくべきだ、と栗坂は考える。

ソフトバンクは、トップダウンが多いにもかかわらず、実際に組織を動かす中間管理職クラスが弱い。優秀と言われる大企業の人材を一〇人引き入れれば、かなりインパクトがある。支度金などを含めても、一〇億円。ボーダフォン買収と比べれば、投資額としてはかなり低い。

そのように引き抜いてきた人材をフォローする体制をつくり、うまく組織に嵌め込むことさえできれば、ソフトバンクは、経営的にかなり強くなると栗坂は思っている。

ソフトバンクでは、中途採用の社員も多く在籍している。しかし、定着率はそれほど高くない。孫によると、しのぎを削り合って下から這い上がってきた社員のほうがたくましい。彼らがソフトバンクのカルチャーを受け継ぐような存在にもなるだろうという。

孫の志を継ぐ世代

宮内によると、いまのソフトバンクは組織的にはバランスが取れているという。全体を宮内が統括しているとはいえ、宮内のメインの持ち場は、営業マーケティングで、技術は宮川潤一、CS、情報システムは阿多親市が見ている。

宮内は、これまで、孫正義の女房的な役割を果たしてきた。いま、特にその役割に力を入れたいと思っている。

孫が口にしているとおりに三〇〇年繁栄するソフトバンクグループを築き上げるのであれば、やはり次世代、孫の志を継ぐ世代のことを考えなくてはならない。

これまで、ソフトバンクにはさまざまな人材が入り、去っていった。ソフトバンクにとって必要な人材が、そのときそのとき、タイミングよく訪れた。

しかし、いまや、若手を育て上げ、ソフトバンクの幹部にしていくときが来ている。ソフトバンクのなかにも、旧日本テレコムにも、旧ボーダフォン・ジャパンにも、これからのソフトバンクを背負える才のある人材はいる。

そのような人材を引き上げて責任の重い仕事をさせてみる。一〇人のチームのヘッドだった人材に、今度は一〇〇人のチームをまかせてみる。耐えられるか、耐えられないか。

そこでふるいにかける。

孫のように、革命的なアイデアを持ち、なおかつ実行力のある天才的な経営者は、ソフトバンクグループに「絶対」と言い切っていいほど出てこない。かつての経営者になぞらえれば、現在のパナソニック創業者・松下幸之助、三菱グループを築いた岩崎弥太郎らのような存在である。

宮内は、ときどき、孫と話すことがある。

「孫社長のような人材が出てこないと思って、次の体制をつくっていきましょう」

孫のようなカリスマを無理に探すと、組織としては間違った方向に走ってしまう可能性がある。ソフトバンクが引っくり返るかもしれない。優秀ではあるが、着実な人材にまかせたい。そうすればバランスが取れた組織として成長していく。

宮内は、ソフトバンクが創設時から培ってきたベンチャー・スピリットを守りたい。事業、人材の動かし方といった基本的な部分を、宮内よりも若い本部長クラスに、そのカルチャーを根付かせ、その下にも伝えていく。さらに、危機に強いＤＮＡを残す。

ソフトバンクのカルチャーを、一から受けて下から上がってきたプロパーは、榛葉淳、後藤誠二と少ない。本部長クラスを見回すと、久木田修一は光通信、今井康之は鹿島建設、栗坂達郎は電通と中途採用が多い。

しかし、中途採用で入社した人材が残るのは、なかなかむずかしい。一から一〇まで、自分でジャッジするだけの能力がないとついて行けない。

さらには、孫から、激しく責められたときにどう対応できるか。自分が正しいと思ったときには、臆せず、孫とやり合う。自分が間違ったと思えば、自分の非を認める。

孫は、わざと部下を責めることもある。ボコボコにして、どこまで反撃してくるかをきちんと見極めている。むしろ、「そっちからも言ってこい」と待ってさえいる。

ケチなプライドがなく、スイッチがうまく切り替えられる。頭の回転の速さがないとついて行けないのだ。

ケチなプライドは、組織も、人間も駄目にする。自分たちは、顧客に対して、よりよいサービスを提供することによって、その対価としてビジネスが成立している。

□

笠井和彦は、よく新聞記者をはじめとしたマスコミ関係者に話す。

「もう少し、孫さんのような人をバックアップする気持ちはないのかね。あら探しばっかりしていないで。明治のころの記者は、政治家や財界の人間を育てる気概があった。諸君たちは、どういう志を持って新聞社に入ったのか」

笠井から見て、孫自身が、自分にとってのマイナス評価を気にしているのかどうかはわからない。自分の志から考えれば、むしろ、そのような批判やバッシングは小さいことで、どうでもいい、とまともには相手にしていないようでもある。時代の最先端をつねに走りつづけ、叩かれつづけてきた。打たれ強さも持ち合わせているのだろう。

笠井は、孫に近づけば近づくほど、不思議でならない。

（なぜこのような人間が生まれ、育つのか）

笠井は、これまで、さまざまな局面で数知れぬほどの経営者と出会った。しかし、つねに驚きと感嘆を併せ持った思いにかられる経営者は、孫正義だけである。

孫の集中力は、すばらしい。孫が集中して何事かに没頭しているときには、たとえ、だれか近くに来て声をかけたとしても、孫の耳には届かない。サラリーマン経営者であれば、五人ほどを相手に雑談を交わしながら、稟議書にハンコを押すかもしれない。

孫は、物事には、どんな些細なことであっても集中しなくては済まない性分である。

しかも、かくも構想力があって、戦略的思考をめぐらすことができる。しかも、その交渉力、技術に対する知識も図抜けている。そのうえ、頭脳明晰だけでなく、熱い情熱をたぎらせている。「非の打ちどころがない」とは、まさに孫のことである。

戦略的思考に優れているのは、オーナー経営者の特徴でもある。就任してから数年で後継者にその座を譲らなくてはならないサラリーマン経営者に対し、オーナー経営者は、自分で区切りをつけるまでその座から降りることはない。そのときまでは、自分がつくり上げた組織体を発展させるために、一〇年先、二〇年先まで見据えて経営していく。それが、オーナー経営者としての宿命でもある。

孫は、つねに気力と情熱を噴き出していて、笠井は孫がじっとしているのを見たことがない。必ず、なにかに打ち込んでいる。「休日」という言葉も、孫にはないに違いない。むしろ、休むことは、もったいないとさえ考えている。

孫は、「六〇代で、次の世代にバトンを渡す」と公言している。笠井は、おそらく六九歳と三六四日までは、孫は退かないだろうと解釈している。それどころか、七〇代になっても、まだソフトバンクを先頭切って率いているのではないか、とさえ思う。

□

笠井は、これからは、孫にはいっそう健康には留意して欲しいと考えている。

笠井の経験からして、四〇歳を過ぎた厄年のころ、五〇歳を越したころ、還暦を迎えたころ、そして、七〇歳を過ぎたころ、それぞれ身体的な変化がなにかしらの形で訪れる。

ソフトバンクで、ソフトバンクを支えられるのは孫正義のほかに代わりになる人物はいない。孫を支える人物は、それなりの人材が育ってきている。

ただし、ソフトバンクで育った人材が、孫のような経営手腕を発揮して業績を伸ばせるのか。

孫と、ほかの経営陣とでは、それまでの歩んできた道のりがまったく異なる。

孫正義は、ソフトバンクを興した一九八一年からすでに社長の座についていて、社長として手腕をふるってきた。それに対して、ほかの経験者たちは下積みから段階を追って上がってきた。そのような歩み方の違いは、リスクの取り方の違いにもあらわれてくる。

笠井らにとってリスクだと思っていることが、孫にとってはリスクでなかったりする。

その一方で、笠井らにとってリスクを感じないことを、孫はリスクだと感じている。

その違いは、感覚的、動物的なところで行なわれる。笠井らから見て、投資したある企業が、どこもおかしくなっていないにも拘らず、突然、所有している株式を売却したりする。

これは基本的に、発想の仕方が異なるに違いない。

□

佐々木宏は、思っている。

〈孫正義こそ、戦後の高度経済成長期にのし上がったホンダの創設者本田宗一郎、ソニーの井深大、松

下電器の松下幸之助のように、現代の日本を代表する「日本ブランド」の経営者となり得る）

孫は、すぐにかき消えてしまうのではないかと思われていたソフトバンクを、ボーダフォン・ジャパンを買収し、NTTドコモやトヨタといった一流企業と肩をならべるまでに成長させた。

その過程で、孫正義は、財界に新たな流れをつくった。二〇〇六年一月一六日に証券取引法違反容疑でライブドアの堀江貴文が逮捕された影響もあって、いまはあまり表には出ていないものの、孫の影響を受けて成長している若手の経営者、実業家は多い。

佐々木は、孫がつくり上げた財界の良質な流れを、煮詰まった政治に流し込めないものだろうかと考えている。企業から献金を受けない。世代交代をする。そのような表面的な変化ではなく、それこそ、奥底に流れている質的なものを変えられないかと考えている。

できれば、広告という立場で力を発揮したいとさえ思う。

佐々木の本音をいえば、孫正義のような人物こそ、いまの日本の総理大臣にふさわしい。

ソフトバンクを成長させたシミュレーションをもとに、日本を改革できる。

だが、孫には政治家になる選択肢はない。

しかも、孫の視線は、つねに日本の外を見つめてきた。

「デジタル情報革命の覇者となる」

その野望こそが、孫正義を突き動かしている。だからこそ、日本をどうしたいとの思いはあっても、ときにはアメリカを見据え、中国をはじめとしたアジアへと展開しつづけている。

ただ、孫の残りの人生が何十年あるのかはわからないが、孫が人生を賭けるデジタル情報革命は、ひとりの手で成し遂げられるものではない。孫が大事に育て上げてきたソフトバンクだけで成し遂げられるものでもない。

佐々木が望むのは、孫正義がソフトバンクを率いるリーダーではなく、企業間競争や自分の野望を越えた現代の坂本龍馬である。

「日本ブランド」である孫正義が旗を振れば、財界再編成を巻き起こす。政治にいい意味での圧力をかけ、日本を、携帯電話のような「小さくとも存在感のある国」にできる。

迷ったときほど、先を見よ

ソフトバンク社長の孫が、筆者の取材インタビューに応じた際、自身の経営者哲学の核心を物語った。

「『迷ったときほど、先を見よ』

これをわたしは、さまざまな人たちに言っている。

わたしから見れば、二〇年先、三〇年先の未来を予測することよりも、二年先、三年先の短期的なビジョンを見通すことのほうがぶれ幅が大きく、むずかしい。

いまや世界的に経済が混沌としていて、先が読めない。だからこそ、リーダーは中長期のビジョンを持つことが重要だと思っている。

わたしの好きな戦国期の武将である織田信長は、幸若舞『敦盛』を好んで『人間五〇年、下天《げてん》の内を比《くら》ぶれば夢幻《ゆめまぼろし》の如くなり』と舞った。そこには、自分のライフスパンから逆算した、『天下布武』というビジョンの実現に向けて一直線に突き進む信長の姿勢があらわれている。

寄り道ばかりしていて成せる大業は、ひとつもない。

わたしは、一九歳のとき己の『人生五〇ヵ年計画』を打ち立てた。二〇代で業界に名乗りを上げ、三〇代で一〇〇〇億円、二〇〇〇億円規模の軍資金を貯める。四〇代で一兆円、二兆円規模の大勝負をする。五〇代である程度、事業を完成させ、六〇代で後進にバトンタッチする。この五つのステージを一九歳のとき決めて以来、一度も変えていない。

わたしが、ボーダフォン・ジャパンを二兆円かけて買収したのは四九歳のときである。

つまり、博打を打つ最後のタイミングだったのだ。偶然による大業はあり得ない。CEO、つまり最高経営責任者は、大業に対するビジョンを掲げ、限られた人生を一直線に進んでいくほかない。

CEOが、ビッグ・ピクチャーを示すことが全ての鍵となる。

特に、ベンチャー企業は、歴史がない分、攻め込まれやすい。たったひとつのミスを犯しただけで、メディアが騒ぎ立て、社会を挙げてのバッシングがはじまる。

『荒稼ぎをしたからだ』

『無理な経営が祟った』

そのことは、わたし自身が、ソフトバンクを設立してから経験しつづけてきたことである。小手先の技に溺れず、本質を磨く。そのためには、多少の苦難がやってきても、試練がやってきても、逃げずに正面突破していく。基礎体力を身につけていくために、大切な試練だと受け止めている。

ときには、撤退に踏み切らざるを得ないこともある。たしかに、撤退する勇気は、攻め込むときよりも一〇倍の勇気が必要である。

リーマンショックのような世界的経済危機においても、あらかじめそのようなことが起こりうる可能性を察知して、コストを三割ほど下げることさえできれば、あそこまで酷くはならなかったかもしれない。むしろ、増益できたかもしれない。意思決定が遅れたために逆ざやという結果になる。これも、撤退戦の失敗例だろう。

かつて、わたしも、スカイパーフェクTV、テレビ朝日、キングストン、ナスダックジャパン、あおぞら銀行と撤退戦を繰り返してきた。失敗するときのパターン、撤退時に陥る落とし穴なども熟知している。撤退は、格好が悪く、部下からなにを言われるかわからない。周囲からもなにを言われるかわからない。リーダーシップも問われるだろう。民衆は馬鹿にする。メディアも馬鹿にする。男としてもっとも屈辱的な『腰抜け』と罵る者もいる。

しかし、トカゲでも全体の三割にあたる部分まで切るのならば生き延びるものの、四割以上になると腸にまで達する。生命を失うことになる。それでは手遅れとなる。

ＣＥＯの判断の遅れは、致命的なものとなる。リーダーがビジョンを誤ったとき、群れはとんでもない方向に向かう。会社の経営においても、社内の人事だ、福利厚生だ、経理だ、労務管理が重要だ、などという社長では、決してその企業は伸びない。それらは、それぞれの担当役員、担当部長がやるべき役割であり、社長の任務ではない。

社長たるリーダーは、自分の会社をどう伸ばすかの一点に集中すべきである。

一〇年後、二〇年後の企業価値、売上げ、社員数、新製品の開発の方向性、販路の拡大、それらにビジョンを持つべきで、不況だから縮小均衡でいこう、部分最適化を図ろうとか、一部の社員におべっかを使う人気取りに関心が向かっていたら、その会社は丸ごと沈没する」

三〇〇年後のソフトバンク

孫正義が語る、ソフトバンクの未来像。

「わたしはソフトバンクを、ソフトバンクという純粋持株会社を中心に、銀河系のようなイメージのグループ企業にしていきたい。各事業会社は、見つける力、マネージする力、そしてファイナンスする力を、インターネットの分野に注ぎ込んでいく。

ソフトバンクグループのような形態は、アメリカをはじめとした世界中を見回してもユニークである。新しいアプローチである。

ソフトバンクは持株会社となり、すべての事業から切り離す。マーケットバリュー、つまり市場価値重視の経営、グループ内のシナジー効果、事業ポートフォリオ（金融資産）の構築とその見直しを行なう。あくまでも戦略的な核である。東証一部に上場はしているものの、極端にいえば、ソフトバンクには、社長であるわたしのほかに補佐が数名いるだけの組織となる。特に冠に『ソフトバンク』とつける必要もない。

持株会社の下に、これまでソフトバンク本体に属していた出版事業部、ソフトウェア事業部や、M&Aで傘下に収めた九〇〇社もの事業会社が、オペレーティングカンパニーとして横並びとなる。

わたしは、各事業会社にはほとんど口を出さない。各事業会社を率いる人材は、それぞれ育っている。わたしは、影響を与えこそするが、コントロールするつもりはまったくない。彼らに、指示を与えるのではなく、勝手に自己増殖、自己進化していくのをわたしは見守るだけである。

小学生のころ、将棋を指したときに抱いた、素朴な疑問を思い出すことがある。

(王将は、一番上のわりに格好悪いな)

縦横にいくらでも突き進む飛車、斜めに一気に突破する角行は、攻撃的で男らしい。それに比べて、王将は、自分のまわりをひと駒ひと駒しか進めない。あまりにも鈍い。攻めるのに力を発揮できない。苛立たしささえ感じた。

しかし、経営者となってみて、王将の動きこそ最強の駒の動きだと気づいた。攻めるときには大胆な動きで格好いい飛車にしても角行にしても、守りには弱い。動きが読まれれば封じ込まれる。その意味で、王将は、たとえひと駒ひと駒であっても、三六〇度どこにでも動ける。これは、トータルバランスにもっとも優れている。

三〇〇年後のソフトバンクを見据えるのであれば、王将のようにトータルバランスが取れた動きができなくてはならない。飛車、角行の一点突破的な考えは、あくまでも短期間の経営でしか通用しない。三〇〇年もつづく経営や技術などないからである。

自己増殖と自己進化。このふたつこそが、ソフトバンクが、三〇〇年繁栄するためのキーワードだとわたしは思っている。

企業にとっての自己増殖とは、みずからのビジネスモデルで、ユーザー数、売上げ、利益を上げつづけることである」

孫は、ソフトバンクの未来像について語る。

「自己増殖だけでは限界がある。そこで自己進化もしなくてはならない。その手段が、ジョイントベンチャーをつくることであり、ベンチャーキャピタルでインターネット企業に投資することである。

わたしは、ソフトバンクが多様性を求める組織体にする礎を築いていく。それが、創業者である己の役割、使命だと思っている。

三〇〇年後まで生きつづける組織体とは、『銀河系』だとわたしはイメージしている。

決して太陽系ではない。太陽系は、地球をはじめとした惑星が、太陽という一本軸のまわりをひたすら周る。

創業間もないころのソフトバンクも、まさにわたしを中心として一本軸で動いていた。

それがいまや、関連会社は九〇〇にもおよぶ。

わたしは、Ｙａｈｏｏ！、イー・トレード、アリババといったそれぞれの関連会社に、あえてソフトバンクの戦略を押しつけることはしない。

経営権を完全に掌握できる五一％の持株比率にも、こだわらない。ひとつ間違えれば、中央集権的な構造となり、官僚化した一部が組織的な権限を持つ。それら官僚にとって有利なルールがはびこる。そして、企業の活力が失われる。

関連会社の経営者たちは、自分たちを軸にした太陽系を自己増殖していけばいい。わたしは、彼らに自己増殖できる自由度を与えている。権限を委譲するリスクもあるが、むしろ、かぎりなく権限を委譲された社長は、スピーディーでダイナミックな意思決定ができる。

もしもひとつのビジネスモデルが失敗したときには、そのブランドを閉じリスクを遮断すればいい。

このような組織体は、一見すると、連動していないようにも見える。しかし、よくよく見ると、互いの引力でバランスをとって支え合える。

例えば、アリババ、電子商取引会社のタオバオとのジョイント・ベンチャーは、わたしの理想形である。ソフトバンクは、まずアリババの株式三十数％を保有し、タオバオを設立するときには互いに五〇対五〇の資本を出し合った。先行者であるソフトバンクが提案し、資金提供したビジネスモデルを、アリババが中国で実行する。ベストなコンビネーションの結果、タオバオという新たな企業体が生まれた。これがほんとうのシナジーで、互いにウィン・ウィンの関係で助け合っている。

さらにタオバオがシャオネイと業務提携し、いまチャイナモバイルと業務提携したことで、さらに理想形に近づいた。

ソフトバンクの資本が入っている企業同士、言わば、太陽系同士がウィン・ウィンの結合をはかる。そこには、ソフトバンク本体の意思はない。もはや銀河系的な要素になる。

わたしは、これまで多くの企業を設立した。その経験からいうと、多くの資本金を投入した企業ほど思った結果を上げてはいない。資本金の少ない企業ほど、成果が上がる。

三〇億円もの資本金をつけると、三年間は黙っていても運営できる。利益を挙げることよりも、資本金を使うことに忙しくなってしまう。

わたしは、設立の際の資本金は二億円程度がもっともいいと考えている。二億円の資本金ならば、三〇人ほどの社員を抱えていては、一年ともたない。すぐにでも利益を出さないと潰れてしまう。社長だけでなく、社員までもが、利益を上げるために必死に頭を使う。そのことがたくましさにもつながる。みずからの力で独立採算で、みずからのブランドを背負って立つ。自己完結する。そして、進化のために種の混合をする」

孫はみずからの引き際についても語った。

「わたしは、一九歳のとき『人生の五〇ヵ年計画』を立てた時点で、六〇代で次世代にバトンを渡すことを決めた。

実際に渡すときには、わたし自身の美学として、憂いを残すわけにはいかない。負債を背負ったまま渡してしまうことは、みずからの責任を取れなかったことを意味する。ソフトバンクグループが無借金で、右肩上がりの利益、フリーキャッシュフローを出せる構えをつくったうえで渡す。

そのためには、五〇代で、孫正義のビジネスモデルを完成させる。そのうえで、わたしなりのけじめとして、一〇年間で借金をゼロにする。

自分の役割を終え、一線を退いたあとにはソフトバンクアカデミアを設立する。ソフトバンクグループ傘下にあるグループ企業の社長、CFO（最高財務責任者）、CTO（最高技術責任者）の三人だけが入学資格を持てる、経営者のための学校である。おそらくわたしが引退するころには、自己増殖を繰り返すソフトバンクグループは五〇〇〇社にもふくれあがっているだろう。わたしは、その各企業から訪れる三人ずつの経営者、合計一万五〇〇〇人を前に好きなことを話す。無責任なことを、言いたい放題口にする。彼らが抱えているビジネスについては口を出さない。ましてや、ソフトバンクグループの危機だからともう一度、一線に復帰することもない。

ただ、あくまでも、デジタル情報革命に徹する高い志だけは、継承しつづける。二一世紀になっても、二二世紀になっても、二三世紀となっても、新しいライフスタイルを提供する。利益を追求するためだけでも、名誉心のためだけでもない。ソフトバンクグループが自己増殖をつづけることで、人々に少しでも喜びを提供する。幸福を提供する。

『あいつらがいたおかげで、少しは楽しくなった』

『豊かになった』

『便利になった』

世界中の人々から好感を寄せられるものを提供する。それが創業以来のソフトバンク立志の原点である。わたしはソフトバンクがその高い志と使命を共有できる銀河系となることを願っている」

本書は『孫正義　起業のカリスマ』（二〇〇五年　講談社）、『巨頭　孫正義　ソフトバンク最強経営戦略』（二〇一二年　イースト・プレス）を元に新規加筆の上、再編集した作品である。

著者　**大下英治**

1944年広島県生まれ。広島大学文学部仏文科卒業。大宅壮一マスコミ塾第七期生。1970年、『週刊文春』特派記者いわゆる「トップ屋」として活躍。月刊『文藝春秋』に発表した『三越の女帝・竹久みちの野望と金脈』が反響を呼び、三越・岡田社長退陣のきっかけとなった。1983年、『週刊文春』を離れ、独立。政治、経済、芸能、闇社会まで幅広いジャンルにわたり、作家として旺盛な執筆活動を続ける。著書には、『実録 田中角栄』〈上下巻〉(朝日文庫)、『十三人のユダ——三越・男たちの野望と崩壊』『美空ひばり　時代を歌う』(以上、新潮文庫)、『宰相・田中角栄と歩んだ女』『実録 田中角栄と鉄の軍団』〈全三巻〉(以上、講談社)、『孫正義 起業のカリスマ』(講談社+α文庫)、『小沢一郎の最終戦争』『民主党政権』(ベストセラーズ)、『昭和闇の支配者』〈全六巻〉(だいわ文庫)、自叙伝『増補・新装版 トップ屋魂 首輪のない猟犬』(イースト・プレス)ほか、著書は400冊以上に及ぶ。

孫正義《そんまさよし》に学《まな》ぶ知恵《ちえ》　チーム全体《ぜんたい》で勝利《しょうり》する「リーダー」という生《い》き方《かた》

発行日　2016年9月28日　第1刷発行

著者　大下英治(おおした・えいじ)

編集プロデュース　長田洋一

装丁　間村俊一

オビ写真　Bloomberg/Bloomberg/ゲッティイメージズ

発行者　田辺修三
発行所　東洋出版株式会社
〒112-0014　東京都文京区関口1-23-6
電話　03-5261-1004(代)　振替　00110-2-175030
http://www.toyo-shuppan.com/

担当　秋元麻希

印刷　日本ハイコム株式会社(担当:宮前諭裕)
製本　加藤製本株式会社

ISBN 978-4-8096-7847-9　定価はカバーに表示してあります
ISO14001 取得工場で印刷しました